中国をめぐる国際環境

中国をめぐる国際環境

岡部達味 編

岩波書店

序にかえて

岡部達味

二十一世紀は中国の時代であるというような話が語られるようになってから、かなりの時間が経つ。十年、二十年先のことすら予測することは不可能であるが、中国が重要な存在になることは間違いないであろう。その中国と共存すべき世界は、よりよく中国を知らなければならない。もちろん短期的な情報も必要であるが、本書のように、中国とそれを取り巻く国際環境が経てきたこれまでの歴史を分かり易く、かつ高いレベルで分析した書物は不可欠である。それにもかかわらず、類書は意外にほとんどない。本書で扱うのは中華人民共和国五十年余を中心にした国際環境であるが、それを理解するのに必要なそれ以前の諸現象の簡単な紹介も含めてある。執筆者はいずれもそれぞれの分野での第一人者といえる人々である。「国際環境」と謳っているのは、台湾、香港のように「外交」や「対外政策」でくくるには適さない分野をも含めたこともあるが、それらを含めて中国を国際環境の中で捉えたことを示したかったからである。

もともと本書は岩波講座《現代中国》シリーズの一巻として一九九〇年に出版されたものである。執筆途中に第二次天安門事件が起き、それにとらわれて均衡を失しないように、「天安門事件は中華人民共和国四十年の出来事の一環として扱ってくれ」と執筆者諸氏にお願いしたのを鮮明に覚えている。十年を経過して品切れでいるのが惜しまれたので、この機会に中華人民共和国をめぐる国際環境の五十年を振り返る単行本として出版することになった。幸いなことに、十年を経てさらに円熟した執筆者がますます健在であり、そのまま執筆し、同じメンバーの手になる新版を出すことが出来たことはまことに喜びに堪えない。

その後の十年余、中国の変貌は著しいものがある。天安門事件以後しばらく低姿勢であった中国は、鄧小平最後の大決断ともいえる「南巡講話」を機に一層の発展を示し、「大国」化してきている。反面国内に大きな問題を抱えている中国が、二十一世紀においていかなる役割を果たすか、を考える上において、本書が重要な出発点となってくれるならば、望外の幸せである。旧版が中国外交に関する「神話的要素」を研究的性格の書物から取り除くことを重要な焦点にしていたのを考えると、十年の月日の変化を如実に感ずる。いまや本書では神話より、はるかに現実的な、しかし誤解に満ちた諸観点の再検討のために、出来る限り公平客観的に分析するよう努めた。

次に本書の各章の内容を簡単に紹介しておこう。

編者の手による第Ⅰ章は、中国と国際環境の五十年余の関わりを概観するとともに、中国外交を公平客観的に理解するための予備作業としての分析枠組を提示している。それによって、俗説に類するような議論は、出来る限り理論的な根拠に立って再検討するように努めている。この枠組が特別の打ち合わせなしに、ほぼ各執筆者にも採用されているように思えることは、望外の喜びである。本論文はまた、西ヨーロッパなど他の章で直接触れなかった国々との関係にも不充分ながら触れるよう努めた。

第Ⅱ章、第Ⅲ章は、日中双方にとって極めて重要な政治経済関係を扱っている。日中関係は「歴史問題」を始め微妙な問題が多く、日本人学者として客観的分析が困難なテーマであるが、両章ともそのような障害を乗り越えて冷静な分析を行い得たと思われる。このうち日中政治関係は、日中関係をよく国際関係の中に位置づけ、さらにグローバリゼーションの進む中で、経済的相互依存と人的交流の進展に伴って、一部で懸念されているような対決が生ずることはないと結論している。また日中経済関係については、日中のみならず、国際的背景に基づき綿密に五〇年代からの経済関係の曲折を分析しており、日中が水平分業化してきていること、課題として、ODAの問題、WTOの問題等があることを指摘している。

第Ⅳ章は、中国にとって最も重要なアメリカとの関係を、米中双方の資料を豊富に利用しつつ、国際関係の中で位置づけ、その曲折を明らかにしている。そして天安門事件以後の対立的要素が勝った関係の中でも、両者の共通利益の存在を指摘しつつ、しかし、政治体制や社会的価値の相違、中国の大国化などから、今後も複雑で変動の大きい関係が続くであろうと結論づけている。

第Ⅴ章は、崩壊したソ連、その後のCIS諸国との関係を扱っている。これも大きな曲折を経た関係であり、中国にとってはアメリカと匹敵する巨大な相手であった。その曲折を、ソ連崩壊後のロシアのみならず、米中からも発表された新資料に依拠しつつ、あらためて綿密に跡づけている。中ソ和解とソ連崩壊の後を受けて、長年の課題であった国境紛争がほぼ終了したこと、新疆、チベットに隣接する中央アジア五カ国の間に戦略的パートナーシップが出来ていること等重要な変化が指摘されている。

第Ⅵ章は、隣接諸国との関係を取り扱っているが、北東アジアから、東南アジア、南アジアにいたる多様な国々との関係を総括的にフォローしている。これは極めて困難な課題であるが、その込み入った関係をよく整理分析している。朝鮮戦争からインド・パキスタンの核実験に至るまでの多様な関係を見ると、歴史的伝統的なもつれた関係も多いこれらの国と中国の抱える困難、問題がよく理解されるであろう。

第Ⅶ章、第Ⅷ章が扱っている台湾、香港は、ともに通常の外交関係とは考えられて来なかったが、国際環境のなかで極めて特殊な関係を展開してきた。両章とも直接には中国本土との関係に限定して論じているが、その背後には、国際社会が立ちはだかっていることは言うまでもない。第Ⅶ章はそのような微妙な存在である台湾と中国本土との長年の歴史を要領よくまとめ、国民党と共産党の関係としてとらえられてきた中台関係が台湾民主化に伴って、次第に中華人民共和国の「一つの中国」論が「二国論」さらには「台湾独立派」とまで対決しなければならなくなってきているること、そこにアメリカが絡んでいることを分析している。そして、この問題はアジア太平洋地域の安保問題の一つとして二十一世紀の大きな課題となっていることを指摘している。第Ⅷ章は、中国大陸と英領香港との長年に及ぶ関係を簡潔にまとめ、八四年の中英共同声明で返還が決まってからの香港内部の曲折が分析されており、その上で一九九七年の香港返還とそれ以後の動向を紹介している。特別行政区として中国に返還されてからは、一国二制度のあり方を、特に司法問題、レッセフェール政策の変化、WTO問題等をあげて、その抱える問題点を指摘している。

最後の第Ⅸ章は、華僑と華人の定義から始め、五〇年代は中共の第五列として、六〇年代七〇年代は国民統合の問題として、とかく中国と東南アジアの間で紛争になったこれらの人々のもたらした問題点を指摘している。そして華人が世代の移り変わりとともに現地国にアイデンティティを感ずるようになってきていることを指摘し、その観点から、「大中華経済・文化圏構想」が自然消滅せざるを得なかったこと、華人ネットワークは中国回帰ではないこと、新華僑(改革開放後の移民)は、華僑華人とは別の存在で、かつ影響力も少ないこと等、日本でも一時流行した「グレーター・チャイナ」的な観点を的確に否定している。

以上の各論文が、中国をめぐる国際環境、特にわれわれにとっては日中関係およびそれに関わる諸関係を理解する上での助けになるとすれば、年齢とともに多忙さを加えた執筆者達が無理をした甲斐があったというものであり、大きな喜びである。最後になったが、単行本刊行を提案された編集部の林建朗氏には深く感謝したい。

目　次

Ⅰ　中国外交の五十年

岡部達味

はじめに

これまで多くの場合、建国以来五十年の中国の対外政策、特に前期の三十年間の政策は、中国がマルクス・レーニン主義に基づいて、イデオロギー的に実行してきたと考えられていた。しかしながら、果たしてそうであったのだろうか。周知のように、マルクス、エンゲルス、レーニンまでの革命家が想定していた革命は、世界革命であった。社会主義化した世界は、資本主義時代の産物である国民国家および国民国家を主たる行為主体とする国際社会とは決別し、世界社会主義連邦を形成するはずであった。したがって、スターリンが「一国社会主義建設」をめざしたとき、マルクス・レーニン主義の国際関係に関する理論はコペルニクス的転回を遂げたのであった。国民国家としての「社会主義」は、そのイデオロギーの如何を問わず、生存のためには国民国家体系を束縛するルールにしたがわざるをえなかった。その行動は、通常の国民国家と類似したものであった。しかし、そういってしまっては、「社会主義」としての特性も正統性も失われてしまう。そこで、スターリンは世界革命やその他のマルクス主義の原型が有していた特徴を、レトリックとして残した。人々は容易にそのレトリックを信じ、賛否いずれにせよ「社会主義国家」は「資本主義国家」とは異なる行動原理で動いていると考えたのであった。ソ連もそしてソ連以上にナショナリスティックであった中国社会主義も、そのような受け取り方を歓迎し、それを助長した。

しかし、実際には国際社会の一員として、それらの国家は他の国とそう変わった行動をとったわけではなかった。それぞれの国情に基づき、国際社会でそれぞれが置かれた環境に、多かれ少なかれ通常の反応を示してきたのであった。「イデオロギー」と言われるものの大部分は、「現実の行動指針」すなわち対外政策を形成する「イメージ」と大差ないものになったし、残りの部分は正統性根拠を構成する、「看板」として残った。以下においては、中国外交の五十年をそのような観点で概観してみたい。

1　中国外交前史

一　中国外交思想の起源

いずれの国の対外政策イメージでも、国際環境の歴史、自国の対外関係史の影響を強く受けるものである。もちろん現代の国際関係は、近代以降の産物であるから、近代以前の歴史経験がそのままあらわれるということは普通は考えられない。中国の多彩な歴史的経験のなかで、もっとも中国の現代外交に影響し、中国の国際環境に名残をとどめているのは、やはり十九世紀以来のヨーロッパ諸国や日本による屈辱的経験である。中国指導部の強烈なナショナリズム(ナショナリズム自身が近代の産物である)の源泉はここに発しており、今日の中国の対外政策、国際認識に大きな影響を残している。とくに日本との関係がその後の中国の外交思想に与えた衝撃は大きかった。中国の近代史の中心課題は、このような自国の被支配的状況をくつがえし、自分の足で「立ち上がる」ことに置かれたのであった。革命もその後の「四つの現代化」も、国民国家体系の中においてそのような国家的自立の目的を達成する手段にほかならなかった。

中華人民共和国は、一九四九年に成立したが、その政権の中核である中国共産党は右のような、中国の世界における劣弱な状態を改善することをめざした革命集団であった。したがって、当然に政権獲得前に国際情勢、国際環境に関する独自のイメージを発展させていた。ここで中国外交思想と呼ぶのは、そのようなイメージに対する呼び名である。

中華人民共和国成立後も長いこと影響をもったこのような外交思想としては、前に述べた反帝国主義的ナショナリズムのような一般的性格のもの(これは共産党の専売特許ではなかった)を除くと、「主要敵」論の存在が突出している。これは、まさに日本との戦争の産物として生まれた「軍事的」もしくは「準軍事的」な発想であり、毛沢東の「矛盾論」に基礎を置いている。すなわち、いかなる物事の過程にも、指導的、決定的作用をおこす「主要矛盾」というものがあり、かつその矛盾の「主要な側面」によって事物の性格が規定される、というのがその基本的な考え方である。このような考え方にたってみると、日本の侵略に直面した中国にとって、一九三〇年代当時の共産党と国民党との間の闘争は「副次的矛盾」だという認識ができる。「日本帝国主義」と「中国人民」の間の矛盾が主要矛盾であり、日本が「主要敵」と認識されたのである。これが抗日民族統一戦線すなわち第二次国共合作の理論的根拠になったといっていいだろう。この考え方は、議論を先取りしていえば、一九八二年の中国外交の転換まで、中国外交の基本的な発想法として中国外交を束縛したのである。

二　中間地帯論と国共内戦

現実の動きの中でみるとすでに抗日戦争中から国共合作内での主導権争いは激化していた。これに対してアメリカもソ連も、それぞれ異なった観点からであるが、蔣介石の国民政府を戦後のアジアの安定勢力視し、共産党にこれとの協力を強化するよう希望していた。しかし、日本敗戦後、一九四六年には国共両党間に全面内戦が勃発する。このときスターリンは中国共産党に対し内戦を起こさないよう勧告し、中共勝利後自己の不明を謝したというのは有名な話である。

この内戦でアメリカは国民党を支持し、ソ連は傍観者であった。そのような国際情勢を分析したのが毛沢東の有名な「中間地帯論」である。これはアメリカの進歩的ジャーナリストであるアンナ・ルイズ・ストロングとのインタビューで語られたものであるが、中国では中ソ対立が潜行しはじめた一九五八年までは、公式には発表されていない。この議論の内容を見ると、当時世界的な常識として論じられていた、米ソの間の矛盾対立が世界の主要矛盾だというようないいかたは、アメリカと、米ソ間の広範な中間地帯の国家・人民との間の矛盾を覆い隠す「煙幕」にすぎないといっている。世界の主要矛盾は「アメリカ帝国主義」と、中国もそこに属する中間地帯諸勢力との間の矛盾だというのである。したがって、アメリカが主要敵で、ソ連は見物人ということになる。

これは、イデオロギーや社会制度よりも、大国対中・小国という区分に基づく国際情勢観である。このストロングとのインタビュー自身が中国で公式に発表されなかったのは、それが反ソ的色彩を持っていたためにソ連に対する配慮があったのであろう。党内でも必ずしも合意が得られていなかった形跡もある。この考え方は、第三世界的といってもいいし、南北的といってもいいが、いずれにしても後の中国外交に直接間接の影響を与えた。

三　向ソ一辺倒政策へ

ところが、一九四七年十月、ソ連はワルシャワにおいてコミンフォルムを結成した。一九一九年に成立し、一九四三年、米英と同盟関係にあるなかで廃止されたコミンテルンが革命推進機関(実体はソ連外交政策の道具であった)であったのに対して、コミンフォルムはヨーロッパ諸国共産党の情報連絡機関にすぎない。しかし、アメリカの反ソ攻勢に対抗するために結成され、ソ連と対立する道を行こうとしたチトーのユーゴを破門したり、日本共産党の平和革命路線を批判したりしたのだから、コミンテルン的機能をある程度果たそうという期待があったことも確かであろう。この結成大会の場で、ソ連を代表したジュダーノフは、世界を「民主主義陣営」と「帝国主義陣営」の二つにわけ、アメリカの「世界奴隷化政策」に反対するために総力を結集せよと呼びかけた。これは、世界最強国アメリカを背後に持つ国民党と死闘を繰り返していた中国共産党にとっては、ソ連が傍観者的態度から、望ましい転換を遂げたと見えたことであろう。これ以後、中国は「二陣営論」、すなわち東西軸の国際情勢観に転換していく。反ソ的色彩を内包した「中間地帯」の考え方はこの後、一九五八年まで中国の公式文献からは実質上姿を消すのである。

国共内戦が共産党の勝利に終わろうとする一九四九年七月、建国直前の時期に毛沢東は「人民民主主義独裁論」において、「向ソ一辺倒」を宣言する。冷戦が激化するなかでソ連にならった「社会主義建設」をめざす中国としては、当然の宣言であると思われた。もっとも党内外には、中国の中立を望む声もあった。西側で期待した「チトー化」である。これは、中間地帯論の時代ならいざ知らず、この段階では望むべくもない状況だったといわなければならない。一九四九年十月一日成立した中華人民共和国は、早速ソ連以下の共産圏諸国をはじめとするいくつかの国々から承認を得たのであった。

2　建国初期

一　建国後の外交方針

建国に当たって、毛沢東は対外政策の基本方針として、「国民党政府の保持していた外交関係はいっさい認めず、条約も新たに審査して新外交関係を樹立する」、および「『帝国主義国』が旧中国に有していた一切の特権、勢力、影響の類をすべて排除してから、これらの国とゆっくり国交を樹立する」の二つを打ち出した。ここでいう帝国主義国の特権としては、軍隊駐留権、自由経営権、内河航行権、税関管理権、司法権(いわゆる治外法権)などがあった。

この方針に従って、中国はまずユーゴを除く社会主義国と国交を樹立した。ユーゴとはその後五五年に国交を樹立しているが、建国直後の段階ではコミンフォルムのユーゴ破門を尊重していたのである。ついでにいえばソ連も同じ五五年ユーゴと和解し、他方コミンフォルムは翌五六年に解散している。中国はまた、ビルマ(現ミャンマー)、インド、インドネシアなどの第三世界諸国から承認され、あいついで国交を樹立した。しかし、これらのいわゆる「民族主義政府」「中立勢力」に対しては、「蔣介石」と変わるところがないというような感触を中国は持っており、当初は東南アジアを中心に共産党の武力革命を支援する姿勢をみせていた。これが、その後長いこと東南アジアの非共産諸国と中国との間のしこりとなって残ったのである。西欧諸国の中では、イギリス、ノルウェー、デンマーク、フィンランド、スウェーデン、スイス、オランダなどが新中国を承認している。ただし、国民政府との関係が残っていたことから、イギリスとは臨時代理大使級関係、オランダとは交渉の末、五四年にやはり臨時代理大使級関係を樹立した。

二　中ソ友好条約と中ソ蜜月

「向ソ一辺倒政策」のもとにおいては、ソ連は当然に破格の扱いを受けた。毛沢東は建国後二ヵ月足らずで最初の外国旅行としてモスクワを訪問し、長い交渉の末に中ソ友好同盟相互援助条約を締結した(一九五〇年二月十四日)。中国は名実ともに社会主義陣営の一員となったのである。もっとも、この条約締結時にはソ連の側には躊躇逡巡があったし(たとえば中国の「チトー化」の心配)、中国側には東北と新疆に「植民地が残った」(毛沢東)という不満があった。しかし、いずれにせよ冷戦下の中国には他に選択の余地はなかったし、社会主義の「祖国」としてのソ連に対して、中国共産党はそれまでの幾多のしこりにもかかわらず、学ぶべきモデルとしての感じを有していたと思われる。

この条約が期限三十年で、以後通告がなければ自動延長という規程を有していたことは、中国がソ連に期待するところがきわめて大きかったことを示している。もっともこの条約は中国の期待に反して早くから形骸化し、形式的には規程通り、三十年後の一九八〇年四月、その一年前の中国の廃棄通告により終了した。以来ソ連崩壊後、その継承国となったロシアとの間にもそれに代わる同盟条約関係はない。それはさておいて、建国後の中国はあらゆる側面で当時唯一絶対視されていたソ連の方式を模倣して国造りに励んだ。とくに一九五三年以来社会主義をめざす「過渡期の総路線」が開始されて以後、「ソ連に学べ」のキャンペーンが大々的に行われるようになった。ソ連との関係は、スターリン死後、フルシチョフ指導部が中国との友好に力をいれ、残存する「植民地的関係」を清算していったことによってさらに強化された。中ソがともに平和共存政策を掲げた五〇年代半ばは、まさに「中ソ蜜月」の時代であったのである。

問題は、アメリカと日本であった。アメリカは国民党を後援し、共産党の政権獲得を妨げようとしてきたが、それは中共がソ連の手先であるという冷戦的思考に基づいたものであった。この点では、中ソの側の「二陣営論」との対称性が存在していたといえよう。しかし、アメリカも現実的に考えれば、中国大陸を支配する政権を第二次大戦後のアジアにおいて無視することはできなかった。アメリカもいずれ中国を承認すべきであるという考えは当初から存在した。おそらくそのような空気の反映が、五〇年一月のトルーマン大統領による中国内政不介入声明であった。この時点では中国新政権による「台湾解放」は、大部分の観察者からは時間の問題だと思われていた。

三　朝鮮戦争と中国

この予測をくつがえし、アジアのきびしい国際情勢をもたらしたのは朝鮮戦争の勃発であった。この戦争はスターリンの許可を得て、北朝鮮の金日成が始めたものであるが、この戦争の開始に中国が積極的に関与したとは考えられず、中国にとっては結果的に大きな犠牲を払わされた戦争であったということは確かである。まず、アメリカが国内でも異論の多かった中国不介入政策を改め、台湾海峡に第七艦隊を派遣することによって台湾海峡を「中立化」したことが指摘できる。名目は戦火が他へ波及しないようにということであったが、現実的効果としては、中国の「台湾解放」を防止し、台湾国民政府をテコ入れすることになったのは間違いない。このため、中国は固有領土と主張する台湾との「統一」(「解放」といういいかたは一九七九年以来使用していない)を建国五十年後においてもいまだ実現していない。この間二〇〇〇年には、台湾では「台湾独立」を綱領に掲げる民主進歩党員を民選総統に選出するにいたっている。

また、朝鮮戦争に参戦したことによって、アメリカと決定的に対立し、二十年以上にわたってアメリカを「主要敵」とする対外政策をとらざるをえなくなった。このため、中国は建国間もない時期に大きな危険を犯さざるをえなかったのみならず、国際的に封鎖孤立を味わわなければならなかった。中国が後の「反ソ統一戦線」の時期を含めて、三十年におよぶ「準軍事的」体制を余儀なくされた一因はここにある。

日本もこの戦争によって大きな影響を受けた。すでに冷戦と中国共産化の中で、アメリカの日本弱体化政策は転換し、日本強化へと方針が変化しつつあったが、朝鮮戦争以後、アメリカは西側諸国を中心とした、日本とのサンフランシスコ講和を推進した。日本の最も重要な交戦国であった中国との間の講和は、サンフランシスコではできなかった。中華人民共和国を承認しているイギリスと、台湾に固執するアメリカとの間で「いずれの中国」を招請すべきかについて、合意が成立しなかったからである。その結果、妥協案として日本は北京と台湾のいずれかを正統政府として選び講和を締結する選択権を与えられることになった。当時の吉田政府は台湾に全面的にコミットすることを避けようとしたが、結局サンフランシスコ平和条約をお膳立てしたダレス米国務省顧問(当時)の圧力で台湾との間に日華平和条約を結ぶに至った。そのため、二十年間にわたって日本と中華人民共和国との関係は民間の関係に限定される。この状態が一九七一年の頭越し外交として悪名高い「ニクソン・ショック」まで続くのである。

四　平和共存政策へ

朝鮮戦争はまた、別の面で中国の国際環境認識に重要な影響を与えた。それは、中国が「蔣介石」視していた中立主義(第三世界)諸国に対する態度をあらためるきっかけになったことであった。参戦後、一応の現状回復という目的を達し、それ以上の犠牲を避けようとした中国は、停戦のために動いたが、これを国連で支持したのは、ビルマ、エジプト、インド、インドネシア、パキスタン、イラン、サウジアラビア、シリアなどの国々であった。これらの非共産主義国の国際場裏における有難みを感じた結果、中国はようやく革命直後の国にありがちな、革命推進的政策を離脱する傾向を見せはじめた。早くも一九五二年には、中国は共産ゲリラの闘争が続いているマラヤ、ベトナムでの平和を主張しており、平和共存政策への転換の萌芽を示しはじめた。

朝鮮戦争自体は、五一年七月から始まった停戦会談が、スターリン死後の五三年七月になってようやく終息した。中国国内の復興期も終了し、中国はやっと平和的な建設に乗り出すことができるようになった。五四年に周恩来がビルマ、インドを訪問し、そこで提起した平和五原則は、その後文化大革命中の一時期を除き、中国の対外政策の重要な柱となる。もっとも、この原則自身は、主権と領土の相互尊重、相互不可侵、相互内政不干渉、平等互恵、平和共存、という十九世紀ヨーロッパ的国際社会の伝統的ルールを五項目にまとめたものであって、とくに新味はないが、発展途上国や社会主義国にとっては、このような国家主権の確保が国際社会における自己の独立を守るために最も大事であると認識されていたのである。この点は、建国五十年を経た後も変わらない。

五　国際社会への登場

かくして、中国は新たな規範的原則をもって、国内経済建設のために必要な平和な国際環境を形成するべく国際社会に積極的に働きかけはじめたのである。そのなかで、中国の国際的地位を向上させるような二つの重要な会議が開催された。その一つがインドシナ戦争に関するジュネーブ会議であった。ここで首席代表を務めた周恩来総理兼外相の活躍で、中国はベトナムを支援しつつ、アジアの大国としての名声を確立した。

いま一つの会議は、一九五五年にインドネシアのバンドンで行われたアジア・アフリカ会議であった。これは欧米の大国が入らない大規模な国際会議としては最初のものであったが、ここでも周恩来は大活躍をし、それまでに主として東南アジアの人々の間に生じていた共産中国への疑惑と恐怖、中国系市民を通ずる中国のありうべき「間接侵略」への恐怖などを取り除くために獅子奮迅の努力をした。このときの周恩来の弁舌と人柄は、会議出席者に深い印象を与えたようである。

その後の中国の対外関係における歩みを振り返ってみると、五〇年代半ばが内政でもしばしばいわれるように、新中国にとっての黄金時代であった。この黄金時代を演出した周恩来の主導下に、対日関係も進展した。いわゆる民間貿易中心の積み上げ方式といわれるものがそれである。これは民間の関係を積み上げ、その量的変化を質的変化に転化させようというものであった。そして一九五八年に中国はこの質的変化のときが到来したと考えたようであるが、アメリカの束縛下の日本は、中国の望むような対応をとらず、長崎国旗事件をきっかけとする中国側の交流全面中断措置で、この積み上げ方式は一時中断する。中国は次節に述べるように強硬外交の時期に入っていったのである。

3　中国独自の道

一　スターリン批判の衝撃

中国の強硬外交期は、中ソ対立とともに始まったといっていい。すでに述べたように、中ソ関係は五〇年代半ばにおいて「蜜月」の状態にあった。これに水をかけたのは、五六年二月のソ連共産党第二十回大会におけるフルシチョフの秘密報告におけるスターリン批判であった。詳論は避けるが、ソ連のスターリン後継者にとっては自己の基盤強化にとって必要だったかもしれないこの行動が、他の社会主義国にとっては大迷惑だった。ソ連以外の党にとってこれが大迷惑であった理由は、これらの国がスターリンとソ連の威信に依拠して政権を維持し、もしくはソ連式の社会主義路線を追求していたからにほかならない。権力の正統性の基盤をそこに求めていたのである。

したがって、フルシチョフの秘密報告に描かれているような状態がスターリンおよびソ連の実体だったとすれば、政権の基盤が根本から揺らぐか、少なくとも動揺を免れないということになったのである。東欧ではハンガリーとポーランドが根本的動揺にさらされた。ハンガリーの「動乱」に際して、ナジ政権をソ連は武力で鎮圧した。ナジはその後処刑されたが、三十年以上を経てソ連・東欧の改革のなかで、名誉回復される。

二　中ソ対立の開始と対外強硬路線

ソ連の衛星諸国にたいする態度は、六八年のチェコスロバキアへの介入のときにさらに明白になり、西側で「ブレジネフ・ドクトリン」、中国で「有限主権論」「国際独裁論」といわれる形をとるに至った。これらは、社会主義圏全体の利益を個々の構成国の国家利益の上に置くものであり、結果としては大国主義にならざるをえないし、中国からみれば、自国への武力介入の危険をともなうものとして認識された。

五六年の段階で、中国は武力介入を誘発するほどの危険にはさらされなかったが、やはり国内に大きな動揺が生じた。この動揺を吸収しようとして百花斉放・百家争鳴運動や反右派闘争といった方針が採用され、国内混乱を助長した。しかもこの後、ソ連から長波電波台の設置や中ソ共同艦隊の創設など、中国からみれば主権侵害としか思われない提案をされたのである。そのようななかで、中国はソ連に依拠する危険性を感じ、独自の権力の正統性、独自の社会主義の道を模索しはじめる。ここで生じたイデオロギー対立は、たんなる教義問答ではなく、政権の存立の基盤たる正統性を賭けた血みどろの政治闘争であった。したがって、中ソ対立は当初から国家間政治対立であり急速に激化していったのである。中国が五八年から開始した、人民公社、大躍進などの運動は、単なる経済政策ではなく、まさにそのような自己の正統性を確立する努力の一環であったし、それがソ連から批判されたことによって、独自の権力正統性樹立の要求はさらに強まった。かくして中ソ対立は悪循環的に激化していった。

同じ時期に対外政策の面では、ソ連がアメリカとの妥協による平和をめざしたために、中国はそれに対抗して強硬政策をとらざるを得なかった。たとえば台湾問題がその典型である。アメリカは台湾国民政府の後押しをしており、五四年には相互防衛条約まで結ぶに至って、台湾をめぐる米中対立は激化していたのであるが、ソ連がそのアメリカと現状維持的な平和を樹立しようとしたことは、中国からみれば「台湾解放」を妨害するに等しかったのである。五八年に中国が突然大陸沿海の金門・馬祖両島（いずれも国民政府占拠）砲撃を開始したことは、対ソ示威運動の側面を強く持っていたことは疑いない。そしてソ連がアメリカとの戦争になることを恐れて及び腰の態度をとったとき、中国は中ソ友好同盟相互援助条約が、危険こそともなうが利益をもたらさないものだという認識を深めたにちがいない（これを「名存実亡」という）。

三　東西軸から南北軸へ

中ソ間の対立はこの後、急速に進んだ。五九年には国防新技術に関する協定（核兵器サンプル供与協定）がソ連によって破棄された。同年秋アメリカを訪問し、米ソの平和共存の基礎固めをしてきたフルシチョフ首相は、国慶節を機に最後の中国訪問をしたが、そのときに「台湾独立」を示唆しさえしたという（『当代中国外交』中国社会科学出版社、一九八八年）。これで中ソの関係は決定的に悪化した。以後八九年のゴルバチョフ訪中まで中ソ間の首脳会談は三十年間行われなかった。細かいことは第V章にゆずるが、六三年、中ソはついに公開文書の上で公然と対立を明らかにし、大論争を開始する。

中国はこの論争において、九編のソ連批判論文を発表し、自己の共産主義の思想と実践が正統なものであると主張した。これがいわゆる「九評」といわれるもので、改革後の中国ではイデオロギー的正統性を否定されている。それはこれらの論文が批判した、ソ連における「資本主義全面復活」が事実に反し、かつ近代化をめざす中国が採ろうとしている政策を妨害するものだという認識が、新指導部内に生まれたこと、およびこれらの論文の主張する、資本主義・修正主義に反対する激しい「階級闘争」が文化大革命の理論的根拠になっていたこと等による。文革を否定する以上、その理論的根拠も否定されなければならなかったのである。しかし、この階級闘争至上主義的な強硬路線は、すでに対外政策にも影を落としていた。

すでに述べた五八年の日中交流全面中断は、国内強硬路線のもとでなければ採られなかった政策だと思われるし、既述の台湾海峡の緊張も、五九年以降の中印国境紛争も、同様な強硬路線の産物である。台湾海峡の緊張が一段落した五八年十月末にやっと四六年の毛沢東とアンナ・ルイズ・ストロングとの談話が公表されたのは、象徴的である。中国はすでにアジア・アフリカ会議という、社会制度やイデオロギーではなく、地理ないし発展段階を指標として選ばれた国々の出席する会議へ参加することによって、単純な東西二陣営論、向ソ一辺倒政策から離れ始めていたが、ここで中間地帯論を公式に発表したことは、国際情勢認識が一段と東西軸から離れて南北軸に傾斜していることを示すものであった。

四　民族解放闘争支援

大国対中・小国という発想、もしくは南北軸にたった考え方で国際情勢を認識し、かつ米ソの緊張緩和に反対すれば、対外政策はほぼ必然的に「民族解放闘争」支援へ傾いて来る。五八年以来、とくに六〇年以来の中国の政策は、主として第三世界（中間地帯）における「民族解放闘争」支援に一つの重点が置かれた。この「民族解放闘争」とはすべての現状打破的闘争を包含する概念であるといっていいだろう。多くの民族解放闘争が、多かれ少なかれ反米的な色彩を持っていたから、これらの闘争は中国の安全保障にも貢献した。それは、「主要敵」たるアメリカがそれらの闘争に応接にいとまがない状況にあれば、中国に脅威をあたえる余裕がなくなるからである。「アメリカ帝国主義は張子の虎である」という有名な一句は、「十本の指で十四の蚤を抑えているアメリカは身動きができない」という状況を念頭に置いたものである。もちろん、核兵器を有するアメリカが真に恐いといってしまったら、アメリカに屈服するしかない状況にあった中国としては、核兵器恐るるにたらずと豪語することが必要であったことも事実である。これを「中国は核兵器の恐さを知らない非合理な存在だ」と見る解釈もあったが、核兵器を持たなかった(保有してからも微弱な核ではもっと危険であるが)中国にとって、アメリカに屈服しないで済む唯一の方法は、核兵器など恐くないと公言し、それを相手に信じ込ませることにあった。これは核戦略上「非合理の合理性」とよばれるものを中国が意識的にか本能的にか採用したものだといえよう。

五　「二つの中間地帯論」

ところで、六〇年代初期に中国は国内において大きな経済危機に見舞われる。これは主として人災であり、多数の餓死者までだしたことで有名であるが、国内がこのような状況にあれば、対外的にもあまり強硬な政策はとれなくなる。より穏和な方法で反米統一戦線の効果を高める方法を考えなければならなかった。その点で一九六四年の一月にフランスとの間で国交が樹立されたことは、中国にとっては大きな得点であった。フランスは五八年にドゴールが政権の座についてから、対米独立自主外交を展開しており、中国とも関係樹立を望んでいた。フランスは五〇年代以来アルジェリア戦争を抱えていたが、アルジェリアの独立をもってそれに片がついて以来、中仏両者の間の接触は増し、この国交樹立に至ったものである。このような西側陣営内のいわゆる「ゴーリズム」に目をつける、より穏和な路線を代表する理論的枠組が「二つの中間地帯論」であった。

第一中間地帯はこれまで通りの第三世界を意味したが、第二中間地帯（後の「第二世界」）には、西欧、カナダ、日本、オーストラリア、ニュージーランドが含められた。そして、この第二中間地帯も「反米統一戦線」の一員と位置づけられ、その「ゴーリズム」的な対米自主政策が大いに称揚された。日本の場合でも池田勇人内閣時代であったが、池田首相が「日本のドゴール」視された。日中関係が五八年の交流全面中断から回復し、民間交流が再び活発になるのはまさに六〇年代初めのこの時期であり、LT貿易（後の覚書貿易）も一九六二年に開始されたのであった。

六　文革への序曲

ソ連とは激しい対立が続いていたが、それでも国際政治の場面では依然アメリカが主要敵であった。しかし、中ソ対立の進行にともなって、ベトナム戦争の遂行に当たって中ソで共同して北ベトナムを支援しようという考え方と、ベトナムは支援するがソ連との共同行動はとらないという考え方との対立が中国指導部内に存在していたようである。六五年にみられた林彪と羅瑞卿の名を使って発表された二つの論文の主張の対立がその代表的なものであり、結果的には林彪式の「人民戦争の勝利万歳」的な、自力更生と人民戦争に依拠しソ連との対立を続ける路線が勝利を収めた。この二つの論文は同一の執筆グループが書いたもので、論争はなかったという説（朱建栄）があるが、それは論争がなかったことの論拠にはならない。文革直前の激しい論争・対立期に、対立する双方が同じ「執筆専門屋」を使った可能性があるからである。この時期、米ソがともに主要敵だという考え方が存在したとは公表されていないし、ソ連が公式に主要敵に変わるのは七〇年代初めの米中接近前後からであるが、事実上、文革自身が中国の独自の道の主張という、きわめて反ソ的色彩の強い政治運動であったことを考えれば、この時期文革派的な考え方の指導者は、すでに

「ソ連主要敵論」に傾くかあるいは少なくともその可能性に備えていたように思われる。

4　文化大革命と対外政策

一　階級闘争と孤立化

文化大革命時代、中国は国際的にソ連との対立を深めたのみならず、中国派の共産党の武力闘争支援を通じて自国の対米安全保障を強化したが、それによって多くの国との対立関係を醸成していった。東南アジアの共産党は伝統的に華人系が多かったから中国派であり、それらを通ずる革命闘争は、中国の「間接侵略」と把握され、周辺諸国の中国に対する警戒心はきわめて高まった。日本共産党もこのような動向の中で、毛沢東に反ソを強制され、中国共産党と対立するようになっていった。

しかも、「階級闘争」が強調されるなかで、平和共存的な色彩の対外政策も批判されていく。三降一滅（帝国主義、修正主義、各国反動派への投降、人民革命の撲滅）とか三和一少（平和移行、平和競争、平和共存と民族解放闘争への支援減少）というような表現でこの種の穏健路線が否定される。「二つの中間地帯」というような考え方が支持されなくなったのみならず、そのような解釈を生む可能性のある「中間地帯」という言葉すらタブーになるのである。いまや、闘争は親中国か反中国かという点に単純化されてしまった。そして六七年には中国は世界革命の中心だという考え方にまで発展するのである。

このような情勢下では、在外の外交官にしても華僑にしても、「ブルジョア」的環境に身を置いているだけに、きびしい「階級闘争」を実行していることを身をもって示そうとして、跳ね上がり的な行動をとる。典型的な事例としては、シアヌーク時代のカンボジアにおける毛沢東思想の宣伝、内政への介入、ビルマにおける同様な事件、インドネシアにおける九・三〇クーデター支持、その後の過激な反インドネシア政府デモなどがある。また、国内でもイギリス代理大使館焼き討ちのような国際関係の慣習上常識では考えられない事件が生じている。これらの出来事がただでさえ先鋭化した国際関係を一層悪化させたことはいうまでもない。

二　「革命外交」の本質

しかし、このような国際社会のルール(中国自身が提起した平和五原則を含めて)を蹂躙する行動が、中国を一層孤立化せしめたことはいうまでもない。しかも、このような跳ね上がり的行動をしばしば「造反外交」「革命外交」のような名称で呼んで支持する人々が、国の内外にいた。

マルクス・レーニンの段階までのように、社会主義革命によって国民国家が終焉し、世界革命・世界社会主義が実現するという考え方によれば、一足先に革命に成功した国家にとって、字義通りの「革命外交」が理論的にはありえたが、国民国家が存続し、社会主義が「国家」の枠のなかで建設されるようになると、その実現は不可能になってしまう。したがって、この時期の中国で「革命外交」の名のもとで行われたのは、そのような国際社会に対する無知からくる赤裸々な内政干渉か、中国の利益になると考えられた行動を支持したか(パワー・ポリティックス的)、のいずれかに帰着してしまうであろう。国民国家体系を前提とする限り「世界革命の中心」も「革命外交」も理論的には成立しないし、右のような意味で行われれば、中国の利益に奉仕するつもりの破壊活動として中国の声望を堕とす以外の現実的効果はなかったというべきであろう。

マルクスやエンゲルス(そしてレーニンも)のいう「プロレタリアの国際的連帯」とは、国民国家を前提とする国際社会を否定するところに生まれるのである。ナショナリズムと結び付いた国際主義(劉少奇「国際主義と民族主義」(一九四八年十一月一日)がその典型である)は、イデオロギーや社会体制と無関係に現実の国際社会に存在しており、マルクス主義の先達たちからは「プチブル・ナショナリズム」として蔑視されていたものと同じである。

三　国際社会への復帰

この間、周恩来が中国の国際社会復帰、信用回復のために払った努力は並々ならないものがあったと思われる。平和共存、中間地帯論(後に「三つの世界論」への衣替え)も七〇年代初頭には復活する。しかし、中国は文革によって孤立している間に、経済的にも技術的にも世界から大きく取り残されてしまった。この孤立は、当初は確かにアメリカの政策として中国封鎖が行われたことに端を発しているが、やがて「自力更生」の名のもとに、イデオロギー的な正当化がなされ、進んで孤立の道を歩むのが正しい態度だというようになってしまった。そのため、六九年に党の第九回大会が行われ、文革に一応の決着がついたところで、世界の情勢をみて技術的・経済的な「遅れ」を痛感した現実派が、外国技術の導入に努力しはじめると、これにイデオロギー(看板)的な立場からのブレーキがしばしばかかるという情勢が生じた。

5　米中接近と日中国交正常化

一　「ソ連主要敵論」とニクソン・ショック

中国は六八年のソ連によるチェコスロバキア武力介入以来、対ソ警戒観を強めていたが、六九年にはついに国境地帯で武力衝突が生じた。ソ連が中国に対し核兵器の使用(予防攻撃)を検討したのも、このころの話である。これ以後、中国にとっての「主要敵」は、ベトナム戦争に忙殺され、いかに手を退くかを考え始めていたアメリカではなくなり、ソ連を「主要敵」とみる方向に転換し始めた。ソ連に対し、「社会帝国主義」という表現が使われはじめるのは一九六八年であるし、一九七〇年から七一年には、米ソ双方を対象として、「超大国」、「覇権主義」という言葉が使われるようになるが、とくに後者は主としてソ連を対象として使われだした。中国は、この情勢下でもう一つの超大国たるアメリカとの関係改善を模索し始める。

他方、アメリカもベトナム戦争からの離脱、その後のアジアにおけるソ連支配を避けるための中国接近を考えはじめた。戦後長いこと「覇権」をほしいままにしたアメリカもようやく力の限界をさとりはじめた。六九年のニクソン・ドクトリンがその象徴であった。かくして、二十年間対立を続けた米中関係には、改善の方向への努力がはじまった。アメリカは、極秘のうちにニクソン、キッシンジャーを中心に中国との接触を行なう。

それらの努力の結果、七一年七月キッシンジャー米大統領特別補佐官は、アメリカ国内でもごく少数の人しか知らない極秘のうちに中国を訪問し、翌七二年のニクソン大統領の訪中を発表する。これがいわゆる「ニクソン・ショック」である。ニクソン・ショックは、ソ連、ベトナム、北朝鮮などの社会主義国にも大きなショックだったと思われる。

二　日中国交正常化

しかし、このショックを西側でもっとも強く感じたのは日本であった。日本は既述のように、アメリカの圧力のもとに台湾国民政府との平和条約を結ばされたのであるが、この後、日本政府はアメリカとの約束、その後発展した日米・日台関係に束縛されて、中国との関係改善をめざしたくても、できない状態にあった。しかも、この間、日本の世論においては、日中改善を求める声が曲折はありながらも絶え間なく続いた。政界、財界でも中国との細い糸をつなぎ続けることに努力した人々がいた。

歴代日本政府の対中政策は、しばしば世論（ここでは新聞、知識人、政界などを指す）の突き上げにあいながら、アメリカ、台湾との現状維持をはかるというのが普通であった。そこへ「頭越しの米中接近」という寝耳に水のニクソン・ショックであったから、これは当時のアメリカにもっとも協力的であった佐藤内閣にとっては致命的な打撃になった。世論の反応は激しく、日本政府は攻撃にさらされ、なすすべもなかった。しかし、佐藤内閣は中国から不信感を抱かれていたのでこの政権の手で中国政策の打開を行なうことは無理であった。

そのような状態で、佐藤内閣が退陣したときには、新政権には中華人民共和国との国交正常化以外に選択肢は残されていなかった。実際に日中国交正常化を実現したのは田中内閣であったが、巨視的にみれば、他の内閣が成立したとしても日本国内に関するかぎり、そしていくつかの兆候からみれば、中国政府に関しても情勢はほとんど変わらなかったであろう。

三　米中和解の意味

この間、アメリカはニクソン訪中によって、米中和解をなし遂げた。少なくともアジアにおける戦後の国際関係は米中対立を軸に展開されてきたのであるから、この和解は戦後国際政治史に一時代を画するものであった。アメリカは日本と違い、国交正常化は行なわなかった。台湾との関係を保持したからである。それにもかかわらず米中が和解し、大使館相当の「連絡事務所」を双方の首都に置くことができたのは、周恩来とキッシンジャーという辣腕の政治家のたくみな妥協が成功したことと両国の要求が合致したこととによる。カーター政権時の一九七九年、米中はニクソンが約束したとおり、正式に国交を樹立し、アメリカは台湾との国交を絶ち、米華相互防衛条約も規程通り一年前の通告で廃棄された。

ところで、中国側に焦点をしぼってみると、このように日米をはじめとし、やがて全ての西側の国々と友好関係を樹立していった背景は、大きくいって二つの点に帰着すると考えられる。その一つは、反ソ統一戦線を形成することであり、日中間の平和友好条約の「反覇権条項」でもめたことなどは、そのような意図の顕著なあらわれだったといってよかろう。日本は簡単にこの中国の意図にのらなかったが、アメリカは中国との友好の重要目的がこれであったから積極的に中国の意図に協力し、「戦略関係」と称されるような関係まで構築しようとするに至った。

中国側のいま一つの意図は、既述のところであるが、文革中に決定的に遅れてしまった、経済技術発展を西側に依拠して行ないたいというものであった。しかし、これらが軌道に乗るのは「改革と開放」が開始されてからということになる。

6　改革と開放へ

一　三中全会路線から天安門事件へ

一九七六年年初に周恩来が死去し、九月九日には毛沢東が死去した。毛沢東がその晩年に執念を燃やした「修正主義」防止の戦い(文革はその最後の大火であった)は、ここに終了したのである。毛の死後一ヵ月を経ずして、文革をになった毛沢東夫人江青以下のいわゆる「四人組」が、毛沢東が後事を託した華国鋒の手によって逮捕された。これ以後文革否定の時代がはじまる。翌七七年八月の党十一回大会で、毛沢東末期の七六年四月の周恩来を悼む第一次天安門事件をきっかけに、再度失脚していた鄧小平が再復活する。そして、翌七八年末の党十一期三中全会で、華国鋒に近い、文革派の色彩を強く残したいわゆる「新四人組」(汪東興、呉徳、陳錫聯、紀登奎)が失脚し、鄧小平が実権を握る「改革と開放」の時代がはじまった。

しかし、この改革と開放は必ずしも明確な青写真とモデルにしたがって行なわれたわけではない。改革の初期の成功例といわれる農村の各戸ごとの請負制(大包干、生産高連動請負制)も元来は禁止されていたものである。それが農民の自発的欲求にしたがう形で追認されていき、当初めざましい躍進を遂げたのであった。都市においても、商品経済化(市場経済化)を求めて、企業の損益自己負担化、所有権と経営権の分離というような考え方が示され、行政経済からの離脱がめざされた。このような改革の背後には、旧体制のもとでは、新時代の世界で生き残り発展するための新技術革命に応ずることができないので、そのような情勢に適応する体制を作りたいという強い願望があった。その意味で改革・開放を通ずる近代化は中国の長年の国際的課題に応えようとするものであった。しかし、この時期、胡耀邦総書記が、改革を促進し、中国指導部が望まない民主化を放任する政策を採ったため、総書記を辞任させられ、同じく改革促進派の趙紫陽が跡を継いだ。しかしながら、改革は八九年までのところ実際には「模索」的な試みが部分的に行なわれたのみで、十分な成果をあげたとはいい難い。価格改革、所有制改革の構想は出されるが、実現は容易でなく、八八年には価格改革に手をつけたところでインフレが激化し、混乱のうちに引締め政策をとらざるをえなくなった。

ここにみられるように、中国の改革は短期的な措置の積み上げで、それだけに当座成功し、人気も博するが、やがて矛盾がでてくるという形をとる結果になりやすい。農村も八五年からは矛盾が顕在化し、行き詰まりをみせている。

近代化には不可欠な政治体制改革もかけごえばかりで、実行には程遠く、民主化、腐敗・汚職の打破、高級幹部子弟の特権禁止等を目標とする大民主化運動が後に見る第二次天安門事件にいたったのである。

二　近代化政策に奉仕する対外政策

以上に見るような近代化政策が採用されれば、対外政策にも当然影響がでてくるはずである。毛沢東のめざした中国独自の権力の正統性の確立の道は放棄され、権力の正統性は、近代化政策の成功に求められるようになった。そのため、中ソ対立を継続する基本的意義は失われた。しかし、実際には八二年までは、西側を中心に対外開放が進んだという以外に大きな変化は生じなかった。反ソ統一戦線はむしろ強化され、日米、西ヨーロッパを中心に友好関係が深まった。第三世界との関係は希薄化した印象を与えたし、アメリカは中国を準同盟国視する傾向を強めた。これは、中国に対ソ正常化の十分な準備ができていなかったのか、単なる惰性であったのかは不明である。

しかし、八二年になって、中国の対外政策には大きな変化があらわれる。これを中国では「対外政策の重大調整」とよんでいる。採用された新政策は「独立自主外交」ともよばれている。筆者はこれを日本の政界用語を援用して「是々非々主義外交」とよんでいる。

経済建設が進み、諸国間の関係が多元的、多次元的になるとともに、準軍事態勢は次第に実状に合わなくなる。平時の国際関係は単純な敵味方では割り切れない。改革と開放の政策をとって、平時の国際関係に積極的に参加するようになると、そのような点が痛感されたのであろう。一定のタイムラグをおいて中国の外交思想は再検討されるにいたった。

三　是々非々主義外交の実行

この再検討の結果は外部から観察すると、まず西欧の反核平和運動への態度変化となってあらわれた。八一年末の『人民日報』の八一年国際情勢回顧の一論文は、西欧の反核平和運動は、反ソ統一戦線の力を弱める望ましからざる動きだと論じていた。しかし、半年後八二年六月の国連軍縮総会に出席した黄華団長は、中国はこのような「平和擁護、戦争防止への願いをよく理解し、共鳴している」と述べたのであった。この変化を見るともはやソ連は「主要敵」ではなく、反ソ統一戦線は中国の主たる関心ではなくなったことがはっきりと示されたのであった。しかし、「主要敵」論の論理が続いていれば、ソ連に代わる「主要敵」がみつけられなければならなかった。しかし、そのようなものはどこにもみつからなかったのである。換言すれば、中国は特定の「敵」を想定しない新時代に入ったのであった。この政策は同八二年九月の党十二回大会で胡耀邦総書記が行なった報告で独立自主外交と呼ばれるようになった。

この新政策の直接の結果は、いくつかみられる。日本に関していえば教科書問題が最初に提起されたのは八二年であった。それまでに問題がなかったわけではなかろうが、指摘を差し控えていたのであろう。アメリカの場合は、八二年以前からの問題であるだけに象徴的な意味にとどまるが、台湾への武器売却の漸減と将来における停止を約束した、いわゆる「第二上海コミュニケ」が合意されたのがやはり八二年であった。そのほかの効果としては、中ソ関係の改善がはじめられた。これは数年のうちに経済関係を中心に急速に進み、八九年の中ソサミットで全面的な関係正常化が成立した。これにともなって、戦争と平和に関する観点も大きく変化した。

四　戦争不可避論からの離脱

世界的な大戦争が不可避かどうかということは、五六年にソ連がそれまでのスターリン的な戦争不可避論を否定して以来、中ソ間の論争の的であった。とくに既述の「九評」のうちの一論文がこの問題にあてられ、戦争不可避論を展開している。しかし、毛沢東死後になると、このような態度がしだいに変化してくる。戦争の発生が遅らせられるとか、防止できるとかという発言が指導者によってなされるようになったのである。

そして、八六年四月、鄧小平中央軍事委員会主席は、前年の同委員会拡大会議の討議結果をふまえて、日本の福田赳夫元首相に対し、中国の過去における戦争と平和に関する主張は誤っていた、と明確に言明した。おりから国際平和年であったが、それにともなって、この鄧小平発言を敷衍した論文がいくつも発表され、核相互抑止、経済的相互依存、人民の戦争反対などの条件のために戦争は避けられるようになったと論じた。核時代の人類共倒れの可能性のなか、戦争不可避論のもとで経済建設にはげむというのは自己矛盾であるから、これは当然の変化であるが、それが八六年にやっと達成されたのであった。中国はさらに軍事力の有効性低下を前提とした国際情勢認識を発展させはじめ、国際経済新秩序との関連で、平和五原則を内容とする国際政治新秩序を唱道してもいる。

五　周辺諸国との関係

周辺諸国との関係も変化する。過去において中国に対する警戒心の強かったＡＳＥＡＮ諸国との関係は、とくにベトナムのカンボジア侵攻以来密接化した。もっとも、これは便宜上の結婚であり、ＡＳＥＡＮのなかでもインドネシア、マレーシアなどの対中警戒心は依然強かった。中国指導者は東南アジア訪問のたびに東南アジアの共産党と中国との物質的なつながりを否定してきたが、東南アジア側では華人に対する中国の特別扱いに関する疑念もからんで、そのような懸念が一掃されたとはいいがたかった。しかも、中国のカンボジアにおける反ベトナム勢力支援が、史上もっとも残虐といわれたポル・ポト派支持に向けられていることにも疑念が残っていた。七九年の中越戦争も、一面でカンボジアに侵入し傀儡政権を樹立したベトナムを牽制する効果を評価されたが、他方では、中国が東南アジアにおいて軍事力を行使したことに対する激しい警戒心が生じた。とくに中越対立にはベトナムの華人迫害がからんでいただけに重大に受け止められた。

いずれにせよ、そのような疑惑のなかにあったせいであろうか、ベトナムともっとも対立していたタイがベトナムとの和解にのりだしたのを契機に、中国もソ連と共同でカンボジア問題の政治解決に積極的になり、これを前進させた。ＡＳＥＡＮ諸国との関係は、九〇年のシンガポールを最後に全て正常化された。中国とベトナムの関係も九一年に正常化された。

7　第二次天安門事件とその後遺症

一　天安門事件の発生

前述のように改革開放政策を推進させるとともに、それに伴う多くの望ましからざる問題が出てきた。八八年から八九年にかけて、インフレ、腐敗(官倒＝権力を乱用する転売による暴利)、高級幹部の特権(世襲的体質を含む)などの問題を学生や市民が問題にし始めた。まさにこの時期に、改革に熱心だった胡耀邦前総書記が四月十五日に死去したのである。これをきっかけとして、天安門前広場に多数の学生を中心とする人々が座り込み、ハンガー・ストライキを始めた。この出来事は折悪しく、三十年ぶりの中ソ和解のためにソ連からゴルバチョフが訪中した時期に当たった。中ソ和解を取材するために世界中のマスコミが北京へ来ていた。中国での学生の座り込みは、それらのマスコミにとって、ゴルバチョフ訪中に並ぶ格好の取材対象となったのであった。

その中で六月四日には軍隊を動員した武力鎮圧が行われ、実弾射撃を受けた学生の血を流した画面が世界中のテレビを通じて報道された。世界中の人々は大きなショックを受け、西側諸国を中心に、このような「人権侵害」に対する政治的経済的制裁が始まったのであった。これら諸国はまた、七月の七カ国首脳サミット（アルシュ・サミット）を通じて中国に対する激しい批判を繰り返した。日本における中国最大の資産であった「親中国感情」はすっかり冷え込んでしまった。民主化の実現は予見しうる将来、不可能と思われた。このような停滞状態では、中国の国際的地位を向上せしめようというような欲求を満足させようという方針は極めて困難なものにならざるを得なかった。

しかし、西側の反応にたいする、中国指導部の対応はきびしかった。改革と開放は「強国への道」であるから持続すると宣言しつつ、諸外国の批判を「内政干渉」として全く受け付けない態度を示した。むしろ一部西側諸国の、中国を資本主義的な従属国家にしようとする「平和的変質」（和平演変）の欲求が事件の主要な外因であったと主張した。そして、そのような資本主義国の悪影響を避けるために国内で思想・政治・教育、特に「愛国主義宣伝教育」を強化している。反面そういう中国のきわめてナショナリスティックな対応が、西側諸国をまた刺激したのである。

二　天安門事件後の情勢

しかし、鄧小平はこの危機に当たって、対外政策の基本を大きく変更することなく、低姿勢を保ち続ける方針を守った。彼の政策は次のような言葉にまとめられた。「冷静観察、穏住陣脚〔足並みをそろえる〕、沈着応付〔落ち着いて対応する〕、韜光養晦〔能力を外に表さない〕、善于蔵拙〔ボロを出さないようにする〕、決不当頭〔先頭に立たない〕、有所作為〔出来ることをする」」。これがこの時期の戦略原則方針であった。江沢民も九二年に米中関係に関して「増加信任」「減少麻煩〔トラブルを減らす〕」「発展合作〔協力を発展させる〕」「不搞対抗〔対抗をしない〕」の対米十六字方針を提起している。この低姿勢外交が、九一年のソ連崩壊とそれに至る過程において、国連における中ソ両大国の低姿勢外交を招き、湾岸戦争、カンボジア戦争等いくつかのアメリカ主導の紛争処理その他の制裁等において国連が機能した原因である。だが、多くの人はそれが冷戦の終結によるもので、今後国連は本来の機能を発揮すると考えた。しかし、実際は拒否権が使われなかったから国連が活躍できたのであって、中ロ（ソ連の継承国）が自信を取り戻すと、国連は再び期待される機能を果たし得なくなった。アメリカは再び国連をバイパスする政策に戻ったのであった。

中国側から見れば、西側諸国の政策は、中国社会主義の「平和的変質」（和平演変）をねらったものであると認識されていた。この認識は、中国の孤立を深めた。その中で中国との関係改善を促進する役割を果たしたのは九〇年七月のヒューストン・サミットにおける日本の円借款交渉の凍結解除の決定であった。これは単に経済的に中国の「正常への復帰」を促進しただけでなく、政治的にも西側諸国との関係改善を促進するのに貢献している。九〇年、九一年と次第に衰えを見せながらも「和平演変論」は続いたが、それがやっとほぼ中国の論調から消失し、西側との関係改善が見られ始めたのは、九二年頃からであった。この間、中国側もアメリカ大使館に難を逃れた方励之のイギリスへの出国を認め、その他の政治犯の釈放などにも努力するなど、西側諸国との関係改善を目指した。

他方、九一年末におけるソ連の崩壊、独立国家共同体（CIS）の成立、それと時を同じくする東欧社会主義の崩壊は、中国に大きな打撃を与えた。これも「和平演変」の一環と見られ、中国の思想政治工作強化、言論の引き締め、党の指導の強調等の国内政策を呼ぶ大きなもととなった。対外政策面では、ソ連が崩壊しなければ、中ソの和解がどのように進んだかは不明だが、社会主義ソ連が崩壊し、ロシアが旧ソ連の地位を継承して以後、社会体制やイデオロギー等と無関係に地理的な条件から、中国はロシアをはじめ、中国と境を接する旧ソ連諸国との良好な関係を構築し始めた。これは、特に西側からの制裁が続くなかにおいては、旧ソ連の科学技術に頼る上でも必要であった。

八〇年代における政治体制改革の目玉の一つであった「党政分開」(党と行政の分離)は、今や党を強め、ソ連の二の舞をしないために、「党政合一」に席を譲った。このようにして、中国は国内の安定を優先させて天安門事件とソ連東欧の崩壊の打撃を抑えていたのであった。経済の回復がここでは重要な役割を果たす。八〇年代のGDPは、二桁成長を記録することが多かったが、八七年、八八年の一一%台に次いで、天安門事件の八九年はこれが一気に四・二%に低下する。九〇年も同じく四・二%であった。これが九一年には九%台を回復し、九二年には一四%を超えるに至る。その後国有企業の改革を始め、中国経済がデフレ傾向さえ見せるようになる九五年まで、再び二桁成長が再現したのであった。

三　鄧小平の南巡講話

鄧小平の南巡講話は、九二年初春の広東省を中心とする地域を鄧小平が視察し、改革開放の一層の強化のために発表した講話であるが、ここで鄧小平は、天安門事件の影響をさほど受けることなく、市場経済の推進に努力してきた南方諸地域の発展を目にして、再び市場経済を盛んにするよう積極的に呼びかけた。その頃に広東を取材した筆者らは、天安門事件を「北京事件」と呼び、市場経済の発展を目標に掲げている地方官僚の姿を見て北京との違いに驚いたものであった。

その南方地域の諸政策にお墨付きを与えた南巡講話以後、中国では天安門事件前に比してさらに盛んな都市市場経済化が進み、対外開放にも拍車が掛かった。フォルクスワーゲンやプジョー等、独仏の自動車産業の進出もめざましかった。九三年には、世界銀行(世銀)が台湾、香港を含んだ「グレーター・チャイナ」を為替相場でなく、購買力平価で計算したGDP予測を発表し、二〇〇二年には米日に次ぐ世界第三位の経済大国になるといった論議が盛んになっていった。この結果、中国は遅れた発展途上国ではなく、世界的経済大国・軍事大国であるという印象が次第に強まりだし、これが「中国脅威論」につながる。

8　大国としての中国へ

一　「中国脅威論」

「中国脅威論」の起源はいくつかあるが、冷戦が終了し仮想敵がいなくなったことに不安を感じた人々が、旧ソ連に代わって対決すべき相手を捜し始め、北朝鮮や中国にその役割を当てはめようとする発言を行ったのが始まりである。もちろん、数字上の操作では、仮にまもなく世界三位の経済大国になるかも知れないが、国内改革はまだ遅々としており、軍事力は二世代もそれ以上も遅れている国が、ソ連に代わる冷戦の相手になるはずがなかった。

しかし、東南アジアの小国の間では、仮に世界的に見て二流三流の軍事力ではあっても、中国を脅威と見る見方が次第に強まった。その背後には当時のASEAN諸国の内三カ国(マレーシア、フィリピン、ブルネイ)とベトナム(後にASEANに参加)とが絡む南シナ海のスプラトリー群島(中国名南沙群島)の領有権争いがあった。また、日本との間では尖閣列島の問題が存在していた。しかも中国自身九〇年代初頭から石油の純輸入国になり、かつ、スプラトリー群島、尖閣諸島の海底に豊富な油田があると推定されたことから、この地域をめぐる情勢が不穏になってきた。そのほかに、南シナ海を通るシーレーン問題があった。中国は一九九二年に領海法を公布し、スプラトリー群島、尖閣列島の領有を宣言しているから、この時点で中国の動向が周辺諸国に影響を与えるようになった。

中国は当初「大国」と言われることを恐れていた。そのようなレッテルを貼られること自身問題だったが、「人権」問題で中国が国際的に非難されたとき、声は大きくなかったが、中国を支援してくれたのが、東南アジアの中小国だったからである。国際舞台で、西側諸国相手に「人権」に対して「主権」や「生存権」「発展権」を振りかざして奮闘する中国を支援してくれた国々から、「脅威」として見られては、大事な味方を失ってしまう。極力購買力平価によるGDP計算などを否定していたが、小国からみれば紛れもない核保有大国であるので、中国の懸命の否定にも拘わらず、「脅威論」は、なかなか消えなかった。そのようなとき、シアトルでAPECの非公式首脳会談が行われ江沢民主席がクリントン大統領と会見した。中国はこれを中国の巨大市場の魅力に惹かれて制裁等を続けられなくなった証拠であると見た。事実そういう側面はたぶんにあったであろう。

二 「大国化」する中国

中国は人口では、長らく世界第一位であったが、GDPは低く、一人あたりGDPになると世界の下位に位置してしまっていた。したがって九〇年代初頭には、世界第三位の経済大国と言われることによって、発展途上国扱いされなくなっては国際的な各種の優遇上困る、というとまどいがあった反面、アヘン戦争以来の屈辱を晴らしつつあるという誇りのような感情との板挟みになったであろう。また、一九九〇年の銭其琛の国連演説で、国際新秩序の樹立を要求し、世界各国はその大小、強弱、貧富を問わずいずれも平等で世界の実務に参加する権利がある等の主張をしており、「大国」化はこのような考えと矛盾を来すことになる恐れがある。従って、世銀的なGDP計算方法には否定的な態度を取ることが多かった。しかし、このころグレーター・チャイナ、華人経済圏の発展可能性等も論議されて、中国としては内心では悪い気はしなかったと思われる。既に九一年五月にはアメリカのシンク・タンクであるランドが購買力平価により計算した中国の経済規模を報ずる記事が『人民日報』に載っており、二〇一〇年には中国が日本を抜いて世界第二の経済強国になるという計算が紹介されていた。実際に、このころから中国は次第に自ら大国意識を持ち、大国として行動する方向へ向かっていく。当初はそれでも「日中はアジアの大国である」とか、外国人の「中国は大国である」という発言の紹介に止めていたのが、湾岸問題、カンボジア問題等に関連して安全保障理事会「五大国」という表現が頻出し始め、やがて、「米中はともに大国である。疑いもなく、相手がいなくても生存できる。しかし、米中の間に安定が保持され、平和と友好の関係があった方が双方に有利だ」というような発言まで出るようになるのである(一九九一年九月二十八日『人民日報』銭其琛記者会見)。

この自信は九三年末のAPEC非公式首脳会議頃から一層強まるが、銭其琛は年末の論文において、クリントンが両国ともが相手を必要としていると言ったということを紹介し、さらに、多くの西側諸国が接近してきていることを中国の巨大な潜在力に惹かれたせいであるといっている。ここにいたる間、中国は西側諸国が天安門事件に批判的であったのに対し、第三世界諸国が中国に好意的であったことを高く評価し、これらの国との交流を活発化することに一時専心したが、日本、西欧、そしてアメリカが接近してきたのに及んで天安門後遺症はほぼ消えたと判断し、再び一層の経済発展に邁進できるという自信を深めたと思われる。

三　スプラトリー群島問題

しかしながら、この状態は中国に近い中小国にとっては、必ずしも歓迎すべきことではなかった。既述のように、九〇年代の初めにおいてスプラトリー群島の領有をめぐって紛争が存在したが、九二年の中国領海法の発布で対立が強まった。この頃には中国の対外政策決定は多元化していた。多元化とは多くの異なった意見が存在することを意味するのではない。一元的に国の政策が決まらないままに、各地方、機関が随意に政策を執行することをいう。この多元化現象は鄧小平が九四年に第一線から引くと、威令が行き渡らず生じはじめたものである。このような状態で、一元的政策における「中国脅威論」とは異なるが、特にＡＳＥＡＮ諸国にとって、南シナ海問題は大きな脅威と感じられた。ＡＳＥＡＮ諸国はＡＲＦ（ＡＳＥＡＮ地域フォーラム）、その他の多国間会議を通じて事態の解決に努力しているが、いくつかの宣言を出したほかは二〇〇〇年現在、関係諸国の「行動規範」を審議中である。なお、東南アジアのみならず、ＥＵとも関係を密接化し、経済的利益を得るのみならずアメリカを牽制しようという意図を含んでいたと思われるが、九六年三月にバンコクで開かれたＡＳＥＭ第一回首脳会議（アジア欧州会議、ＡＳＥＡＮ諸国と日韓中がメンバー）にも参加している。この会議は九八年にロンドン、二〇〇〇年ソウルで、第二回、第三回会議が開かれている。

いずれにせよ、大国間では中国脅威論は下火になったが、東南アジアの中小国の間では、「中国脅威論」がかなり根強く残った。それに対して、中国脅威論に対抗するために「中国は責任ある大国だ」と盛んに言いだしたのがやっと九〇年代後半のことであった。ただし、この責任あるということの意味が、権利より責任が大で国際的に多くのサービスを要求されるという意味よりは、地域の安全に責任を持つという意味が勝っているように思われる。もしそうであるとすると、東南アジア諸国は中国単独よりも、日米あるいは日米中の協力による平和を望んでいるであろう。

四　古い「軍事」思想

九六年には、台湾の総統選挙があり、それに圧力を掛けるためであろうが、中国は台湾本土ぎりぎりを目標にミサイル演習を行った。これに対しては台湾海峡での武力行使を抑止しようとして曖昧戦略を採っていたアメリカが、台湾近海に二隻の空母を派遣する騒ぎになり、中国にとって逆効果をもたらしたのみならず、中国が当選を阻もうとした李登輝総統が五四％の票を得て民選総統第一号になった。これも中国が武力使用を考えているという印象を広く与え、中小国には脅威観を増した。実際には、大量破壊兵器の時代になり大国間では戦争がもう出来ない状況になっていること、テロや、密輸、不法入国、海賊等が主たる脅威の的となったことが理解できない、旧式の軍事思想がまだはびこっているのである。サーベルをがちゃつかせて目的を達しようという時代はとうに去ったのであるが、それが理解できない旧勢力がまだ指導的地位にいるということであったろう。彼らには日米安保再定義も、冷戦時代の同盟から、地域安定勢力としての、ＡＲＦと協力した安全保障制度に変化したことが理解できないようである。日本の軍国主義に対する懸念なども第二次大戦以前の世界にいるとしか思えない旧式の思考である。

もちろん、そのような旧式の思考をするのは「粟と小銃」の時代の英雄だった人々であろう。新しい観念を持った外国留学組などが出てくれれば、このような時代遅れの考え方は消えてなくなると思われる。

五　「愛国主義宣伝教育」

しかしながら、国内においては依然として旧式の政治が行われている。党への信任、社会主義への信頼が薄れるに従って、国民をまとめるためにも、政権の正統性を確保し続けるためにもそれらに替わるものが必要になる。そこで手頃なものとして登場したのが、愛国主義宣伝教育キャンペーンであった。これは八〇年代から行われていたが、終戦五十周年を迎えて大々的に行われた。その時の主たる標的が日本であったのである。対日感情がどんどん悪化したのは主としてこのキャンペーンのせいであったと思われる。歴史問題は理性的には忘れるべきではないし、また、忘れられるものではないが、感情的に利用したらコントロール不可能な状態を巻き起こす危険があるものである。それがわかっていなかったとしか思われない。九六年の尖閣諸島問題や一九九九年の駐ユーゴスラビア中国大使館誤爆事件は、大学のキャンパスがコントロール不能になりつつあることを示した。なお、この傾向を避ける目的もあったろうが、九七年の予定通り行われた香港返還は、台湾統一問題と絡んで、愛国主義教育の新しい対象になりつつある。

それらの反日的愛国主義宣伝教育が日本人大衆の間に、これも不毛な「嫌中感」を起こさせ、中国にとっての資産だった親中国感情が冷え込むという逆効果を生み、悪循環化していった。

六 「新しい安全観」

この反面、中国は、九六年からロシア、カザフスタン、キルギスタン、タジキスタンとの間に「新しい安全観」と呼ばれる、西側の協調的安全保障(予防外交、信頼醸成措置、紛争の平和解決等)と酷似する考え方に基づいた諸協定を結び始めた。これは西側の考え方と同様、冷戦離脱型の、敵を想定しない安全保障観であるが、この考え方が西側のそれと異なっているのは、同盟を冷戦時代の遺物と考え、両者相容れないものとしている点である。これは中央アジアにおいては可能かも知れないが、一般論としてみれば、軍事力を伴わない安全保障というものは現状では考えられない。同盟関係は一国の軍事力では不十分であると考えられた時に成立するものであるから、同盟の否定は、いかなる安全保障も軍事力の存在と両立しないということになってしまう。中ロ等は確かに正式な同盟を結んではいないが、自国の軍事力を持っており、「新しい安全観」が軍事力と両立しないとは考えていないことは明らかである。そうであるとすれば西側との間に、十分共通の理念に基づいた平和構想が出来るはずであり、将来に希望が持てると考えるべきであろう。それを拒否し続けるならば、建て前と本音が異なるか、国際情勢を誤解しているかのいずれかになると思われる。

日米防衛協力ガイドライン等に対する非難も、日米側は元来中国の「建設的な協力」を求めていたので、誤解か旧式思考かということになるであろう。ガイドラインの内容を見れば明らかであるが、地域的安定のために日本にどういう協力が出来るかを規定したものであって、日本の新聞のあつかい方に左右されることの多い中国が、日本のマスコミ特有の「中国封じ込め」などというセンセーショナリズムに踊らされたとしか思われない。しかもガイドラインは国内法規が不備で実行が危ぶまれているのが実情である。

七　中国の変貌と新世紀

この間中国の経済は閉鎖性が高かったこともあって、金融危機の影響もそれほど受けず、国有企業改革や、農村問題、東西問題等の難問を抱えながらも、一応順調に発展してきた。それと同時にロシア製のスホーイ27等の購入やライセンス生産で軍備拡張していることに懸念を示す向きもあったが、出発点が低いため増大率が大きいが、今後もこのような拡張が続くとすれば、経済が伸びず、旧ソ連の二の舞となることは目に見えているので、これも内心アメリカに依存する中小国を除けば、観察を怠らない程度で当面十分だと思われる。また、台湾問題の平和解決が実現すれば、国家間戦争が出来ない時代にあって、軍備の多くは不要になるはずである。この間核実験も行い、日本等では激しい批判があったが、そのためか、中国は予定より早めにこの実験計画を切り上げている。

そのような情勢下で、一九九七年江沢民主席が訪米し、翌九八年には、アメリカのクリントン大統領が訪中したことによって、天安門事件以来の米中関係をより固い基礎の上に築くことが出来た。また九八年には江沢民主席が九二年の天皇の訪中の答礼として訪日した。この訪日では、日本側、そして中国側の多くのシンクタンクの期待に反して、後ろ向きの歴史問題をあまりに大きく提起したために、長年中国が信用していた日本のマスコミからも激しい批判を受ける始末で、一見大きな成果を上げられなかったように見えたのが残念であったが、日中友好二十一世紀委員会が日中双方の合意で提案した友好協力のパートナーシップが樹立されるなど、具体的な成果もあった。このパートナーシップにおいて日中両国は三十三項目に及ぶ協力項目を決め、それらの促進を図ることになっており、地味ではあるが、進行中である。

以上のような経緯を経て、世紀末になると今世紀最後のトラブルに見舞われる。一九九九年にNATOのユーゴ空爆に際して、ベオグラードの中国大使館が誤爆され、死者を出すという事件が起きた。北京では反米デモが起こり、アメリカ大使館は投石によって損傷した。「愛国主義」が今度はアメリカに向けられて昂揚したのであった。

これとの関連で引き続いて、中国内部で国際情勢に関する論争が生じた。おもな論争は、「冷戦後」が終結し、アメリカが単極世界を主催するようになったという議論と、これまで同様、アメリカの一極支配から多極化へ向けての過渡期にあるという議論との論争であった。もう一つは関連して、「和平と発展」(鄧小平)が重大問題だという考え方への疑念が現れた。戦争への準備が必要という議論である。この二つは結局もとの公式路線に戻ったが、アメリカ一極の過渡期は想定されていたより長引くという結論になった。これらの主要論争の一環として対日政策も論じられ修正されたと考えられる。日米安保共同宣言以来、日米併せて特に日本に矛先が向かっていたのが、日本に対する態度が大きく緩和し始めた。小渕総理の訪中、朱鎔基総理の訪日にその一環が現れているが、「感情ではなく共同利益に基づいた友好」という考え方が大きく論じられ、確かに過去のような感情的敵対論は姿を消した。もっともこれは中国指導部レベルの考え方であり、多元化した中国の一部である「インターネット世論」とでもいうべきものや、学生らの間では依然激しい日本批判が続いている。そのため、日本のマスコミがそれらに目を奪われて、指導部の親日傾向を見逃す傾向があったのは遺憾であった。

これらの論争や新政策に表されているように、そして、間もないＷＴＯ加入が中国経済に与えるショックによって、中国はグローバル化の中で次第に国際社会の一員としてとけ込んでいくことが自然ではないかと考えられる。二十一世紀に持ち越されたＷＴＯ加盟と「新しい安全観」と「協調的安全保障」の融合とによって、平和で繁栄した、持続可能な発展を遂げるアジア太平洋、ひいては世界の安定が望まれるし、その可能性は十分ある。

Ⅱ　日中政治関係

田中明彦

はじめに

日本にとって、中国との関係をどのように維持・発展させていくかは、その歴史はじまって以来、常にきわめて重要な問題であった。近代日本の歴史は中国との関係なくして語ることはできない。中華人民共和国成立以後の日中関係もまた、日本外交にとって最重要な課題の一つであった。中国にとっても、とりわけ近代にはいってからは、日本との関係は、その歴史に大きな影響を与えることとなった。日本による中国侵略の歴史こそ、中国現代史の展開における一大条件をなしていたのである。二十一世紀の世界においても、日本にとっても中国にとっても、双方との関係はそれぞれの国際関係に決定的な重要性を持っている。

日中関係が両国にとって重要であったのは、もちろん地理的・歴史的に近接しているという条件によるものであるが、その展開に影響を与えたのは、日中両国双方のみの利害や事情だけではない。その時々の国際情勢もまたきわめて大きな影響をもっていた。戦前の日中関係が、西欧列強によるアジア進出への反応としての相互作用という側面を色濃くもっていたのと同様、戦後とりわけ中華人民共和国成立以後の日中関係もまた世界システムの構造変動に大きく影響されてきた。力の分布と友敵関係の変化は、権力政治面での大きな環境要因を構成していたし、グローバル化する世界の中での経済相互依存関係の進展もまた別の面での環境要因であった。

しかしながら、日本にせよ中国にせよ、外界からの影響にただ反応するだけの「小国」ではないのであって、両国の関係が国際環境によってすべて規定されてしまうというのは言い過ぎである。そこには当然、両国に特有の国内事情があり、特有の相互作用が存在し、それらの背景には両国関係に特有の歴史が存在する。したがって、本章では、中華人民共和国成立以来の日中関係を、国際環境、両国の国内事情、相互作用のダイナミックス、それらの背景としての歴史などの側面に留意しつつ、叙述してみたい。

1 台湾との国交

一 サンフランシスコ講和への問題

中華人民共和国が成立した時、日本は、連合軍による占領下にあった。しかし、交戦国との講和はいずれは日程にのぼってこざるをえず、ここに日本は、北京に成立し大陸を支配する共産党政府(中華人民共和国政府)を承認するか、台湾に移った蔣介石の率いる国民党政府(中華民国政府)を承認するかの選択に直面することになった。日本にとって問題が複雑だったのは、アメリカが国民党政府を中国の正統な政府として承認し続けたのに対し、イギリスが一九五〇年一月六日には、いち早く共産党政府を承認したことである。そのようななか、朝鮮戦争が発生し、米ソの東西関係は一挙に緊張した。さらに中国の人民義勇軍が介入したことによって、米中関係は決定的に悪化した。アメリカは、日程にのぼってきた対日講和会議に中華人民共和国を招請することを認めず、同政権を招請すべきだと主張していたイギリスと対立した。

この米英の対立は、五一年六月に、アメリカの対日講和担当の国務省顧問ジョン・フォスター・ダレス（後に国務長官）とイギリス外相ハーバート・モリソンとの会談で妥協がはかられ決着した。その妥協とは、第一に、講和会議にはいずれの中国代表も招請しない、しかし第二に、日本の中国に対する関係は、日本自身が決める、というものであった。

こうしてサンフランシスコにおける講和会議には、中国の代表は招かれず、それ以外の多くの連合国との間に日本は平和条約を締結したのであった。この中で、中国に関連して、日本は「台湾および澎湖諸島に対するすべての権利、権原および請求権を放棄」すると述べたのみであった。

二　「吉田書簡」

このような米英主導型の対日講和には、当然、中華人民共和国政府は不満であった。一九五〇年十二月には、周恩来外相は、対日講和条約の準備、起草、調印には、かならず、中華人民共和国が参加すべきことを主張した。さらに、米英が対日講和条約の草案を公表し、講和会議に北京も台北もともに招かないことを発表したのに対し、五一年八月十五日、周恩来外相は、これは「日本と戦争した連合国間に分裂をおこさせ、そして極東に新たな侵略ブロックを結成する」ものであって、「すべて不法であり、それゆえ無効である」と抗議したのであった。

一方、台湾の中華民国政府もこのような講和の方式に不満であった。この件に関し、顧維鈞駐米大使はたびたびダレス国務省顧問と会見し、講和会議参加を主張した。しかし、モリソン英外相との妥協をうけたダレスは、台湾にこの妥協を受け入れるよう要望した。ダレスがここで主張したのは、サンフランシスコで締結される多数国間の条約とは別に中華民国政府は日本と平和条約を結ぶことができるし、アメリカは日本がそうするであろうとの感触を得ているというものであった。

しかし、日本政府の態度は、ダレスが顧維鈞を安心させたのとは程遠い状態であった。当時の総理大臣吉田茂は、アメリカに対して「北京政権の調印を希望せず、国民政府との講和を欲している」との口頭での意向表明を行なっていたが、その真意は必ずしも明確にしていなかった。とりわけ、講和条約が調印されてからは、北京と台湾のどちらを選択するかについてはできるだけ引き延ばそうとする態度が強くみられるようになった。

このような日本の態度は、中華民国政府およびアメリカ政府にショックを与え、ダレス国務省顧問は、日本の態度の背景にイギリス政府の影響をみてとり、自ら訪日してこの問題に決着をつけようと決意した。五一年十二月、訪日したダレスに対して、吉田は二国間平和条約は、国連における中国代表権問題が解決されるまで延ばしたいとの意向を示したが、ダレスの受け入れるところとならなかった。ダレスは逆に一通の書簡の原案を示し、これを吉田がダレス宛に送るよう主張した。五二年一月に公表され「吉田書簡」と言われるようになった書簡である。

この書簡は、まず日本の対中国政策についての誤解を解消するためとして、「中国国民政府が希望するならば、これとの間に……正常な関係を再開する条約を締結する用意」があることを示し、さらに「日本政府が中国の共産政権と二国間条約を締結する意図を有しないことを確信する」と述べていたのであった。吉田は、ダレスのこの要求を結局受け入れることになる。サンフランシスコ平和条約の米国上院における承認が危うくなるとのダレスの主張に吉田は屈したのであった。

たという。

三　日華平和条約

しかし、日本政府は、中華民国政府との間に二国間条約を結ぶことは決断したが、その内容は、平和条約というより通商航海条約のようなものとしたいと考えており、将来の日本の対中国政策に出来る限りの自由度を与えようとした。当初、日本側は条約の名称を「平和条約」とすることにも抵抗したし、条約の適用地域も出来るだけ限定しようとしたのであった。国民政府側の日本に対する賠償要求に対しても、日本は、日本が中国に残してきた財産をもって賠償にあてればたりるという態度であって、そしてそれは大陸のことであり、この条約の範囲外であるとの主張をしたという。

一九五二年三月中旬にアメリカ上院で、サンフランシスコ平和条約の批准が確定的となるにおよび、台湾側は譲歩せざるをえなくなった。結局、サンフランシスコ平和条約の発効した四月二十八日、日華平和条約は締結されることとなった。その内容として注目すべきは、①日本と中華民国との戦争状態が終了したこと、②付属交換公文で、条約の適用地域を「中華民国に関しては、中華民国政府の支配下に現にあり、又は今後入るすべての領域に適用」としたこと(同意された議事録には、この文言のうち「又は」は二者択一ではなく「及び」という意味であることがさらに付言されている)、③付属議定書で、中華民国が賠償を請求しないことを宣言したこと、などの点であった。

吉田は、日華条約の批准をもとめる国会においても、「日華条約は一に台湾政権との間の関係において致したのであって、中共政権についての関係はないのであります」などと述べて、将来の選択肢を残しておきたいとの意図を表明した。しかし、その後の米中関係の進展——一九五四年と一九五八年の二回にわたる台湾海峡危機などの緊張の連続——は、日本に対して、そのような柔軟な選択を許すことはなかった。

北京の中華人民共和国政府は、吉田書簡から日華平和条約への一連の動きを強く非難した。吉田書簡に対しては、章漢夫外務次官が「中国に加えようとする最も重大で、もっとも露骨な挑発行為である」と非難したし、日華条約が締結されるや周恩来は、これを「米日反動派のかように高慢きわまる陰謀」と攻撃したのである。

このように、日本政府はいずれの政権と関係を結ぶかという問題についてきわめて慎重であった。しかし、朝鮮での戦争は依然として継続したなか、多数の国との間の講和条約成立のためには、アメリカに屈する他ないとの決断を吉田首相は行なったのであった。冷戦という環境要因に大きく制約されたこの決断が、その後ほぼ二十年にわたる日中関係の大枠を決定することになる。

2 政経分離か政経不可分か

中華人民共和国が成立した時、日本国内において中国との貿易の再開を望む声はきわめて大きかった。戦前(一九三〇—三九年)において、日本の全輸出に占める中国本土の割合は二一・六%に上り、輸入についても一二・四%もあった。したがって、中国侵略に対する贖罪感に加えて、日本の経済発展のためには中国市場との関係を再開しなければならないとの意見が朝野を問わずきわめて強かったのである。しかし、日華平和条約によって台湾との国交を選択した日本にとって、大陸との貿易をスムーズに進めていくことはそれほど容易なことではなかった。日本政府には、これ以後、政治的な関係と経済的なそれを別個のものとして、国交のないままに大陸との貿易関係を進めていこうとする「政経分離」の考え方が強くなる。しかし、中華人民共和国からは、台湾から承認を切替えさせるという目標のもと、政治と経済は一体であるとの「政経不可分」の考え方が主張される。結局、これ以後二十年にわたる日中関係は、「政経分離」と「政経不可分」の間を、国際情勢の変化や両国の国内事情の変化によって揺れ動かざるをえなくなるのであった。

一 「積み上げ」方式

一九四九年当時、アメリカにおいても日本と中国の貿易関係をめぐって異なる考え方が存在していた。占領軍総司令部や国務省は、一九四九年の段階では、厳しい日中貿易制限は、日本を半永久的にアメリカの財政負担のもとにおくのではないかと恐れており、日中貿易はある程度奨励されるべきであるとしていた。これに対し、軍部や中央情報局（ＣＩＡ）は対中禁輸こそが共産党政権の崩壊につながるとみていたといわれる。一九五〇年初頭の段階では、前者の考え方が優位を占めており、その結果、三月に日本の中国貿易が許可された。中華人民共和国からの最初の輸入品が日本に到着したのは同年八月であった。

しかし、六月末に始まった朝鮮戦争は、アメリカにおける日中貿易に関する考え方を禁輸強化の方向に決定づけてしまった。したがって、五二年六月、モスクワ経由で北京入りした三人の政治家（高良とみ、帆足計、宮腰喜助）と中国国際貿易促進委員会との間に「第一次日中民間貿易協定」が結ばれたが、実際に貿易できる品目はきわめて限られたものでしかなかった。

このようなアメリカの中国に対する厳しい政策に対応する形で、中国の外交姿勢全般もきわめて強硬な「東西対立」イメージに基づいたものであった。そして、対日政策も日本共産党の指導のもとにおける「日本人民」の革命闘争を支援するというものであった。したがって、この段階において中国の方から日本の政権に対して歩みよるという姿勢を期待することもまた困難なのであった。

しかし、五三年にはいり、朝鮮戦争の停戦が現実化するなかで、日本においては貿易統制緩和への要求も強まっていった。一方、中国においても強硬な世界革命および日本革命を求める動きは弱まり、より漸進的な平和共存路線の展開が進むようになった。こうして、第二次民間貿易協定(五三年十月)、そして第三次民間貿易協定(五五年五月)が締結され、制限内ではあっても貿易は拡大し、その他の文化交流なども増加した。この時期の特徴を称して「積み上げ」方式と呼ばれる。この実質的な「政経分離」の方向への動きは、朝鮮戦争停戦後の国際的な緊張緩和への動き、中国国内における経済建設重視の方向性、日本国内の吉田内閣から鳩山一郎・石橋湛山内閣への転換と結びついていった。

二 日中交流の全面中断

しかし、中国が実質的な「政経分離」を受け入れたのは、それが外交関係の樹立の方向への動きであると判断される限りにおいてであった。一方、日本が「政経分離」の方針から中華人民共和国との政治関係を深めるような「政経不可分」の方向へ動きはじめるや、アメリカや台湾からただちにその抑制を求める動きが起こったのである。たとえば、第三次民間貿易協定を鳩山一郎首相は「政府間協定」にしてもよいと考えていたとみられるふしもあったが、アメリカからのプレッシャーもあって実現できなかった。

しかし、「政経分離」と「政経不可分」の論理が正面衝突したのは、短期の石橋内閣をついで成立した岸内閣においてであった。岸信介首相は、首相就任直後に台湾を訪問し中華民国政府との関係を強める動きを示し、一方、岸内閣に対する中国の姿勢は、その外交政策全般が強硬化するなか、きわめて厳しいものとなっていた。具体的には、第四次民間貿易協定をめぐる交渉で、中国側は、通商代表部の設置を焦点に交渉を進め、具体的なかたちでこの問題を進展させようとした。北京における交渉は難航に難航をかさねたが、結局、一九五八年三月調印されることになる。

この協定には、通商代表部に国旗掲揚や他の外交特権を認める外交機関に準じる待遇を与えることが盛り込まれていた。中国は、この段階で「積み上げ」から、実質的な「政治」関係へ一歩踏み出そうとしたのである。

岸内閣もこれをただちに拒否しようとしていたわけではないし、中国との民間貿易をさらに推進しようとする意図も強かった。しかし、台湾の中華民国政府の反応は激烈だった。三月十二日には、蔣介石総統の抗議の親書が岸首相と藤山愛一郎外相宛に送られた。これに対して日本政府がはかばかしい反応をみせないので、ついに台湾は、三月十四日、日華通商会談の中止通告を行ない、立法院も同日対日非難決議を行なった。さらに十九日には、対日商品の買付け停止を発表し、さらなる強硬措置をとる用意を示唆した。

結局四月九日、日本政府は、第四次民間貿易協定に対し「支持と協力」を与えるが、第四次民間貿易協定により設置される民間通商代表部に特権的な地位は与えず、さらに「中共のいわゆる国旗を……掲げることを権利として認めること」はできないと声明した。これに対し、台湾政府はただちに了解を発表したが、中国側はこの日本政府の対応に非難を繰り返すことになる。

このように日中関係が悪化しているおりもおり、五月二日、長崎市内のデパートで開かれていた日中友好協会主催の中国品展示会場で、一人の男が中華人民共和国の国旗である五星紅旗を引き降ろすという事件が起こった（長崎国旗事件）。この男はただちに逮捕されたものの即日釈放された。日本政府の立場は、中華人民共和国を承認していない以上五星紅旗は国旗にあたらずとの解釈のもと、これは刑法第九十二条にいう外国国章損壊にあたらないというものであった。中国の対日非難は激烈をきわめた。陳毅外相は「中国を敵視する岸内閣の態度がすでに我慢のならないところまできている」と述べ、岸内閣批判をした。これに対し、日本の外務省は陳毅言明は「内政干渉にも等しい」と逆に批判した。中国の怒りはおさまらず、五月十一日、陳毅外相は「日中両国のあらゆる通商・文化関係は十一日をもって断絶した」と語る。ここに、「積み上げ」方式による日中の交流は完全に中断することになったのである。

三　LT貿易の成立

その後も、中国の岸内閣に対する非難はやむことなく続いた。一九五九年、訪中した社会党書記長浅沼稲次郎が「米帝国主義は日中両国人民の共同の敵」であると発言して論議を呼んだのはこのような文脈においてであった。

しかし、日中両国ではその後、内政面で大きな変動がみられた。日本においては安保改定の後、岸内閣は退陣し、「寛容と忍耐」を説く池田勇人が内閣を組織することになる。また、中国では大躍進の失敗から調整へと課題が動くことになる。他国との関係においては、中ソ関係がきわめて大きな曲り角にさしかかるが、米中関係は依然として敵対的なままであった。

池田内閣の誕生とともに、中国は若干態度を柔軟なものとするようになる。六〇年八月末に周恩来は、あらたに「貿易三原則」(第Ⅲ章参照)を提示し、さらに、協定がなくとも民間の貿易復活が可能であることを示唆したのである。ここに、実質上の政経分離のもとでの日中関係が再びスタートすることになる。

ただし目に見える形の交流が活発化するのには若干時間がかかった。国連における中国代表権問題で、日本が中国加盟を阻止するための「重要事項指定方式」を支持したからである。しかし、六二年にはいってから、池田内閣は対中貿易拡大に意欲を示すようになっており、中国向けの延べ払い輸出の条件の緩和を検討するようになった。日中関係がはっきりと好転に向かうのは六二年九月の松村謙三自民党顧問の訪中をきっかけにしてである。この松村訪中によって、それ以後の日中貿易全面修復の条件が合意され、十一月「日中総合貿易に関する覚書」が締結されることになるのであった。この覚書には六三年から六七年までの日中貿易の枠組みが記載され、双方に連絡事務所をおくことが規定された。この覚書に署名した日本側代表が高碕達之助、中国側代表が廖承志だったことから、お互いの頭文字をとって、この取り決めに基づく日中貿易は「LT貿易」と呼ばれることになる。

このLT貿易実現の背景には、日本側の積極的な姿勢もあったが、中国側の事情もあった。大躍進の失敗からくる食糧危機は自然災害も加わって壊滅的な状況に達していた。それに加えて対外関係の要であるべき中ソ関係は悪化の一途を辿っていた。したがって、LT貿易で取り決められた日本側の対中輸出には、食糧増産のための化学肥料、農薬、農業機械などがその多くを占めることになったのである。さらに中国側は、取り決めの内容についても「政経不可分」の主張はくずさなかったが、その後、実質的な「政経分離」の方式に合意した。五八年の交流中断の際は、日本側が中国側の連絡事務所に外交施設に準ずる待遇を与えないと主張したことが関係悪化の大きな要因であった。しかし、今回はそのような待遇が中国の連絡事務所に与えられなかったにもかかわらず中国は取り決めに合意したのである。

四　「積み上げ」方式の限界

しかし、米中対決状況の中で、台湾との国交を持つ日本が、いかに「政経分離」とはいえ、大陸と交流を深めようとすれば、そこに種々の問題が起きることは避けがたかった。まず起こったのが、LT貿易に基づいて行われる中国向けプラント輸出に対して、日本輸出入銀行の資金の使用を許可するか否かという問題であった。当初、アメリカと台湾の批判にもかかわらず、池田内閣は、第一号のプラント輸出については、これに輸銀資金の使用を許可した。しかし、一九六三年暮、いわゆる「周鴻慶事件」(第Ⅲ章参照)が起こり、台湾との関係が緊張した。そこで、台湾との関係の悪化をふせぐため、池田内閣は、吉田茂元首相を個人の資格で台湾を訪問させ、蔣介石総統に対し、中国向けのプラント輸出については、当分、輸銀融資は行なわないとの趣旨の書簡を手渡した(「吉田書簡」)。

一九六四年十一月、池田首相が病気で辞任し、佐藤栄作が内閣を担当するようになると、日中の政治的な関係は悪化した。これには、ベトナム戦争の激化とそれに対する佐藤内閣の対米支持、中国の核実験、日韓国交正常化、そして中国内部での文化大革命などさまざまな要因がからんでいる。いずれにしても、中国の佐藤内閣に対する非難は、池田内閣に対するそれをはるかに上回るものであった。

ただし、佐藤首相自身が政権獲得当時から中国を「敵視」していたわけでも、中国が最初から佐藤内閣に批判的だったわけでもない。しかし、中国が期待したほどの「前向きの姿勢」を佐藤内閣はとらなかった。一九六四年十一月の日本共産党大会へ出席するため入国申請をしていた彭真北京市長の入国が拒否される。ついで、翌年二月には中国に対するプラント輸出については輸銀融資を許可しないという決定がなされた。佐藤首相は、吉田書簡に「直接ではないが拘束される」と国会で答弁したのである。これに対し、中国は反発し、四月八日の『人民日報』は「中国人民は佐藤政府にたいして、もはやいかなる幻想もいだいていない」と論評した。

こうして、佐藤内閣時代の日中の政治的な関係は最悪の状態になってしまった。しかし、岸内閣の時のように関係が全面的に断絶するようなことはなく、実務面ではそれほど悪化したわけではない。六五年以後日本との貿易は中国の対外貿易の第一位を占めるまでになった。ただ、これ以後、中国が文化大革命の大混乱期にはいったため、積極的に日中関係が進展することはなかったのである。

一九六七年末には、LT貿易が五年の期限切れを迎え、日中貿易は空白状態で一九六八年にはいった。これに引き続く日中間の貿易の枠組みとして取り決められたのが「覚書貿易」(あるいは「MT貿易」)といわれる仕組みである。この仕組みは、LT貿易のような長期的なものと異なり、毎年政治会談を行ない、その上で貿易の取り決めを行なうというものであった。この政治会談において中国側は日本側交渉者に強硬に意見の一致を求め、その結果、日本側交渉者は、中国の意向にそって日本政府を非難した上で貿易取り決めをするという形態をとるようになった。特に、一九七〇年三月の交渉では、中国側が、前年の日米共同コミュニケにおける「韓国・台湾条項」に強く反発し、その対日非難は激烈をきわめた。また、この時期には中国の「日本軍国主義」批判が絶頂に達する。

3　国交正常化と平和友好条約

一　ニクソン・ショック

一九七〇年秋には、日中関係の転換をせまるようないくつかの国際的な変化が起こった。十月にはカナダが、そして十一月にはイタリアが中国とあいついで国交を結び、年末までには中国承認国は五十七カ国となった。さらに、同年の第二十五回国連総会で、中国招請、台湾追放を骨子とするアルバニア案がはじめて過半数を獲得した。しかし、アメリカや日本が提案してきた「重要事項指定案」があらかじめ可決されていたので中国の国連加盟は達成されなかった。しかし、そうはいっても、アルバニア案に過半数以上の賛成がはじめて寄せられたことは、それまでアメリカに同調して中国の国連加盟阻止のため動いてきた日本には、大きな衝撃であった。

この時期になると、経済界の中からも、日中国交正常化への動きが強まってきた。七〇年四月に、中国は日本企業に対し、台湾や「南朝鮮」に多額の資本投下を行なっている企業は中国貿易から締め出すことなどを内容とする「周四条件」と呼ばれる条件の受け入れを迫っていた。しかし、この段階では、中国貿易に依存するところがきわめて大きい企業のみがこれを受け入れたにとどまった。ところが、秋以降になるとトヨタや旭化成などの有力企業もこれの受け入れの方向に動きだしたのである。

また、政界でも、日中国交回復は大きなテーマとなり、七〇年十二月には、超党派の議員三七九人からなる「日中国交回復促進議員連盟」が設立される。公明党の提唱による「日中国交正常化国民協議会」も同月に設立され、社会党の主唱する「日中国交回復国民会議」も七一年二月に設立された。

このような中国への一斉の傾斜を前にして、佐藤内閣の動きは慎重であった。しかし、まったく何の動きもしなかったかといえば、そうではない。一九七一年一月二十二日の施政方針演説で「中華人民共和国」という正式名称を使ったり、閣僚クラスを訪中させる考えを述べたり、また、前述の中国への輸銀融資を禁止した「吉田書簡」についても、五月、現在これに拘束力はないとして、輸銀使用は申請があればケース・バイ・ケースで検討すると、これまでの政策を変更したりもしていた。

しかし、中国も親中派自民党議員も野党も、このような佐藤内閣の態度は依然として不十分であるとみなした。社会党は、すでに前年十一月訪中団を中国に送っていたが、公明党も七一年六月にはじめて訪中団を中国に送った。この公明党の訪中時に出された共同声明に、はじめて中国側の国交正常化に対する条件が明確に打ち出された。それらは後に「日中復交三原則」と呼ばれるものを含む条件であった。それは、①中国はただ一つであり、中華人民共和国政府は中国人民を代表する唯一の合法政府である、②台湾は中国の一つの省であり、中国領土の不可分の一部であって、台湾問題は中国の内政問題である、③「日台条約」は不法であり、破棄されなければならない、というものであった。

したがって、一九七一年七月十五日、キッシンジャー米大統領特別補佐官が秘密裏に訪中していたことが明らかにされ、翌年ニクソン大統領が訪中することを決定したとの発表(「ニクソン・ショック」)があると、日中国交正常化の動きは一挙に加速されることになったのである。

しかし、「待ちの政治」を特徴とする佐藤内閣にとっては、自ら先頭をきって走り出せない事情があった。国連への中国加盟問題に対する佐藤内閣の対応にその事情が最もよく表われている。アメリカは、ニクソン訪中を決めてはいたが、国連からの台湾追放を認めるわけにはいかないとしていた。アメリカは中国が国連に加盟し安全保障理事会の常任理事国となることに賛成するが、台湾の追放は総会の三分の二以上の賛成を要する「重要事項」である、という方式をとろうとしていた。これに対し、日本が共同提案国になるか否かが、政府内はもとより政界その他で大きな議論となった。結局、九月二十一日、佐藤首相はアメリカに従うことに決した。しかし、第二十六回国連総会での中国支持は抑えがたく、この方式は否決され、中国招請を内容とするアルバニア案が可決されたのである。

このような佐藤内閣の日中国交正常化に向けての臆病ともみえる慎重さの背景には、佐藤内閣の最大の外交案件であった沖縄返還協定のアメリカ上院ならびに日本の国会での承認が迫っていたことがある。国内では協定批准に対し反対の立場をとる野党を前に、与党内の結束を強める必要があった。しかし、この時点では、自民党内には依然として親中国派を上回る親台湾派が存在していた。つまり、日中問題であまり進みすぎると、党内の亀裂を深め、沖縄返還の仕上げに影響しかねなかったのである。一方、アメリカ上院でのスムースな沖縄返還協定承認をうるためにも、アメリカの親台湾派の議員を味方につける必要があったのである。

佐藤内閣にしてみても、福田赳夫外相が当時「アヒルは水面に首を出してジッとしているように見えるが、水の下では激しく水かきしている」と語ったように、いくつかのアプローチを北京に対して行なったことは事実である。たとえば、一九七一年十一月、保利茂幹事長が、美濃部亮吉東京都知事に託して周恩来に送った秘密の書簡である。しかし、この「保利書簡」は、結局中国の受け入れるところとならず、周恩来にその存在を明らかにされ、「まやかしであり、信用できない」と批判されてしまった。他のルートもはかばかしい進展は見せなかった。結局、中国は佐藤内閣とは国交正常化をする意志をもたなかったのである。

二　日中国交正常化

一九七二年の世界は、ニクソン訪中で明けたといっても過言ではない。「世界を変えた一週間」とニクソンが自画自賛したのも誇張とはとられなかった。それまでは中国がアメリカとソ連両者に敵対していたのに対し、米ソのデタントが進み米中和解がなるにともない、中ソ間のみが強い敵対関係に立つという形に変わってきたのである。このような中では、日中関係も、中ソ関係に影響されざるをえない。

しかし、七月五日自民党の総裁選に勝利した田中角栄にとって、当面の目標は何がなんでも日中国交正常化をなしとげることであった。彼は、「速戦即決」で日中復交に進んでいった。その過程でとりわけ重要だったのは、公明党委員長の竹入義勝の訪中であった。竹入は、中国側の強いすすめで七月二十五日訪中したところ、驚くべきことに、二十九日、周恩来からきわめて詳細な中国側共同声明案を示されたのである。竹入は、この中国側の共同声明草案および周恩来らとの会見記録(「竹入メモ」)を、帰国後、ただちに田中首相に見せた。この「竹入メモ」によって、中国が日米安全保障条約に対しては異議を唱えないことや、戦争の賠償を求めないことが明らかになった。このような情報をうけ、田中首相は、自民党内の親台湾派の慎重論にもかかわらず、一気呵成に日中国交に向かって進み、九月二十五日からの自らの訪中で日中共同声明に合意し、国交正常化を実現した。交渉過程ではいくつかの争点があった。第一は「戦争終結」についてであった。一九五二年の「日華平和条約」で戦争は終結しているとする日本と、これを受け入れない中国の立場には大きな隔たりがあったが、共同声明は、「不正常な状態」(前文、本文第一項)を終了させるという周恩来の提案を受け入れることで決着した。第二の問題は、「一つの中国」という点、つまり台湾をどう見なすかという点であった。この点は、第二項で日本が「中華人民共和国政府を中国の唯一の合法政権であることを承認する」とし、続いて第三項で「台湾が中華人民共和国の領土の不可分の一部である」との中華人民共和国政府の立場を、日本が「理解し、尊重し、ポツダム宣言第八項に基づく立場を堅持する」とすることで決着した。ここでポツダム宣言第八項とあるが、この条項は、カイロ宣言の条項が履行されなければならないと記述したものであった。そして、カイロ宣言には、「満州、台湾、澎湖島のような日本国が中国人から盗取したすべての地域」の返還が記されていた。つまり、日本はカイロ宣言の当事国ではないが、ポツダム宣言を受け入れているので、この趣旨に従うということであった。このようなまわりくどい言い方になったのは、日本がサンフランシスコ平和条約で台湾や澎湖島を放棄しており、これらの帰属について語る立場にないというのがその理由であった。第三に中国の対日戦争賠償の請求が問題になったが、これは、第五項で「中華人民共和国政府は、中日両国国民の友好のために、日本国に対する戦争賠償の請求を放棄する」こととされた。戦争についての日本の認識としては、前文で「日本側は、過去において日本国が戦争を通じて中国国民に重大な損害を与えたことについての責任を痛感し、深く反省する」との表明がなされた。これらの問題以外に、日本側は日米安保の問題や尖閣諸島の問題などについて中国がどういう立場を示すか懸念があったが、どちらについても言及しないという決着が図られた。さらに共同声明では、貿易、海運、航空、漁業などの実務協定、平和友好条約の締結などを目的として交渉を行なうことが約束された。

声明公表当時あまり問題とならなかったが、後に大きな意味をもった点としては、第七の「反覇権条項」があった。この条項は、日中国交正常化が「第三国に対するものではない」としつつも、「両国のいずれも、アジア・太平洋地域において覇権を求めるべきではなく、このような覇権を確立しようとする他のいかなる国あるいは集団による試みにも反対する」とした。外務省の公式見解では、この条項は「米中共同声明(一九七二年の「上海コミュニケ」)にも述べられているところであり、……いわば当たり前のことである」というものであったが、交渉担当者たちが、実は「当たり前」と考えていなかったことは確かなようだ。「第三国に対するものではない」という但し書の存在がその懸念を裏付けている。しかし、日中は日中で二国間関係として処理していきたいというこのような努力は、以後著しい困難に遭遇していくことになる。七二年十月、訪ソした大平正芳外相に対しグロムイコ外相が、「反覇権条項」をさし、日中共同声明を非難したのはその端緒であった(ただし、この事実は当時公表されていない)。

三 反覇権条項

一九七四年にはいると、日中共同声明で約束された実務協定が次々と締結されていった。一月には貿易協定が締結され、四月には、日台航空路線の取り扱いをめぐって紛糾した航空協定も締結された。海運協定も、十一月に締結されることになる(漁業協定は一九七五年八月締結)。さらに、七四年七月ころから中国はしきりに平和友好条約交渉を始めるべきだと、訪中する日本人にもちかけるようになる。そして、九月二十六日、喬冠華外務次官が木村俊夫外相に正式に日中平和友好条約の早期締結を提案したのである。この時点で、日中平和友好条約の早期締結はきわめて容易なことだと考えられていた。鄧小平副首相も、七四年十一月に訪中していた河野謙三参議院議長と、条約の妥結は半年もあれば可能であると意見が一致したという。しかし、条約のための予備交渉が始まると、事はそれほど容易でないことがわかった。

十二月に、田中内閣は退陣し、三木武夫内閣が誕生した。三木は、早速所信表明演説で「日中平和友好条約の締結を促進」すると言明した。しかし、一九七五年一月二十三日、『東京新聞』に政府筋の情報として、それまで二回行われた予備交渉の内容についての日本政府の立場がスクープされ、以後、議論が巻き起こるようになるのである。『東京新聞』によれば、日中の交渉で「反覇権条項」を条約にいれるかどうかが問題となっており、これをいれると日本が反ソであると受け取られ兼ねないので日本政府はこれに反対しているということであった。この報道をきっかけとして、ソ連が日中平和友好条約交渉に露骨な反発を示すようになり、日本国内でも、ソ連を敵視するような条約を結ぶのは問題であるとの意見が表明されるようになる。結局、その後の日中の事務レベルの予備交渉においては、中国側は「反覇権」の条約明記を主張し、日本側はそれに反対するということが繰り返され、交渉は完全に行き詰まってしまった。

日中平和友好条約の交渉は、一九七五年の春に行き詰まってから一九七七年秋まで、ほとんど進展しなかった。日本から秘密の妥協案が出されたが、それに中国は全く答えなかった。その最大の理由は、内政が大きく動いていたことにある。中国はこの時期、周恩来の死、第一次天安門事件、毛沢東の死、四人組の失脚と続く大きな転換期にあったし、日本の内政もこの時期、ロッキード事件の発覚によって、大きく揺れ動いていたのである。

四　交渉再開から締結へ

交渉の進展の兆しが見えてきたのは、一九七七年も秋にはいってからだった。再び復活した鄧小平中国共産党副主席が、九月十日、日中友好議員連盟訪中団に、福田首相が決断すれば、条約問題は「一秒間ですむ」ことだと語ったのである。以後、条約締結への動きが活発になる。ベトナム戦争の終結をうけ南北を統一したベトナムが、中国に対して敵対的な勢力として登場してきたことが、地政学的にいえば、中国をして日中関係改善を急がせた要因であった。福田首相も、七八年一月二十一日の施政方針演説で、日中平和友好条約について「交渉の機は漸く熟しつつある」と言明し、いよいよ交渉再開へ向かい出した。こうして、二月十四日と三月四日、佐藤正二大使は中国外務省に韓念龍外務次官を訪ね交渉再開に向けての予備折衝を行なった。これ以後、日本政府は三月に訪中した公明党の矢野絢也書記長の報告も受けて、さらに方針を検討した。この段階では、反覇権を条約で明記することは問題とならず、それにどのような条件をつけるかが問題とされたという。

しかし、日本で、日中平和友好条約の交渉再開の気運が高まるのをみて、ソ連は、「ソ日善隣協力条約」を提案するなど、牽制の動きを見せた。また、自民党内でも、親台湾派を中心に日中関係進展には慎重論が見られるようになった。このような雰囲気の中で、日中平和友好条約締結への慎重論を助長する事件が起こった。四月十二日、尖閣諸島周辺の日本の領海に中国漁船が集結して、中国の領海であるとの示威を行なったのである。尖閣諸島は、一九七〇年以来中華人民共和国と中華民国もそれぞれ領有権を主張してきていた。しかし、中国側は、日中国交正常化以来、これを交渉の舞台にのせることをあえてさけてきていた。この事件について、中国側の反応はきわめて混乱したものだったが、結局、「偶発的事件」であると釈明した(この事件の真相は不明であるが、中国内部の反鄧小平派の行動であったという報道が後にあった)。しかし、おさまらないのは条約締結の慎重派であった。そのため、福田首相は条約締結への党内調整を一時中断せざるをえなかったのである。

しかし、五月三日の日米首脳会談から帰った福田首相は、日中平和友好条約に再び積極的になった。この時期すでに(秘密のうちに)米中国交正常化の交渉を進めていたカーター大統領が、福田首相に対し条約締結に積極的になるよう発言したことも、福田首相が積極的になるのに与って力があったのかもしれない。そして、五月二十六日には自民党の総務会の了承をとりつけるまでになった。そして、五月三十一日、佐藤大使は、韓念龍外務次官に交渉の再開を正式に申し入れた。これに対し、六月十四日、中国側から七月上旬に交渉を再開しようと返事がなされた。

このような動きにソ連が反発したのはいうまでもない。しかし、日中平和友好条約締結交渉は七月二十一日に再開された。もはや覇権条項それ自体については問題とならず、どのような「第三国条項」をいれるかに焦点は移っていた。日本側は、第三国条項の文言を工夫することで、ソ連の反発を少しでもやわらげようとしたのである。結局、八月六日、箱根で福田首相は園田直外相と会談し、園田外相の訪中で決着をつけると決めたのである。園田外相の訪中は成功した。八月九日の外相会談で中国側が、日本の譲歩案のうち「この条約は、第三国との関係に関する各締約国の立場に影響を及ぼすものではない」という条項を付け加えることに同意したのである。こうして、日中平和友好条約の案文作りは急速に進み、八月十二日、園田直・黄華両外相が北京で調印した。ここに、四年近くにわたった日中平和友好条約の交渉は終了した。条約締結によって日中友好ムードは一気に高まり、鄧小平が十月に日本を訪問したとき、日本は歓迎一色に包まれた。鄧小平もまた尖閣諸島については「棚上げ」にしてもよいと語り、日中間の問題としないことを表明した。

4　経済相互依存と「歴史」の浮上

日中平和友好条約の締結によって、国交正常化以来の日中両国の基本的な関係を設定する枠組みはすべて構築されることになった。その後の日中政治関係において、この枠組みに変更を迫る出来事は発生していない。しかも一九八〇年代の国際環境は、日中関係の発展にとって好ましいものであった。中国の対外開放に対応する国際的な経済相互依存が進展していく一方、米ソ冷戦が継続していたからであった。東アジアで進む輸出指向型の経済発展が進むことは、中国の改革・開放に合致していたし、そのために日本との経済関係はきわめて重要だった。また、ソ連という共通の脅威の存在するなか、日本にとっても中国が西側に友好的な存在でありうることは重要だった。それにもかかわらず、日中政治関係に何も問題が起きなかったわけではない。経済関係の進展そのものが摩擦を生むし、また、正常化したなかで、あらためて日中両国の歴史を振り返る動きも生まれた。中国共産党の指導者たちからみて、戦争の記憶のない日本人(とそして中国人)にどう対処するかはきわめて大きな問題であった。日本人に対しては対中侵略の事実の記憶を保持させ、中国人に対しては、中国共産党なくしてこれに打ち勝てなかったとの記憶を保持させる必要があった。

一　経済協力と宝山ショック

一九七〇年代後半からの日中関係にとって、まず課題となったのは、「改革・開放」路線を取り始めた中国と世界経済との接触に伴う摩擦をどのように解決するかということであった。一方では、無限とも見える中国市場への足場を築こうとする世界経済からのフィーバーが起こり、他方では、中国自らのシステムの世界経済への不適合から生じる摩擦が発生した。

第一のフィーバーが襲ったのは一九七八年であった。日中平和友好条約が締結される半年前、「日中長期貿易取り決め書」が日中の民間団体によって締結されていた。これ以後、異常ともいえる日中商談ブームが巻き起こり、上海の宝山製鉄所建設の契約をはじめ大型商談が次々と結ばれていった。しかし、このブームは華国鋒を中心とする非現実的な近代化計画に日本側がとびついたもので、きわめて脆弱な基盤しかもたず、七八年十二月の中国共産党第十一期中央委員会第三回総会(十一期三中全会)において見直しをせまられることになる。したがって七九年二月には、これらの契約のうちのかなりを保留したいとの意向が中国側から出され、日本企業をあわてさせたのであった。

日本政府がここでとった一つの政策は、中国に対して経済協力を行なうという決断であった。中国は五〇年代にソ連から経済援助を受けて以来、他国からの経済援助を受けたことがなかったが、その方針を七八年ころから再検討していた。そして十一期三中全会以後、前述の契約保留の連絡と相前後して日本政府に円借款の可能性を打診してきたのである。これに対し、日本政府は「近代化を進めて行くという現実路線は西側諸国、日本にとって都合のよい政策だ。わが国としては現実路線をとる今の中国の姿勢を続けさせるために中国への円借款を続ける」(外務省首脳)との方針で、七九年十二月の大平正芳首相の訪中時に合計三三〇〇億円にのぼるとされる経済協力計画を明らかにしたのである。もちろん、日本の対中経済援助への決断にあたっては、中国を世界経済に円滑に組み込むことと並んで、新冷戦のもとで西側に友好的な中国を確立したいとの希望、さらには、中国が賠償を放棄してくれたことに対する感謝の念なども関係していた。ただし、核兵器国であり他国への援助を行なってきた中国への援助については、自民党内から批判もあり、またＡＳＥＡＮ諸国やアメリカからの懸念もあった。そこで、大平内閣は、対中経済協力にあたっては「①欧米諸国との協調を図る、②アジア、とくに東南アジア諸国連合とのバランスに配慮する、③軍事協力はしない」との「対中経済協力三原則」のもとに行なうとの方針を明らかにした。

こうして、日中関係は好転し、八〇年五月には華国鋒首相が中国首相として初めて訪日し、さらに十二月には第一回の日中閣僚会議が北京で開かれた。再び中国フィーバーの時期となった。しかしその間、中国経済はインフレ、財政赤字、エネルギー不足に悩むようになる。その結果外国からのプラント輸入に大幅に依存した基本建設プロジェクトの見直しが行なわれることになる。そして、一九八一年初め、日本側関係者にとっては青天の霹靂のごとく、宝山製鉄所の第二期工事の中止などを含むプラント契約の破棄が一方的に通告されることとなったのである。中国側の契約の一方的破棄という国際的な商慣行を無視した動きに対し、日本側関係者の中には批判的言動が高まり、それに対し中国側関係者が感情的に反発するといった応酬がつづき日中関係はこじれた。

この「宝山ショック」に端を発する問題は、結局同年九月の二階堂進自民党総務会長の訪中を機に解決に向かい、十二月の日中閣僚会議で総額三千億円の資金協力の合意が調印されるにおよんで決着した。日本にとって、中国を再び世界経済から切り離すという選択はもはやないと考えられたのであった。

二　教科書問題

こうして、「宝山ショック」をなんとか切り抜けた日中両国は、日中国交正常化十周年にあたる一九八二年を迎えた。前年十月のカンクンでの南北サミットにおける日中首脳会談での合意にもとづき趙紫陽首相と鈴木善幸首相の相互訪問が決定されており、もはや日中間には何の問題もないかのようにみえた。事実、五月末に実現した趙紫陽首相の日本訪問では、同首相の提唱した日中関係の三原則(平和友好、平等互恵、長期安定)が打ち出され、両国のきわめて良好な関係が印象づけられた。

しかし、この友好ムードは七月下旬からのいわゆる「教科書問題」で一挙に吹き飛んでしまった。問題の発端は、六月二十六日の日本の各新聞の教科書検定に関する報道であった。これに対し、新華社電は簡単なコメント抜きの報道をただちに行ない、『人民日報』も三十日に「歴史を歪曲し侵略を美化する日本の教科書検定」と題する記事を掲載した。そして、七月二十日、『人民日報』第七面に「この教訓はしっかり覚えておくべきだ」と題する「短評」が掲載され、以後激烈な日本の文部省に対する批判が続々とあらわれることとなる。二十六日には、中国外務省の肖向前第一アジア局長が渡辺幸治日本公使に正式の抗議を行なった。これに対し、日本政府は北京の大使館を通したり、東京では文部省から中国大使館に対し、いろいろ日本の教科書検定制度について説明をさせたが、中国の受け入れるところとならなかった。さらに中国側は予定されていた小川平二文部大臣の訪中を不適当だとして中止させ、八月十五日を中心に中国側の教科書批判キャンペーンをさらに盛り上げたのである。

結局、日本政府は八月二十六日、政府統一見解として「韓国、中国などより、……我が国教科書の記述について批判が寄せられている。我が国としては、アジアの近隣諸国との友好、親善を進める上でこれらの批判に十分に耳を傾け、政府の責任において是正する」と、記述修正に応じる方針を明確にした。しかし、この政府見解表明もただちには中国側の受け入れるところとならず、さらに九月六日、北京の鹿取泰衛大使が呉学謙外務次官に検定基準改訂の時期などを具体的に示した補足説明を行ない、八日、ようやく中国側の了承を得たのであった。ここに、七月末以来の外交問題としての教科書問題は日中間で決着をみたわけである。

この教科書問題をめぐる中国の政策決定には、いろいろわからないことが多い。この問題を外交問題とすることによって、中国は、日本に対し教科書の内容から「誤り」を取り除かせるための説得を行なったことは間違いない。しかし、それと同時に中国の外交政策の基調が「独立自主の外交政策」へと変換しつつあったことも重要であろう。教科書問題は、中国国内外に対し現政権が「独立自主の外交政策」を実行していること、無原則に日本やアメリカなどの政策を追認しないことを実証する機会でもあった。それと同時に中国共産党のもとでの中国の現体制への不信感(「三信危機」)に直面した中での、青少年への歴史教育と共産党への支持獲得のための機会であったとも考えられる。

いずれにしても、これ以後、日中関係では「歴史」はきわめて大きな問題として存続しつづける。日本国内では、それ以前から近代史の扱い方に関して論争があったが、これに中国(や韓国など近隣諸国)が関与するようになったのである。改革・開放を実践していく中国共産党政権にとって、マルクス・レーニン主義による政権の正統性根拠が薄らぐにつれ、抗日戦争を戦った中国共産党という正統性根拠がますます重要となり、その結果、日本で行なわれる歴史論争について無関心でいられなくなるという構図があった。

三　靖国神社公式参拝問題

その後、一九八三年から八五年にかけては、日中関係にほとんど問題が消滅したかに見えた時代であった。中曾根康弘首相と胡耀邦総書記の間の個人的関係が喧伝され、八三年十一月の胡耀邦訪日では、「日中友好二十一世紀委員会」の設立や日本青年三千人の中国訪問などが合意された。八四年三月の中曾根訪中では、八四年度から一応七年にわたり四七〇〇億円と見込まれる円借款を供与するとの考えが示された。

しかし、このような一種の「おまつり行事」は二国間関係の成熟をただちに意味しなかった。八五年にはいってからの日中関係は、底流で徐々に緊張の度合を強めていく過程にあったのである。とりわけ問題になってきたのは日中の貿易不均衡である。中国側の対日輸出も増えてはいたが、日本からの対中輸出の増加の勢いがそれをはるかに上回っていたのであった。このような中で発生したのが、「靖国神社公式参拝」問題であった。

日本で閣僚の靖国神社公式参拝を認める「閣僚の靖国参拝問題に関する懇談会」の報告が八月九日にでると、中国のメディアや外務省のスポークスマンは、第二次世界大戦におけるA級戦犯の合祀されている靖国神社への公式参拝は好ましくないとの警告を発した。そして、現実に中曾根首相が靖国神社を公式参拝すると、以後何日かにわたって、日本国内に批判が多いという報道が『人民日報』にあらわれた。さらに、八月末になると、日本の報道機関から、訪中した日本人に対する話として、続々と靖国問題に対する懸念、批判の表明が伝えられるようになった。そして、九月十八日には、天安門広場で北京大学の学生らによって「中曾根打倒」「日本軍国主義打倒」「靖国神社参拝反対」などのプラカードをかかげるデモが起こった。反日行動は北京だけにとどまらなかった。九月三十日から十月二日まで、いくつかの都市で学生らによる対日抗議行動が行われたのである。一方、日本では靖国神社の秋の例大祭へ中曾根首相が公式参拝を行なうかどうかをめぐって自民党内で紛糾が続いたが、結局、国会などの日程から参拝しないということになり、ようやくこの問題も鎮静化した。

四　防衛費GNP一%枠突破と光華寮問題

一九八六年には日中関係では大きな問題はおきなかったが、八七年にはいると、再び関係が緊張する局面がみられた。日本では、八六年十二月三十日に、防衛費のGNP一%枠の撤廃が閣議決定された。これに対し、中国外務省スポークスマンは、八七年一月二日、ただちに論評し、日本の八七年度防衛予算がGNP一%枠を突破したことに「関心」を示した。『人民日報』でも、一月三日に、日本国内で批判のあることが報じられ、以後、数々の論評がなされた。一月中旬に訪中した竹下登自民党幹事長に対し、鄧小平は、「率直にいうと、中国人民は大変敏感だ。とくに若い学生がそうだ。中国人民にとって、突破の文字が問題だと思う。突破したのは初めてだ。――額は少ないが、突破したということに注目している」と強い懸念を表明した。

さらに問題となったのが光華寮裁判であった。光華寮とは、一九四五年ころ、国がもともとの所有者からかりて京都大学の管理のもとに中国人留学生用の寮として使用してきたものである。戦後、京都大学が管理を中止したため、寮生の自主管理するところとなったが、賃料の支払のため、種々の経緯のすえ、一九五二年十二月、中華民国政府が所有権を取得した。しかし、寮生のなかには、この寮は中華人民共和国に帰属すべきものと考えるものがおり、一九六七年、文革に関連して騒ぎがおこった。これに対し、中華民国政府が明け渡し訴訟を提起し、裁判が開始されていたのである。ところが、一九七二年の日中国交正常化で、「中華民国」の当事者としての能力に疑問がもたれるようになった。控訴や差し戻しがなされるなか、一九八七年二月、大阪高裁が台湾に所有権があるとの判決を下して、これに中国が反発したのであった。日本政府は、係争中の民事裁判については、三権分立の建前から関与できないとの姿勢をとり、日本の世論もこれを支持していた。こうした日本側のやや冷やかな反応に一石を投じたのは、五月五日の鄧小平党中央顧問委員会主任の宇都宮徳馬参議院議員らへの発言からであった。彼は、「日本にはごく少数だが、政治的影響力を持つ人々もふくめて軍国主義復活の傾向が表れている」と指摘し、光華寮裁判にも「軍国主義の復活傾向が関連している」との見解を表明したのである。さらに、「中曾根首相はこの問題が解決できるはずだ」と語り、政府が裁判への影響を行使すべきだと主張した。

これに続き、六月四日、訪中した公明党の矢野書記長に対しては、鄧小平は、「中国人民、とくに青年の間で反響が強く、中国側としてもこれを適切に処理しなければ人民が反対する。日本政府の適切な処理を希望しており、その能力を持っていると信じている。日本の三権分立と米国のそれとでは違いがある。日本政府がなすことがないというほどではない、と思う」と語り、また防衛費のGNP一%枠撤廃問題についても一月の竹下幹事長への発言と同様の発言を行なった。さらに日中関係全般については、「率直にいうと、日本は世界のどの国よりも中国に対する借りが一番多い国であると思う。国交回復の時、我々は戦争の賠償の要求を出さなかった。両国の長い利益を考えてこのような政策決定を行なった。東洋人の観点からいうと、条理を重んじているのであって、日本は中国の発展を助けるために、もっと多くの貢献をすべきだと思う。この点に不満をもっている」と語ったのである。中国が賠償請求をしなかったことと、日本が中国に借りがあることとを結びつける論理は、経済・貿易交渉などの非公式の席ではたびたび中国側からなされていたといわれるが、公式の席で中国指導者の発言としてなされるのは初めてのことであった。一九七二年の国交正常化の枠組みについて中国側の持つある種のコンプレックスの表現であった。

これに対し、「外務省首脳」は、「鄧主任も雲の上の人になったような感じがする」と語り、鄧小平の批判はあたらないと指摘し、さらに鄧小平の見方は必ずしも中国指導部全体の見方を代表していないとの見解を示した。この外務省首脳による「雲の上の人」発言自体が、中国側のさらに強い反発を呼び、日中関係はきわめて感情的に悪化してしまった。結局、外務省首脳発言については、日本国内からも、「不用意な発言」であるとの批判が日中友好議員連盟や野党から挙がり、六月十五日、柳谷謙介外務事務次官が、「首脳発言のうち主任に関する部分は礼を失する表現があり、不快感を与えたことは遺憾」と、公式に遺憾表明を行ない、十八日、柳谷次官は辞意を表明することとなる。「定年」による退官であり、今回の問題とは無関係の辞任ということであった。

5　二十一世紀の日中関係へ

一九八〇年代末から一九九〇年代初頭にかけて、世界情勢は大きく変化した。冷戦が終結し、民主化が進展する一方、世界経済は、ますますグローバル化の速度を加速させた。一九八〇年代の日中関係を取り囲む国際環境のうち、一方の条件であった冷戦は消滅したが、他方の条件であった経済相互依存はますます進展することになったのであった。冷戦の終結にともなう脅威認識の変化、国際的課題への認識の変化は、日中関係にも影響をあたえたし、世界的な民主化の進展は、日本人の対中認識にも影響を与えた。また、日中双方において起こりつつある世代交代もまた、双方の認識に影響をあたえたし、そのことがかえって「歴史」が日中間の問題として浮上する理由ともなった。しかし、恐るべき速度で進展しつつある世界経済のグローバル化は、それらの情勢にもまして日中関係を規定している構造である。このような事情をドラマチックな形で示したのが、天安門事件とその後の事態収拾のプロセスであった。

一　第二次天安門事件

一九八九年六月四日、天安門事件が発生した時、日本では、リクルート問題で竹下内閣が退陣し宇野宗佑内閣が成立した直後だったこともあって、その対応が混乱した。日中国交正常化以後、日中間の政治問題といえば、おおむね中国が日本に批判するというパターンであって、その逆ではなかった。宝山ショックのような経済問題に絡んで中国批判が生まれることはあったが、政治問題で対中非難が高まることはすくなかった。宇野首相は「われわれは中国とかつて戦争状態にあったという過去」を持っているので、「黒白」をつけたようなことはいいにくいと発言した。しかし、中国への国際的世論が強まる中、日本政府も中国に対して「人道の見地から容認しえない」との立場をとり、新規の円借款を凍結するなどの措置をとったのであった。こうして、天安門事件は、中国自身の政治行動について日本が批判的立場を明らかにした上で、制裁措置までとるに至った端緒となった。

しかし、日本では天安門事件を契機に中国国内が混乱することは、東アジア情勢全体を混乱に導き望ましくないとの見方が強く、七月に開催されたアルシュ・サミットでも、日本政府は、中国孤立化が望ましくないことを主張した。その後も日本政府は、関係正常化の道を探り、九〇年のヒューストン・サミットを契機に、新規の円借款の交渉にはいることを表明した。そして九一年の夏には、先進国の首脳に先駆けて海部俊樹首相が訪中したのであった。こうして、天安門事件以後、日本は慎重にしかし確実に中国を国際社会に復帰させる政策を実行したといえるだろう。

一方、中国もまた、日本との関係改善を促進させるため、海部首相の訪中に先立って、日中国交正常化二十周年の九二年に天皇が訪中するよう要請しはじめ、海部訪中時にも改めて要請した。九二年初めには、鄧小平の南巡講話でふたたび改革・開放の大号令がかかり、中国内部では、日本との関係をより強固にする必要が強くなったのであろう、天皇訪中の要請はさらに強くなった。九二年四月に、天安門事件後、中国の首脳として初めて訪日した江沢民中国共産党総書記もまた、宮沢喜一首相に改めて天皇訪中を要請した。日本国内では、九二年二月に発表された中国領海法に尖閣諸島が中国領土と書き込まれたことや、中国で日中戦争に関する昭和天皇の責任が提起されるのではないかなどとの懸念もあり、天皇訪中については慎重論も多かった。また、当時日本では国連平和維持活動協力法案の審議が行なわれており、中国はこれに懸念を表明していた。しかし、中国はいずれの問題も抑制された対応に終始し、天皇訪中の実現を最優先させた。その結果、九二年八月末に宮沢内閣は天皇訪中を決定し、十月二十三日、日本の天皇の中国訪問が史上はじめて実現した。天皇は「永きにわたる歴史において、我が国が中国国民に対し多大の苦難を与えた不孝な一時期がありました。これは私の深く悲しみとするところであります」との「お言葉」を語った。こうして、天安門事件で後退した日中関係であったが、指導者レベルの交流ということでいえば、一九九二年末までには大きく改善し、きわめて良好といえる状態にもどったのであった。中国が世界経済との一体化を通して自らの経済発展を望み、そのような中国が望ましいと日本が判断するとすれば、関係はいずれは改善されなくてはならなかった。

しかしながら、天安門事件は、日本国民の対中認識に決定的な影響を与えた。日本政府の行なってきた世論調査において、中国に「親しみを感じる」と答えた日本人が天安門事件以前は恒常的に七〇%前後であったのに対し、事件を契機に五〇%前後まで激減し、その後全く回復しなかったからである。天安門広場での武力鎮圧がテレビで放映されたことは、その直後におきた「ベルリンの壁」の崩壊と東欧の共産党政権の解体、さらにはソ連の解体にいたる冷戦終結プロセスとの対比で、日本人の多くにとって中国共産党体制に対する幻滅感をあたえたのであった。これは、九二年の天皇訪中をもってしても大きく変わるものではなかった。

二　不信の相互増幅

一九九〇年代中葉の日中関係は混乱したものだった。一九九三年夏に日本で自民党政権が崩壊し、以後、細川・羽田・村山と目まぐるしい政権交代が続いた。その過程で、これまでの固定的だった自民党の派閥を含む各政治勢力の離合集散が目まぐるしくおこった。そこで細川政権にしても村山政権にしても、自らの独自性を打ち出すための一つの政策選択として「歴史認識」をはっきりさせるという方向を打ち出した。細川護熙首相は、日中戦争を「侵略戦争で間違った戦争」だと語り、村山富市首相は、第二次世界大戦終結五十周年を契機に歴史にかんする「国会決議」を作成しようとした。しかし、このような動きは、日本国内でかえって一部の政治家や政治勢力から反発を呼び、このような認識と逆の発言を公表させることになり、それが中国からの反発を呼ぶという結果になった。羽田内閣の時の永野茂門法務大臣による南京虐殺は「でっち上げ」だとの発言、村山内閣の時の桜井新環境庁長官による「侵略戦争をしようと思って戦ったのではない」などの発言、同じく村山内閣時の島村宜伸文部大臣による「侵略か侵略でないかは考え方の問題だ」などの発言が、そのような反発を呼んだ事例であった。

九五年八月十五日に村山首相が発表した「談話」は、このような動きを否定して日本の歴史認識を明確にしようとしたものであった。村山首相は「植民地支配と侵略によって、多くの国々、とりわけアジア諸国の人々に対して多大の損害と苦痛を与え」、ここに、「痛切な反省の意を表し、心からのお詫びの気持ちを表明」するとした。中国は、この村山談話を「積極的なものだ」と評価した。しかし、他方、これだけ首相の発言と異なる方向の歴史認識が閣僚から行なわれたことについては、不信感を強めることになった。

他方、日本からみても、中国への不信感を強める情勢が展開していった。一つは、いわゆる「中国脅威論」の登場である。改革開放の路線に完全に復帰した中国は目覚しい経済成長を遂げるようになったが、これにともない公表される国防費も急成長した。さらに九二年の領海法における尖閣領有の記載、ロシアからの新型戦闘機を含む高性能の武器購入などが懸念を呼んだ。その中で、一九九五年春、核拡散防止条約（NPT）の無期限延長が決まり、五月初めに訪中した村山首相は中国に核実験中止を求めたが、その直後に中国は地下核実験を行なった。おなじ頃、核実験を行なったフランスに対しても日本では批判があがったが、八月にまた中国が核実験を行なったため、日本国内での批判はきわめて強くなった。その結果、日本は対中無償援助を凍結するという措置をとった。ここに天安門事件に引き続いて、日本が中国の政治的行動に対して制裁措置をとるという事態になったのであった。さらにまた、九五年春の李登輝訪米以後の中国の台湾に対する言動もまた、日本で多くの懸念を呼ぶことになった。九五年夏のミサイル実験に引き続き、十二月の台湾海峡での軍事演習、そして九六年三月の台湾総統選挙に際してのミサイル実験と軍事演習は、武力行使をためらわない中国というイメージを強めることになった。

日本が中国の核実験に対して無償援助を凍結した背景には、単に中国への批判ということだけでなく、九〇年代にはいって政府開発援助（ODA）を日本の対外政策の中で積極的に使うという政策転換がおこっていたこともあった。一九九二年六月に閣議決定された「政府開発援助大綱」（ODA大綱）が、その指針であって、そこには被援助国の「軍事支出、大量破壊兵器・ミサイルの開発・製造、武器の輸出入等の動向」や民主化、市場経済導入、基本的人権や自由の保障状況に「十分注意を払う」ということが規定されていた。これ以後、日本国内では、ODA大綱に照らして対中経済協力の問題点を指摘する声が上がっていたのであった。

このような日本の対中不信感に基づく行動は、さらにまた中国における対日反発に結びつくことになった。日本の核実験抗議のための対中無償援助の凍結は、日本の歴史認識についての不満と結びつき、日本は自らの歴史については反省しないくせに他国の正当な行動については援助を武器に圧力をかけようとしているとの見方につながった。これに加えて、一九九六年四月に橋本龍太郎首相とクリントン大統領が「日米安全保障共同宣言」を発表したことが中国の懸念を深めることになった。「日米安全保障共同宣言」は、冷戦後の時代の日米同盟関係の必要性を再確認したものだが、中国は、これを冷戦後の日米同盟が中国に対して向けられたものではないかとの疑念を抱いたのである。この共同宣言の成立経過を仔細に分析すれば、冷戦後ギクシャクした日米経済関係を乗り越えて日米関係を安定させること及び一九九四年の朝鮮半島危機以降の北朝鮮情勢に対応しようとすることが最重要なテーマであったことは明白なのであるが、三月の台湾海峡危機の直後にこの共同宣言が発表されたこともあって、中国はこれが対中包囲網の一環なのではないかと懸念を持ったのである。

このようななか、一九九六年夏、日本の右翼政治結社が尖閣諸島で灯台を建設するという事態が起こり、さらにその直後に橋本首相が自らの誕生日に靖国神社を参拝した。日本の右翼結社が尖閣諸島に灯台を建てたことはこれまでもあり(一九八八年)、また宮沢首相も靖国神社を私的に参拝したことはあった(一九九二年)。しかし、これらの事態に、それまでの核実験に対する対中強硬策、歴史認識における疑惑、日米安保共同宣言についての懸念が結びつき、中国ではこれらの日本での動きの背景に一貫した意図があるのではないかとの見方、「軍国主義の暗雲が日本の空に濃く垂れ込めている」(北京放送)という見方が表明されるようになった。

もっとも、尖閣問題で最も激烈な反応をしたのは、北京の中国政府ではなく、香港における反日運動であった。九月後半には香港の活動家がチャーターした貨物船で大挙尖閣諸島に向かい、上陸を試みるため海に飛び込んだ活動家の一人が死亡するという事態にまでなった。結局、日本政府は灯台を航路標識と認めよという右翼結社の要求を受け入れず、この問題は沈静化することになった。また、橋本首相も靖国神社の私的参拝を繰り返さないということになった。結局、日本に対中強硬策をとろうとする連携プレーもなければ意図もなかったからである。

三　江沢民訪日の幻滅

一九九六年末ころから中国は、アメリカ、ロシア、日本などとの関係を安定させる努力を集中的に行なうようになっていた。中国脅威論をそのままにしておくことは中国にとって不利であり、これを払拭するためにも主要国との関係改善が望ましいとの見方が強くなった。長期的な経済発展のためにはWTO加盟が必要だろうし、そのためにも主要国との関係改善は必要とされる。また台湾問題解決のためにも主要国が中国に好意的対応をとることが望ましいとされたであろう。その面でいえば、台湾海峡危機で険悪化した対米関係の改善が九七年から九八年の焦点とされた。その結果が、九七年の江沢民訪米であり、九八年のクリントン訪中であった。そしてクリントン訪中ではクリントン大統領に「三つのノー」(本書一五四頁参照)を言わせることに成功した。ここで、中国はさらに日本との関係も安定化させようと思ったのであろう。日中平和友好条約締結二十周年ということで、クリントン訪中に引き続いて江沢民訪日を成功させようとしたのであった。

しかし、江沢民訪日(一九九八年十一月)は、想定外の事態が発生したために全面的な「成功」とはいえない結果に終わってしまった。とりわけ想定外であったのは、中国を襲った大水害で訪日を延期したために、江沢民訪日が、韓国の金大中大統領の訪日(同年十月)の後になってしまったことであった。なぜ、これが想定外であったかというと、韓国の金大中大統領が、日本との共同宣言で、日本側に明示的な植民地統治にたいする「お詫び」を書き込ませることに成功したからであった。夏までの準備期間において、日中で用意していた歴史認識についての表現は、日韓の共同宣言と比べてみると中国側にとっては、突然、不十分に見えるようになった。他方、日本側の意識の上では、韓国に対して「お詫び」を文章化したのは、金大中大統領が今後は歴史にはもう触れないというコミットメントをしたからであった。さらにまた、この日韓共同宣言で「お詫び」を書き込んだことについて自民党内でも批判が強まっていた。したがって、中国が相当はっきりと今後は歴史に触れないというコミットメントをしない以上、「お詫び」を書き込むことは難しいという情勢になってしまった。しかし、江沢民訪日までの中国側の交渉者は、歴史にこれ以上触れないというコミットメントはしようとしても出来なかったし、来日した江沢民も、そのような約束をする気はなかった。小渕恵三首相は、それでは、こちらも「お詫び」は書き込めない、ということになったのであった。

おそらく、このような日本側の態度に憤激したのであろう。江沢民主席は、日本滞在中各所で「正しい歴史認識」の必要性について言及した。首脳会談のみならず宮中晩餐会でも、さらには財界との懇談会でも触れた。しかし、これは全くの逆効果であった。かつて、中国の歴史認識についての対日批判は、おおむね日本における不適切な発言や行動に対応して出されたものであって、その結果、日本国内でもこの批判に同調する意見が生まれ、容認された。しかし、今回は、「お詫び」こそ日中共同宣言に書き込まなかったが、小渕首相は口頭での「お詫び」は行なったし、共同宣言にも日本の「侵略」ということをはっきりと明示した。日本側から特に歴史を否定するような発言もなかった。それにもかかわらず江沢民主席が歴史認識問題を繰り返したことは、日本国内の世論を喚起せず、かえって反発を呼ぶことになった。何か別の意図があるのではないかとの疑念さえ生まれたのであった。

四　グローバリゼーションと日中関係

一九九〇年代の混乱に満ちた日中政治関係であるが、これが日中対決をもたらすと結論づけるのは間違っている。冷戦の終結によって、共通の大脅威のなくなった日中両国民にとって、アジアにおける主要な隣国である双方にある種の疑念を持つのは当然かもしれない。片方は経済不振に悩むとはいえ依然世界第二位の経済大国であり、他方は、近年成長率が鈍化しているとはいえ、一〇％近い速度で経済成長を続ける核兵器国である。しかも、両者の間には二十世紀前半における戦争の歴史がある。世代交代は、かえって、中国の側において危機感を強めるかもしれない。戦争の記憶のない日本人は、贖罪意識をもつ日本人より危険な存在だと思うかもしれない。一九九〇年代の日中政治関係における混乱はまさに、このような構造的趨勢を反映しているのであろう。

しかし、国交正常化以降の日中関係、とりわけ中国が改革・開放政策をとるようになってからの日中関係は、単純な地政学的関係に還元されないし、また歴史に由来する心理関係のみに左右されるわけではない。一九九〇年代にはいって劇的に進んだ経済相互依存の関係は、日中双方に他方の経済発展が自らの利益につながるという利益の共有を生み出すとともに、日中いずれかの経済不振は他方の経済にも悪影響を与えるという運命の共有をも生み出すにいたっている。日中間の人的交流にしても、現在ほど相互交流の進んだ時代は史上かつてなかった。政治関係のさまざまな混乱にもかかわらず、日中関係の交流はますます進むとみるのが正しい。

いうまでもなく、経済相互依存も人的交流も、国家間関係の安定を自動的に保証するものではない。かえって相互依存の度合いも人的交流の度合いも大きいがゆえに、これが一端破壊されたときの被害は想像を絶する。この被害の大きさを予想できるがゆえに、相互依存関係を破壊するような行動は抑制されるのである。しかし、そのような破壊的行動は、相互における不断の努力なしに自動的に抑制されるわけではない。日本のみならず中国においても社会の多元化が進む現在、大衆社会に特有の感情の表出が国家の合理的行動を阻害する可能性について十分注意しなければならないのである。その意味で、後味の悪い江沢民訪日以来、中国が対日批判を慎んできたこと、歴史問題について公式にはあまり言及していないことは、積極的な態度だといえるだろう。中国国内の反日ムードを煽るようなことは長期的な日中関係に望ましくないし、これがかえって、日本の反中ムードを燃え立たせるかもしれないからである。

他方、日本国内での対中警戒意識も、それが合理的な範囲を越えて感情的なものになれば、不健全な相互作用をもたらしかねない。二〇〇〇年にはいってから、日本国内では中国への政府開発援助をめぐって批判が大きくなった。中国の軍事力についての懸念も存在する。そのなかには、正当な批判や懸念に加えて、感情的ともいいうる批判や懸念も存在した。多元的社会における言論は、政府の意向どおりにコントロールできるものではない。しかし、それが故にかえって政治指導者の自らの発言に対する責任は重いといわざるを得ない。

Ⅲ　日中経済関係

丸山伸郎

はじめに

本章の目的は、戦後の一九五〇年代から現在までの日中経済関係の歴史を回顧し、問題点を分析することにある。

戦前において、日中貿易への依存度は両国の経済にとって大きなものであった。日本の対中貿易は、一九三〇―三九年の期間平均でみると輸出で総輸出額の二一・六％を占め第一位、輸入で総輸入額の一二・四％を占め第三位のシェアーを占めていた。中国にとって対日貿易は一九三八年の統計によると、輸出は総輸出額の一三・七％で第二位、輸入は総輸入額の二三・五％で第一位を占めていた。

こうした強い相互依存関係の中身を見てみると、日本の輸出は繊維品、機械、金属および同製品が大宗商品であり、輸入においては大豆、石炭、採油種子、その他大豆粕、綿花、銑鉄、鉄鉱石といった農産物と鉱物が大宗を占めていた。

以上の商品構成は典型的な垂直分業関係、「南北」の経済関係を反映しており、日本資本主義にとって中国はその工業製品の市場として、安価な原材料の調達先としていずれも不可欠な存在であった。

日本の機械類の総輸出に占める対中輸出のシェアーをみると、例えば機関車九八・八%、客車および貨車九八・四%、自動車九二・二%、織機八五・三%、紡機七八・一%(一九三四—三六年期間平均)といった高い対中輸出依存度をしめしていた。こうした過度の中国市場への依存度は、日本の満州および関東州の植民地化政策と不可分な関係にあった。中国大陸との貿易といっても、その実態はこれら地域との貿易が大部分であり、特に一九三七年の盧溝橋事件を契機とした日中全面戦争勃発以来、日本の対満州・関東州貿易は対中国貿易の八〇%近くに達したのである。その狙いは同地域を経済的、軍事的に中国の他地域から切り離し独立させ、日本経済の再生産構造に組み入れることであった。

日本の敗戦後、日中両国間の国交がなかったことから、日中貿易は日中間の政治的問題処理の機能の役割も担わされてきた。ここから日中双方の国内政治の変動を直接に被り、不安定な状態が日常化してきたのが現実であった。戦後において日中貿易は一時的な中断、激しい変動が見られたものの、トレンドとしては拡大を維持してきた理由は、両国の経済の発展段階の相違と産業構造の差異から、日中間で依然として垂直的な相互補完関係が成立する必然性があり、さらに中国の工業化にとって日本という巨大な資本財供給国が隣国に存在することは不可欠であったからである。

日中貿易が再開された一九五〇年から今日までの五十年間、両国を取り巻く環境も激しく変化し、時期に応じ日中経済関係を規定した要因もめまぐるしく変わってきた。変化を引き起こす要因として、戦後日本は米国のアジア戦略のなかの駒であり、独自の対中政策を打ち出す自主裁量の余地が小さく、こうした制約のなかでいかに経済関係だけは維持するかというジレンマに常に直面してきた。中国とて周期的に繰り返されてきた国内の権力闘争と左派の台頭が経済建設のみならず、対外関係の制約要因となり、政治優先か経済優先かのジレンマに常に直面してきた。日中双方でこうした経済と政治の要因が交互に時期に応じて日中経済関係を規定してきたのである。

1　戦後日中貿易の再開と頓挫

一　貿易再開と対中禁輸

敗戦直後の日本経済は生産設備の荒廃、物不足とインフレに悩まされ、さらに「ドッジライン」に基づく政府の緊縮予算によって引き起こされた不況の深刻化の中にあった。こうした中で、戦前、安価な農産物や工業原料の供給基地であった中国の存在を無視できず、こうした経済的動機に共産中国を支持する革新政党や労働組合の政治運動とが結合し、四九年から日中貿易再開の運動となった。

中華人民共和国が成立する直前の一九四九年五月、政党、学界、労組、中小企業の日中友好人士からなる日中貿易促進を目的とした大衆団体「中日貿易促進会」が結成され、同年、「中日貿易促進議員連盟」も設立された。五〇年八月には、初めての中共政権との直接貿易が始まった。

一九五〇年六月、朝鮮戦争が勃発し、十月に中国人民義勇軍が参戦したが、これに対し、同年十二月に米国政府は対中国戦略物資禁輸措置をとった。日本政府もこれに同調したため、日中貿易は急減を余儀なくされた。日中貿易はバーター方式で行なわれており、機械、鋼材などが戦略物資として輸出制限される以上、輸入も削減されざるをえないのである。

一九七〇年代まで続いた西側諸国の対中経済封鎖の制度はこの時期に相次いで打ち出された。五一年五月の国連総会において可決された対中・対北朝鮮戦略物資禁輸決議、同年十月、米国議会で可決された「相互防衛援助統制法」

日中貿易における日本の輸出入額の推移

（単位：千ドル）

年	輸　出	輸　入	総　額	バランス
1950	19,933	39,328	58,961	△　19,695
1951	5,828	21,606	27,434	△　15,778
1952	599	14,903	15,502	△　14,304
1953	4,539	29,700	34,239	△　25,161
1954	19,097	40,770	59,867	△　21,673
1955	28,547	80,778	109,325	△　52,231
1956	67,339	83,647	150,986	△　16,308
1957	60,485	80,483	140,968	△　19,998
1958	50,600	54,427	105,027	△　3,827
1959	3,648	18,917	22,565	△　15,269
1960	2,726	20,729	23,445	△　18,003
1961	16,639	30,895	47,534	△　14,256
1962	38,460	46,020	84,480	△　7,560
1963	62,417	74,599	137,016	△　12,182
1964	152,739	157,750	310,489	△　5,011
1965	245,036	224,705	469,741	20,331
1966	315,150	306,237	621,387	8,913
1967	288,294	269,439	557,733	18,855
1968	325,438	224,185	549,623	101,253
1969	390,803	234,540	625,343	156,263
1970	568,878	253,818	822,696	315,060
1971	578,188	323,172	901,360	255,016
1972	608,921	491,116	1,100,037	117,805
1973	1,039,494	974,010	2,013,504	65,484
1974	1,984,475	1,304,768	3,289,243	679,707
1975	2,258,577	1,531,076	3,789,653	727,501
1976	1,662,568	1,370,915	3,033,483	291,653
1977	1,938,643	1,546,903	3,485,546	391,740
1978	3,148,748	2,030,292	5,079,040	1,018,456
1979	3,698,670	2,954,781	6,653,451	743,889
1980	5,078,335	4,323,374	9,401,709	754,961
1981	5,097,189	5,291,800	10,388,989	△　194,611
1982	3,510,825	5,352,417	8,863,242	△1,841,592
1983	4,912,334	5,087,357	9,999,691	△　115,023
1984	7,216,712	5,957,607	13,174,319	1,259,105
1985	12,477,446	6,482,686	18,960,132	5,994,760
1986	9,856,178	5,652,351	15,508,529	4,203,827
1987	8,249,794	7,401,429	15,651,223	848,365
1988	9,475,987	9,858,823	19,334,810	△　382,836

出所：各年大蔵省通関統計

1989-1999 年の日本の対中貿易と直接投資統計は 109 頁に掲出.

（いわゆるバトル法と呼ばれ、共産圏諸国に戦略物資を輸出した同盟国にたいしては米国の援助を打ち切る）、さらに西側諸国の対共産圏貿易を統制するための「調整委員会」（ココム）の下部機構として特に中国を対象とした「チンコム」の設立がそれであった。

日本政府が実施した対中輸出制限措置は、米国、カナダに次ぐ厳しいものであり、対中禁輸によって中国からの大豆、鉄鉱石、石炭、塩など農産物・鉱物の輸入が減少したことから、これらは米国からの輸入に振り向けられた。当時の自由党政府のシナリオによれば、長期的には東南アジアを日本の原料・食糧の輸入と資本財の輸出のための市場として開拓し、中国への依存を減らしていこうというものであった。一九八七年末に公開された米国国務省の一九五二―五四年時点の外交文書によっても、当時米国政府は工業力を持つ日本が共産圏へ近付くことを阻止し、西側の同盟国として確保しておくため、共産中国との経済関係を再開しようとする日本国内の圧力に対抗する意味で、日本と東南アジアとの貿易を奨励するという政策を取っていた。

二　民間貿易協定の成立

朝鮮戦争休戦会談開始後、特需減少による景気後退のなかで中国市場への期待が再び強くなった。米国の経済封鎖を打ち破り、西側諸国との貿易を拡大したいという中国側の願望と中国市場へ活路を求める日本経済界の一部の人々の期待とが結びつき、これが「第一次日中民間貿易協定」の成立へとつながった。

一九五二年四月、モスクワにおいて開かれた国際経済会議に参加した高良とみ、帆足計、宮腰喜助の三氏が帰途、北京に立ち寄り、中国側窓口である中国国際貿易促進委員会との間で同年六月、同協定を結んだ。協定期間六カ月、往復三〇〇〇万英ポンドのバーター貿易を内容としていた。

協定発効後の五三年、貿易量は急増したが、未だ五〇年時点の規模に回復せず、しかも禁輸による輸出制限から日本側の入超が続くことになった。

朝鮮特需減少の見返りとして産業界の対中貿易拡大の期待が高まるとともに、これを受け日本政府も禁輸緩和に動きだした。五三年一月に第一次、六月には第二次の禁輸緩和が発表され、六月当時の岡野清豪通産相も対中貿易促進に努力する旨を明らかにしたのであった。

一九五三年、国会議員有志が通商視察の名目で訪中し(団長池田正之輔)、十月末、中国国際貿易促進委員会との間で新たに貿易協定（第二次日中民間貿易協定）が調印された。

同協定は第一次と同じく、往復三〇〇〇万英ポンドのバーター貿易で、期間は一年となった。中国より鉄鉱石、マンガン鉱、大豆、石炭など日本側の期待する伝統商品の輸入は増えたが、五三年から発足した第一次五ヵ年計画との関連で中国の輸入需要が大となる甲類商品（機械など資本財）の対中輸出についてはココムの壁は破れず、結果として日本側の入超傾向を是正することはできなかった。

五五年三月、中国側は雷任民対外貿易省次官を団長とする貿易代表団を来日させ、これによって第三次民間貿易協定が成立することになった。

第三次協定の内容は、期間一年、往復三〇〇〇万英ポンドなど概ね第一次、第二と同じであるが、違いは中国側が外交官待遇を有する貿易代表部の相互設置、両国通貨による直接決済方式の実現を日本側に強く迫ったことである。

中国側の狙いは従来のような民間協定ではなく、政府レベルの協定にすることによって、貿易の安定拡大と両国政治関係の改善をはかることにあった。これに対し当時の鳩山一郎内閣は米国政府の圧力もあり、政府ベースの協定とすることを避け、代表部設置、直接決済についてもそれを受ける意志はなかった。

三　日中貿易の断絶

第四次協定交渉において、中国側は焦点を第三次協定から持ち越されている通商代表部の設置におき、日本側に実施を迫った。交渉は難航したが、最終的に相互に民間代表部を設け、代表部員に便宜をはかること、通商代表部は国旗を掲げる権利を有すること、などを覚書として明記し、一九五八年三月五日に調印された。

この協定と覚書は双方の政府の同意を条件としていたが、岸信介内閣は台湾や米国の圧力を受け入れ、中国との貿易関係の発展は容認しても、代表部に外交特権を与え、国旗掲揚を認めるといった、中国承認につながるような覚書に保証は与えられないという態度を貫いたのである。こうして第四次協定は調印されたものの、日本政府による保証が無いという中途半端な状態に置かれることになった。民間貿易協定交渉が政治の壁に突き当たっている中で、戦前から対中貿易への依存度の高い鉄鋼業界は貿易協定の調印を待たず、独自に中国との貿易促進に動いた。五八年二月、日本鉄鋼代表団（団長は当時の八幡製鉄常務稲山嘉寛）は中国五金進出口（輸出入）公司との間で五年間にわたる総額一億英ポンドのバーター協定を結んだ。日本側は各種鋼材、中国側は鉄鉱石と石炭を年度ごとの協定額の枠内でそれぞれ輸出しあうものであった。

日本政府の第四次協定に対する態度を中国側が強く非難し、さらにこれに対し日本側が反論するというギスギスした状況のなかで、長崎国旗事件が起こった。

五八年五月二日、長崎市内のデパートで催されていた中国品展示会において、会場に掲げられていた中国国旗を右翼青年が引き降ろす事件が発生したが、警察はこれを単なる「器物破損」事件として扱い、逮捕した犯人をすぐ釈放したのであった。

中国側にとって国旗掲揚問題は第四次貿易協定交渉以来の岸内閣との対立の焦点であり、それ故に座視できなかった。岸内閣の中国敵視政策に対する報復として、あいついで貿易商談のキャンセル、契約の破棄通告がなされ、第四次民間貿易協定はこれによって実施が不可能となり、最終的に中国側は五月十一日をもって日中貿易の断絶を宣言したのである。

2　政治の狭間の中の日中経済関係

一　対ソ貿易から対西側貿易へ

中国経済は一九五八年から始まった土法製鉄運動や人民公社化運動に代表された大躍進政策の失敗によって、さらに五九年に全国を襲った自然災害のため混乱状態に陥り、特に食糧危機が深刻となった。

中国政府はさし迫る食糧危機打開のため農業振興を最重点課題とし、化学肥料、農業機械、鋼材など農業投入財の供給確保に力を入れた。ここからソ連に代わる資本財の輸入チャンネルとして西側諸国との通商拡大がさし迫って必要になり、その一環として、対日経済関係の修復が図られることになった。

一九六〇年八月、周恩来首相は訪中した日中貿易促進会議の鈴木一雄専務理事との会談の機会を利用して、対日貿易再開のための中国側の方針として「貿易三原則」を明らかにした。その内容は、①貿易その他諸協定は政府間協定を原則とし、その方向を追求する、②政府間協定が未だ実現できていない段階でも、友好を基礎とする民間ベース取引は可能、③従来どおり個別配慮に基づく（日本の中小企業との）貿易は継続する、というものであった。この貿易三原則の狙いは、明らかに日中貿易の再開にゴーサインをだすことであり、民間ベースの取引を柱とし、しかも中国側に友好的と指定された企業、商社を相手とした「友好貿易」をその窓口としていこうとするものであった。

友好貿易に対して日本政府も協力的な立場をとり、強制バーター方式の緩和、日本船の中国向け配船などを認めたため、六〇年末より友好貿易が早くも動きはじめ、春と秋の年一回、広州で開かれるいわゆる広州交易会がその主要な取引の場となった。

中国側のニーズは西側諸国より農業関連資材（鋼材、化学肥料、機械、化学工業原料など）を長期的、安定的に買い付けることであり、日本側においても化学、重機、鉄鋼など大手メーカー、さらに関西財界などは対中国貿易の再開に大きな期待をかけた。

二　LT貿易の発足

以上の双方の思惑に基づき、各種のチャンネルを通じての交渉が行なわれ、最終的に一九六二年九月、自民党の松村謙三の訪中、十一月の高碕達之助の訪中によって新たな貿易ルートが開設されることになった。中国側の窓口であり責任者である廖承志、日本側の窓口であり責任者である高碕達之助の両者のイニシアルをとってLT貿易と名付けられたこの協定は、協定の当事者が双方の政府の関係者であり、政府のお墨付きと支援のもとにある以上、これは友好貿易と異なる実質的な準政府間協定にほかならなかった。

協定の内容は長期的・総合的にバーター取引を行なうことを目的とし、当面、一九六三年から六七年までの五年間を期間とする。輸出入品目としては、日本から化学肥料、農薬、鋼材、合金鋼材、化繊プラント、農業機械を輸出、中国は石炭、塩、鉄鉱石、大豆、トウモロコシ、漢方薬を輸出する。日本からの輸出品の一部については、中国側の強い要望に基づいて、延べ払い決済方式をとることになった。

LT貿易の発足は日中貿易に新しい展開をもたらし、貿易量は一九五九年を底として六一年から徐々に上向きとなり、さらに延べ払いによる塩安や鉄鋼、農機具などLT大宗商品の取引が動き始めたことにより、六三年から大幅に伸び、六四年には往復で三億ドルを越え、過去最高を記録することになった。

日中貿易の両輪としてのLT貿易と友好貿易との関係をみると、LT貿易が動きはじめた六三年時点では、日本の輸出はLT協定に基づく資本財が中心なので、当然LTが圧倒的なシェアー(九八・四％)を有した。輸入については大手商社のダミーを含めた中小友好商社が主役であるため、後者が六六・七％と過半数以上を押え、総合では約六対四の割合でLT優位であった。しかし六四年になるとこの比率は逆転し、以降、七〇年代に至るまでLTはじり貧状態となり、これに対し友好貿易のシェアーは六七年に七二・三％に達するなど日中貿易の主流を占めることになる。

三 「吉田書簡」問題

一九六二年以降の中国は、米ソとの対決を強める一方、中間勢力と規定する西欧諸国への接近を強め、この政策が六四年一月のフランスの中国承認として結実した。経済的にも西欧諸国をプラントなど技術の主要な調達先と見なし、相次いで発注を行なった。こうした動きの一環として六三年八月には日本の倉敷レイヨンのビニロンプラントが成約され(日産三〇トン、総額七二億円)、これは初の日本輸出入銀行資金を使った中国への延べ払いによるプラント輸出となる予定であった。

六四年当時には、中国経済にとって対日輸入はすでに資本財調達のための不可欠なルートであった。対日輸入の中国全体の輸入に占める割合は一〇％強となり、一国で欧州全体の対中輸出のシェアー(一三％)に接近し、中国の最大の貿易パートナーとしての日本は欧州各国にとって代わることになった。とくに鋼材については六四年に日本は中国の鋼材総輸入量の四四％にあたる一六万四〇〇〇トンを輸出し、ソ連を追い抜き第一位の地位を占めた。懸案のLT貿易連絡事務所が相互に設置され(六四年八月に双方から着任)、日中関係は順調に軌道に乗ったように思われたが、それも束の間、新たなトラブルが発生することになった。

六三年末、来日した中国のビジネスミッションの通訳であった周鴻慶が台湾への亡命を試み、日本に保護を求める事件があり、最終的に翻意し帰国を望んだことから日本政府は中国へ送り返した。これに対しＬＴ協定の成立など池田勇人内閣の日中経済関係促進のための一連の措置に常々不満を表明してきた台湾側は、同事件に強い反発を示し、駐日大使館員の引き揚げなど強硬手段をとった。

六四年二月、台湾側の不満をなだめ、悪化した関係を修復するため池田内閣の容認のもとに吉田茂が台湾を訪問、その際に張群政府秘書長宛書簡をだし、中国向けプラント輸出に輸銀資金を使わせない旨を台湾側に約束したのである（いわゆる「吉田書簡」）。

六四年十二月に池田内閣に代わって佐藤栄作内閣が誕生した。同年八月には「トンキン湾事件」を契機に米軍機による北ベトナム爆撃が行なわれ、米国のベトナム軍事介入強化によって、米中関係も一触即発の緊張関係にあった。こうした東アジア情勢のなかで成立した佐藤内閣は親米路線をとる以上、当然、対中政策に関しては池田内閣に比べ、より強硬路線をとった。

六五年に入って表面化したニチボーのビニロンプラントと日立造船の一万トン級貨物船の輸出商談にあたって、佐藤内閣は輸銀資金を使わせないとした「吉田書簡」に拘束されることを表明した。これにより輸銀資金による延べ払いを前提とした商談が不可能となり、あわせてその他のプラント商談もすべてご破算となった。中国側は佐藤内閣への批判と対決を強めた。もはや長期、総合、バーター、延べ払いという特色を発揮できなくなったＬＴ貿易はじり貧となったものの、そのぶん友好貿易がカバーすることになり、政治関係の悪化にもかかわらず、日中貿易量は全体として中国経済の回復に伴なう旺盛な資本財輸入需要に支えられ、六二年以来の増加テンポを持続したのである。

四　孤立から国際社会へ復帰へ

文革のなかでは、極左派の台頭から対外強硬路線がとられたが、不運なことにこの時期が第一次ＬＴ協定（六三―六七年）の終了に伴なう改定期とぶつかった。六七年末、協定は期限切れとなったが、佐藤内閣批判の立場からして、中国側関係者としても国内的配慮から対日妥協と受け取られるような即時改定を見送ったために、六八年二月まで協定失効状態が続くことになった。

一九六八年二月に再開された協定交渉は難航したが、三月に一応の妥結をみることになった。従来のＬＴ貿易はＭＴ貿易（日中覚書貿易）に名称が変わり、協定期間は一年に限定され、以来毎年、新協定交渉のため双方とも多大なエネルギーをさかざるを得なくなった。

文革による経済活動の停滞は六八年がボトムであり、七〇年から工業投資が本格化することになった。これに伴ない資本財輸入需要が増大し、日本から鋼材、化学品、機械、輸送機械などの輸入が急増し、輸入全体で対前年比四五％もの伸びを示すことになった。日本は再び最大の資本財供給国となり、中国の総輸入に占める日本のシェアーは六九年に二一％、七〇年には二六％にもなり、結果として対日入超幅が拡大し、七〇年にそれは三億ドルを超えることになった。

こうした中で七〇年四月、周恩来首相は松村謙三ら訪中団に対し、いわゆる「周四条件」を提示した。それは①国民党の大陸反攻、韓国の北朝鮮進攻を援助する商社、メーカー、②台湾と韓国に投資している商社とメーカー、②米国のインドシナ侵略に兵器、弾薬を提供している企業、④日本にある米系合弁企業および米国の子会社、に該当する日本企業とは取引しないというもので、具体的には住友化学、三菱重工、帝人、旭ダウの各社があげられた。

中国側の狙いは、中国にとっての国際情勢の好転を利用して佐藤内閣にゆさぶりをかけることであった。米国は米第七艦隊の台湾海峡パトロール縮小（六九年十二月）とワルシャワでの米中会談再開（七〇年一月）を通じて対中関係の緩和の方向を模索しはじめた。カナダ、イタリアとは中国承認に向けてすでに交渉が始まっており、日本においては対中貿易への関心が強まり、財界の主流さえも対中関係改善の必要を認めはじめたのである。

中国側の狙いどおり、「ピンポン外交」（七一年四月、本書一二四頁参照）、ニクソン訪中計画発表（同七月）など米中関係の改善の動きが表面化するとともに、日本の産業界のなかで周四条件を受け入れる企業が増え、三井、三菱の両グループさえも受け入れを表明した。七一年後半には関西、東京の経済団体があいついで訪中ミッションを派遣するなど、雪崩のような産業界の対中接近が起こった。

3　プラントと石油をめぐる日中経済関係

一九七二年九月二十九日、田中角栄首相の訪中により日中国交回復が実現した。国家関係の正常化により、MT貿易協定は歴史的使命を終え、政府間貿易協定の締結とともに両事務所は解散となった。一九七四年一月には政府間貿易協定が締結され、相互に最恵国待遇を与えることになり、中国品輸入に対する関税差別が撤廃された。同協定に基づき、両国間の貿易促進のための定期協議機関として「日中貿易混合委員会」が設立された。さらにこれに引き続き、航空協定（同年四月）、海運協定（同十一月）、漁業協定（七五年八月）が結ばれた。

一　第一次プラント輸出ブーム

中国政府は七三年から七七年までの五年間に総額四三億ドルにおよぶプラント購入計画をたてていたといわれるが、

その背景には六〇年代後半より石油生産の主力である大慶油田が急ピッチの増産を続けているという自信があり、その石油の一部を輸出しさえすれば、これらプラントの購入資金をまかなえるという計画であった。

日本へ中国原油を輸出するという考えは、七一年十一月に訪中した東京経済人訪中団に対して周恩来首相による誘いがあったのが発端とされている。七二年秋から少量であるが二〇万トンの対日輸出が始まり、七三年にそれは一挙に一〇〇万トンになった。いわゆる石油危機のなかで日本の産業界は石油の確保に懸命になっていたことから、中国原油に対する期待は急激に高まることになった。こうして石油輸入とプラント・技術輸出への熱い期待から、日本の産業界には空前の中国ブームが巻き起こった。

七二年末に成約されたエチレン・ブタジエンプラントをかわきりに、七三年以降、相次いで大型プラントの輸出契約がなされた。中国は各国から七二年―七四年の間に、合計二一・六億ドルもの購入契約を行なった。うち日本は総契約額の平均三―四割を獲得し、最大のシェアーをおさえたのである。

この当時の最大のプロジェクトは、武漢製鉄所拡張に関するものである。これは熱間圧延設備、冷間圧延設備、珪素鋼板製造設備の増設であり、うち日本が受注した熱延、珪素鋼板プラントの契約額は六四七億六五〇〇万円、付帯設備が一九四億五〇〇〇万円という巨額なものであった。

石油化学分野では、中国側は尿素年産五〇万トン、合成アンモニア年産三三万トンという巨大肥料プラントを各地に十三基建設、大慶、吉林、北京、勝利、南京、上海の各地に石油化学コンビナートを建設するというプランがあり、これに基づいて日本や欧米諸国から続々と買付け契約を行なった。

二 「四人組」の台頭

こうしたプラントブームによって日中貿易は一九七二年に往復で一一億ドルを超え、七三年には対前年比八三％、七四年には六三％と驚異的な増加率となった。中国にとって不運なことは、輸入が急増した時期と石油危機による世界的インフレ高騰期と重なったことである。七四年以来、中国の貿易収支は二年続きの赤字となり、延べ払いに基づく今後の毎年の支払いが国際収支を圧迫することになった。国内的には世界最新鋭の技術を備えたプラントの大量かつ同時発注が、その建設・施行能力に困難をきたし、投資コストの膨張、他の国内プロジェクトの圧迫などトラブルを引き起こした。

急激な外国技術導入に伴なう国内的混乱は、技術導入政策を推進してきた周恩来首相を中心とする近代化派、穏健派の立場を弱めることになった。極左グループの江青らいわゆる「四人組」が勢力を増し、周恩来、鄧小平らの資源輸出を見返りとした西側技術導入を「売国的」行為と攻撃したのである。こうした政治的状況と、国際収支上の配慮から、七四年下半期から輸入引き締めへの転換がはかられ、七五年から貿易伸び率のテンポが落ち、七六年は絶対額で対前年比マイナスを記録した。新規プラント導入契約についても、新規契約が減少し、明らかにブームが一段落した。

一九七六年は中国にとって最悪の年であった。周恩来の死去(一月)、第一次天安門事件と、鄧小平の追放(四月)、唐山大地震(七月)、毛沢東の死去(九月)、「四人組」の逮捕(十月)という政治激動から、経済活動自体が大幅に落ち込み、対外経済交流も停滞した。

「四人組」打倒後、華国鋒政権が文化大革命の終結を宣言し、秩序の回復、極左経済路線の是正、対外経済交流促進の方針をとったことは、日中経済関係の拡大にとって望ましいシグナルであった。

三　日中長期貿易取り決め

一九七三年以降の世界的石油危機の教訓から、日本としては過度な中東原油依存を是正し、原油輸入ルートの多角化を目指すことになり、この方針から日本は中国に原油の長期安定供給を期待するようになった。日本の通産省や石油業界は中国側に対してこのための協定づくりを要望し、日本の鉄鋼業界やエンジニアリング業界は、これをプラント・技術を輸出するバーター協定に結びつける期待を抱いた。中国側も計画経済の国として、スポット取引よりも長期バーター協定に強い関心を抱いていたが、資源輸出に批判的な「四人組」の圧力から、日本側の提案にはなかなか乗ってこなかったのである。

七七年三月、華国鋒政権も長期協定に前向きとなり、経団連訪中団に対し李強対外貿易相は石油・石炭の輸出とプラント・技術輸入に関する長期取り決めに同意を表明した。これを受けて七八年二月、「日中長期貿易取り決め」が調印された。取り決め有効期間は一九七八年から八五年までの八年間で、この間、中国側は原油、原料炭、一般炭を計一〇〇億ドル前後日本へ輸出し、日本側はプラントおよび技術を七〇—八〇億ドル、建設用資材・機材を二〇—三〇億ドル、合計一〇〇億ドル前後を中国へ輸出すると決められた。

日本側が最も関心のあった原油輸入については、全体として短期間に急激な伸びをもたらし、七七年には日本の中国からの輸入総額の四二%にも達する規模となったのである。長期協定を契機として、石油、石炭を単に中国から輸入するだけでなく、日本が中国の資源開発に協力する「開発輸入」方式へと発展していった。

七八年七月に日本の石油公団と中国側の間で、渤海湾の石油共同開発について合意が成立、七九年からは日本輸出入銀行の資源ローンが山西省や山東省の石炭開発に与えられることになった。

四　「洋躍進」と第二次プラントブーム

一九七八年二月に開かれた第五期全国人民代表大会（全人代）第一回会議において「経済発展十カ年計画」構想がうちあげられた。それは八五年までに基礎資材、エネルギー、機械など主要工業製品生産量の倍増をめざし、十の鉄鋼基地、八の炭鉱、十の油田、九の非鉄金属基地、三十の発電所の建設など計一二〇のビッグプロジェクトを実施するというものであった。

七八年の十カ年計画で打ち出されたプロジェクトの大部分は海外からのプラント・技術の購入と結びつけられることになり、結果として外国技術導入ラッシュを引き起こし、故に「洋躍進」と名付けられ、後に外貨の無駄使いとして批判されることになった。

「十カ年計画」発表後、中国は西側諸国に続々とプラント買付けミッションを派遣、西側産業界に七二―七四年時に次ぐ中国ブームを巻き起こした。とくに日本については、長期貿易取り決めの調印（二月）、日中平和友好条約の締結（八月）、鄧小平副首相の来日（十月）という一連の政治・経済関係緊密化から、日本企業へのプラント発注が殺到した。対象となったのは、鉄鋼、発電、石油化学、石油・LNGの開発と精製、石炭開発、輸送機械、コンピューター、家電生産ラインであり、発注の規模とテンポは七二―七四年の第一次ブームをはるかに上回った。

最大のプロジェクトは、新日本製鉄の受注した上海・宝山製鉄所であった。七八年十月に来日した鄧小平が最新鋭設備を誇る新日鉄の千葉の君津製鉄所を見学し、強い印象を受けたことから、急速に交渉がまとまり、同年十二月には中国側の冶金工業省との間で設備基本協定書が調印された。協定によれば、新日鉄は第一期、第二期を合せ、最終的には四〇六三立方メートルの高炉二基、連続鋳造、冷延、熱延までを含む粗鋼年産六〇〇万トンの世界トップ水準の一貫製鉄所を建設する。契約金額は原料ヤードなど付帯工事を含め約四〇〇〇億円に達した。注目すべきことは新った。

日鉄側は設備供給のみならず、計画、建設指導、操業指導をも請負う完全なフルターンキイ方式がとられたことであ

七八年下半期以来、日本など西側諸国とのプラント商談は常識をこえたテンポで成約され、契約額は七八年、七九年の両年で七九・九億ドルという巨額に達した。問題なのはその支払い方法が延べ払いでなく、現金決済であったことである。これは当時の円高、ドル安という為替リスク回避の意味があったとしても、明らかに中国の現状からすれば支払い能力を越えるものであった。

一九七八年十二月に開かれた中共第十一期三中全会は、脱毛沢東化に向けての政治・経済政策の転換点となった重要な会議であった。華国鋒の「洋躍進」政策は批判され、モデレートな近代化路線へと軌道修正されることになった。こうした状況のなかで、プラント購入契約については、外資、内資ともに支払い能力を、さらに建設能力を越えたものとして再検討されることになった。

七九年二月、中国政府は支払い能力不足を理由に宝山製鉄所プロジェクトなど一部の契約の発効見合わせを通告した。既契約の保留という国際慣例違反にたいし、西側各国から強い反発が起こったことから、中国政府もキャンセルはせず、支払い方法を現金払いから延べ払いにきりかえることによって契約を発効させることにした。しかし、これは結局のところ、その場しのぎ、問題の先送りにすぎなかったことから、八一年にこれは契約キャンセルへと発展したのである。

4 投資と経済協力を両輪とした日中経済関係

一　対中ＯＤＡと直接投資

中国経済の近代化が順調に進展することは、中国の内政・外交の安定化をもたらし、それは東アジアの安定に寄与することにつながるとの見方から、日本政府は中国の要請を積極的に受け入れ、日本は対中資金協力へと踏み切ることになった。

七九年九月に来日した谷牧副首相は大平正芳首相に対し、中国政府として初めて円借款供与を公式に要請し、これを受けて十二月に訪中した大平首相によって鉄道、港湾、発電所などインフラ整備関連プロジェクトについて、今後継続的に海外経済協力基金資金を供与していく公約がなされた。

一九八〇年四月、第一次円借款の供与が始まり、八〇年五月には日本輸出入銀行による資源開発ローン対中直接借款の締結、八一年からは政府一般無償協力の供与が始まり、日本は中国に対する最大の政府開発援助供与国となった。

一九七九年七月、第五期全人代第二回会議において「中外合資経営企業法」（合弁法）が採択された。中国の目論見は、西側企業は垂涎の的である中国市場を目当てに殺到してくるはずというものであったが、現実には外国企業が投資をするうえで必要な情報の不足、資産の所有権保護の保証、関連法規の不備、計画経済のなかでどこまで自由な営利活動が認められるかといった疑問が山ほどあり、それ故に日本企業はきわめて慎重な対応を示した。

二　プラント契約キャンセル

中国政府は七九年以来、調整の名のもとに引き締めを試みたがなかなか効果が現れず、その中で最大のネックが七八－七九年時に購入契約した七九・九億ドルにのぼる膨大なプラントであった。実際にこれら大量のプラントを建設する余力がなく、さらに仮にこれらプラントが完成してもエネルギーや原料面で操業を保証できない見通しとなった。

石油生産の見通しにも狂いが生じた。七〇年代に入って以来、年平均二〇%を上回る高い石油生産増加率が、中国指導者が石油輸出とプラント購入を結びつけた強気な近代化計画を打ち出す背景になっていた。しかし七〇年代末になると、生産増加率は、主力である大慶油田の生産頭打ちによって急激に低下することになった。七九年にわずか二%の増加率、八〇年にはマイナス〇・二%、八一年マイナス四・五%と減退していった。他方、かつての楽観論のもとに国内の石炭から石油へのエネルギー転換を促進した結果、国内石油消費の急激な増大がみられた。

以上の状況のもとで、政府は八〇年後半からついに経済調整の再強化に踏みだし、最大の目標は海外からプラント導入に関連したプロジェクトの縮小であった。一九八一年一月、中国政府は宝山製鉄所(第二期工事)、南京、山東、北京などに導入予定の石油化学プラントに関する契約の破棄を受注者側に通告した。

こうしたなかで、追い打ちをかけるように国内で「無軌道なプラント導入」批判が展開され、やがてそれが日本と結びつけられるようになった。たとえば八〇年八月の第五期全人代第三回会議での討論では、「日本の商人にうまく騙され、不必要なものまで買わされた」といった発言がみられた。最大の攻撃目標は上海・宝山製鉄所プロジェクトであった。中国の鉄鋼業の発展方向は既存製鉄所の改造・拡張におくべきであり、宝山製鉄所のように新規に沿海立地の一貫製鉄所を建設するというやり方は誤りである(周伝典「冶金工業の近代化についての若干の認識と提案」『人民日報』一九八〇年三月二十一日)といった論調、さらに中国側の決定に他ならない立地の選定、建設すべき設備の内容と規模の選定について、新日鉄のミスリーディングがあり、かつ不必要なものを押しつけたといった、中国自らの主体性を否定するような非難の論調さえみられたのである。

しかし日本、西独、フランスなど各国の国際商業ルール違反という厳しい批判と圧力に直面した中国政府は、最終的には一律キャンセルという強硬策を緩和せざるをえなくなり、個別にキャンセル(その場合には何らか補償を行なう）、延期、規模縮小などの処置がとられることになった。日本政府の立場は対中トラブルを最小限に止めたいというものであり、ここから中国側がこうした初期の方針を変更するうえでの条件として出していた資金協力要請を受け入れ、宝山製鉄所第一期工事と大慶石油化学プラントの両プロジェクト継続の名目で三〇〇〇億円の借款を供与したのである。

三　消費財輸入ブームと対日批判

一九八一年からの調整政策再強化に基づく強い引き締めによって、中国の輸入全体では八一、八二年の両年はいずれも対前年比減となった。しかし二年間にわたる投資削減によって、経済の均衡が回復され、輸入削減と輸出ドライブによって国際収支も改善されたことにより、八二年末を底として投資サイクルが再び上向きに転じ、日中貿易も縮小均衡から再び拡大へと向かった。

前年の八二年九月の中共第十二回党大会において、胡耀邦総書記が二〇〇〇年までに工農業生産を四倍（八〇年比）とし、一人当たりGNPを八〇〇―一〇〇〇ドル程度の「小康状態」（まあまあの状態）に引き上げる近代化計画を打ち出した。これが契機となり再び近代化推進積極論が勢いづき、投資再開のシグナルとなった。

八四年からプラント・技術の導入契約が徐々に増えはじめ、八一年のキャンセルにより棚上げとなっていた上海・宝山製鉄所プロジェクトのなかの熱延設備（西独）と連続鋳造設備（日本・日立製作所）も再開されることになった。

対外貿易も輸入先行で再び拡大基調となった。新たな輸入ブームの特徴は国内の投資だけでなく消費の過熱も原因して、伝統輸入商品である鉄鋼、一般機械、化学工業製品、合成繊維に加えて、乗用車、オートバイ、カラーTV、VTR、ラジカセ、冷蔵庫といった耐久消費財、さらにその生産ラインの輸入が激増したことである。日本はこれら製品の最大の供給国となった。

八四年の中国の貿易は輸入の急増により、貿易収支は八〇年に次ぐ赤字(一・九億ドル)となり、対日入超は一二・六億ドルに達した。八五年には、日本からの輸入は七二・九%もの大幅増となり、この結果対日入超額は一挙に五九・九五億ドルにも達した。無秩序かつ大量の消費財輸入は貴重な外貨の流出を招き、かつ国内産業の保護、育成に困難をもたらしたが、これは政府の予期せざる事態であり、分権化によって地方や部門による対外貿易取引が自由化された結果、中央政府の対外貿易に対する制御能力が著しく低下したことに背景があった。

資本財から消費財にいたるまで輸入の急増により、中国の国際収支ポジションは悪化し、巨額の対日貿易収支の赤字が深刻な問題とされ、対日要求の声が強くなった。中国側の不満は、日本市場への中国製品の参入が困難なことであり、加えて日本側が対中商品輸出に熱心なのに比べ、対中直接投資と技術移転が不十分というものであった。

八〇年代半ばにおいては、日本の対中直接投資は、件数・出資額とも香港、米国につぐ第三位の数を占めているが(八五年末統計)、一件あたりの投資額が小さく、サービス業分野に集中し製造業分野が少なかった。しかしこうした特徴は中国で営業している合弁企業に共通していることであり、欧米諸国とて未だ中国での本格的な製造業投資に踏み切っていないのが実状であった。それにもかかわらず日本の直接投資が問題とされるのは、やはり対日輸入シェアーとの対比からであろう。

対日経済不満は八五年八月、中曾根康弘首相の靖国神社公式参拝によって政治と結びつき、中国各地で学生デモが行なわれ、「日本軍国主義反対」とならんで「日本の経済侵略反対」、「日本製品ボイコット」といったスローガンが掲げられた。中国のマスコミもこの機会に、日本からの輸入自動車、テレビ、冷蔵庫に多くの欠陥品があったといったキャンペーンを展開した。

八六年から経済引き締めが強化されることになり、対日輸入二一・〇％減、対日輸出一一・八％減という縮小均衡に向かうことになった。胡耀邦失脚に伴なう政治的不安をきらい、日本の中国への新規投資も前年比マイナスとなった。日本の対中投資は八六年には大きな落ち込みを示したが、同年十月には外資優遇措置に関する二十二ヵ条の規定が公布され、中国側の投資環境改善の努力がみられたこと、円高に基づく日本企業の生産拠点の海外移転の加速といった要因から、八七年に対中投資額は八六年を上回り、累計三〇六件の日中合弁企業が設立された。なかでも松下電器が二〇〇億円の出資で北京市と合弁で設立したカラーＴＶ用ブラウン管製造工場のように、製造業分野の大型投資も登場した。

八八年八月、竹下登首相の訪中にさいして、日中投資保護協定が締結された。そのなかで中国側は日本企業に「内国民待遇」を与えることを認めたが、これは中国がすでに保護協定を締結している他の二十ヵ国との条文のなかでは明記されていなかったことであった。それだけ日本の投資にたいする中国の期待を反映していた。

竹下首相は同じく第三次円借款の供与を約束した。それは一九九〇―九五年の期間に八一〇〇億円の資金供与（円借款七七〇〇億円プラス資金還流案件四〇〇億円）を行なうというものである。第一次円借款（八〇―八四年）三三〇九億円、第二次円借款（八五―八九年）四七〇〇億円と比べると、これは大きな飛躍であった。

四　第二次天安門事件の影響

一九八九年六月四日、中国指導部が学生・市民の民主化運動を軍の力で圧殺したことに対し、日本政府は欧米諸国と足並みをそろえ中国非難を行ない、抗議の意思表示として新規円借款実施をストップさせた。これに加え在中国の日本人帰国勧告、対中ビジネス自粛勧告を行なったことにより、一時は民間商談までストップした。中国への資金流入も途絶え、事件の影響から観光収入や華僑送金も大幅に減少する見通しとなった。しかし日本はすでに中国と一蓮托生の関係にあり、貿易・経済協力の面でも中国における日本の存在はあまりにも大きすぎ、他の欧米諸国と同じスタンスではあり得なかった。それが故に日本政府は対中経済制裁については反対の立場をとり、欧米諸国と若干の違いを示した。

一九九〇年一月十日、中国政府は戒厳令の解除という和解のシグナルを西側諸国に送ったのである。日本政府はこれを待ちかねたように、新規円借款の再開を決め、民間銀行も新規融資について交渉を開始することになった。一九九〇年十一月、世界銀行が対中融資を再開、日本政府も第三次円借款を再開し、ようやく対中投資再開の環境整備ができた。これを契機に対中民間投資の本格的な進出が始まった。

5　直接投資による水平分業の展開

八〇年代後半から見られた日中貿易の新たな傾向は、中国からの製品輸入の急増であった。最大の理由は円高による繊維製品を中心とした軽工業製品輸入の拡大である。このなかには日系合弁企業の加工した製品の逆輸入もかなりの規模に達している。日本企業の戦略として、中国を日本ないし第三国向けの輸出商品生産基地にしようという動き、さらに中国国内市場を直接対象とした進出の二方向がめだってきた。

一　経済調整の終了と対中投資ブーム

一九八八年後半以来、中国経済は調整期に入っており、これまでの投資過熱を抑え、インフレを収束することを狙いとしていた。一九九〇年に消費者価格指数はいずれも八九年比減となった結果、ようやく投資抑制も緩み始めた。九一年九月の中共中央工作会議で経済調整の終了が宣言された。同年四月十八日、中共中央と国務院は新たに上海浦東地区の開発を決定、以降、浦東開発が開放政策の新たな焦点となった。

対中投資は九一年になり、急激な伸びを示した。一九八五年のＧ７によるプラザ合意によって円の切り上げを強いられた日本、さらにその後、同じく為替の切り上げとなった韓国、台湾の製造業メーカーが、本格的に中国大陸に進出を始めたのである。

日本の対中投資は九一年に利用額と契約件数で過去最高となった。同年には日本政府も出資した「大連工業団地」が完成し、日本からの投資拠点となった。

日中貿易は九一年に二〇〇億ドルの大台を超え、以降毎年、過去最高を記録することになった。

一九九二年三月、鄧小平は南方各地を視察し、「改革・開放促進、成長加速」のスローガンを打ち出した。こうした中央のゴーサインに基づき、国内投資が大幅な伸びを示し、同時に海外からの直接投資も急増した。国内経済は一九八九年以来の低成長を脱し、工業部門を主導としてＧＤＰで一二・八％もの伸びとなった。

一九九二年十月に開かれた中共第十四回大会では、中国の目指すべき体制として「社会主義市場経済」が掲げられ、経済の市場経済化はもはや変えられない方向となった。

一九九二年には、香港、台湾、日本の順で対中投資が急激に増え、実際外資利用額で一〇七億ドルと九一年の四三・七億ドルと比べ大幅な伸びとなった。日本からの投資も過去最高となり、そのなかで製造業が五割以上を占め、特に電機関係が伸びた。日本企業のなかで電機関係など大手企業は、もはや中国を〝安い労働力の利用〟による製品輸出のための加工基地として利用するのではなく、中国国内市場進出を目指す企業が増大している。

日本企業の中国進出が増えるのにともない、邦銀の中国での支店開設がブームとなった。例えば日本興業、三和、東京、住友、さくらなど各大手銀行が、上海、大連、広州などに支店を開設した。これらの各銀行は邦銀間の競争で中国側への貸出を増やしており、特に担保なしに地方政府の保証だけで貸し付けるケースが増え、これが後に大きな問題を起こすことになる。

二　投資ブームの結末

一九九三年の日中貿易は、輸出入で前年比三〇・八%増と前年に引き続き過去最高となった。この結果、日本の貿易に占める中国の位置は第二位となり、逆に中国にとって日本は第一の貿易パートナーとなった。貿易規模の拡大は、日系企業による原材料や機械の輸入と工業製品の輸出という加工貿易の増大も反映していた。

一九九三年度の対中投資は、全世界では二七五・一五億ドルと九二年比二倍以上という巨額な額となった。しかし量の拡大にともない、土地、マンション、オフィスビルなど不動産投資に過剰に資金が流れ、全国で経済開発区の開発ブームが起こり、それが生産資材価格の高騰をまねき、結果として小売り物価も九四年に二一・七%も上昇するなど、明らかに投資過熱によるインフレ再燃がもたらされた。

九二年以来の海外からの直接投資の急増によって、中国経済の構造も大きな変化をもたらすことになった。まず直接投資の規模がこれまでと比べ異なり、大型企業の進出、特に多国籍企業の進出が目立ち、一件当たりの投資規模も増えた。第二に投資対象がこれまでと比べ異なっており、特に資本集約型、中国国内市場参入型、流通および物流分野といった領域が増えている。これは中国側の「技術換市場」(技術を導入する見返りに市場進出を許す)政策という考えに基づくもので、従来の輸出のために外資を利用するという考えと異なる。それだけ外資への依存度が強まる結果をもたらしたといえる。

6　不足の経済から供給力過剰の経済へ

一九九三年下期から、人民銀行による強い金融引き締めが始まり、これによって最初に音を上げたのは国有企業であった。以降、国有企業は赤字が累積し倒産が増えることになる。一九九六年から第九次五ヵ年計画期に入ったが、中国経済は新たな環境変化に直面し、これまでの高度経済成長も持続できなくなった。同年のGDP成長率は九・六%と、二桁成長を割り、九七年は八・八%となり、小売り物価上昇率も九六年に六・一%、九七年には〇・八%にまで下がった。

最大の問題は、国有企業の赤字増大である。全国国有企業の約半数が赤字を抱えており、販売不振と製品在庫増に悩んでいた。そのため企業は人員整理(下崗《シアカン》)を行ない、失業者を増大させている。こうした社会状況は消費者に不安を与え、結果として消費を節約し、より貯蓄にお金を回すことになった。こうして市場での購買力は弱まり、一方、供給側は外資系企業、私営企業、集団所有制企業などとの市場競争が激化し、供給力の過剰が目立つようになった。

九七年七月、タイで通貨、金融危機が発生、ただちに東南アジア諸国にも危機は波及した。この東アジアの経済危機に対し、中国経済はまだ資本取引の自由化がなされていないため直接的影響は受けず、輸出面でもまだ影響は見られなかった。国内でカラーTV、エアコン、冷蔵庫など家電製品のように、市場シェアーの一位から七位ぐらいまでを国内の企業が押えるようになったが、いずれも過剰生産に泣き、値下げ競争に走らざるを得なくなっていた。

一　引き締め政策の浸透

国内の投資抑制による輸入の停滞に加え、九四年一月から人民元の実質三〇％切り下げが行われた結果、九四年全年の貿易に大きな変調がもたらされた。貿易総額は、GDP一一・八％もの高度成長の結果として、一二一〇億ドルの過去最高を記録し、貿易黒字も五四億ドルと、前年の一二二億ドルの赤字を一挙に逆転した。九二年以来、外資系企業による貿易のウェイトが高まっているが、九四年にはその割合は、輸出入総額で三七％、輸出で二八・四％、輸入で四六％となった。この傾向はその後も増え続けた。

日中貿易は輸出入額は過去最高を記録したが、対中輸出が伸び悩み、日本の入超額八八億八五四一万ドルとこれもまた過去最高を記録した。日中の産業協力の進展により、これまでの商品構成、つまり原油と農産物を輸入し、機械・プラントを輸出するという垂直構造から、衣類の他、機械製品の水平分業にもとづく貿易構造に変わりつつある。

中国への全世界の直接投資額は、九四年には実際利用額で三三七・九億ドルで、九二年、九三年のような大幅な伸びは見られず、伸び悩みの傾向となった。日本の対中投資は契約額、実際の利用額はいずれも五〇％を超える伸びとなったが、件数は九三年に比べ減少した。これは日本の企業にとって対中新規参入ラッシュの時期が過ぎたことを物語っている。しかしすでに進出した日本企業についてはいろいろな問題に直面した。最大の問題は労働争議で、特に大連の日本企業を襲った賃上げの山猫ストによって、大幅な賃金アップを強いられ、安い労働力の利用という中国進出のメリットは低下しつつある。

二　高度経済成長時代の終焉

一九九五年のGDP成長率は一〇・二％と依然として高度成長が続いているが、明らかに九二年の一四・二％、九三年の一三・五％に比べ落ちている。金融の圧縮によるマクロコントロールが徹底しはじめ、全国の小売り物価上昇率も一四・八％と九四年の二一・七％に比べ落ち着きをしめした。

対外貿易は相変わらず増加し続けているが、なかでも外資系企業の貿易の増大が目立つ。九五年で輸出入総額に占める割合は三九・一％、輸入総額に占める割合は四七・七％、輸出総額に占める割合は三一・五％となっている。

日中貿易については、日本の輸出の停滞、輸入の好調の結果、日本の入超は約一四〇億ドルに達し、九四年の八八・八五億ドルを大きく上回った。九五年に日本の対中、対アジアNIES、対ASEAN貿易規模はすでに対米貿易規模を遙かに超えており、日本経済の対東アジア相互依存が強まっている。

直接投資では、全世界レベルで実際利用額は三七五・二一億ドルと前年比一一％増であったが、日本の投資は約五〇％増となった。日本の投資のなかで新たな関心を集めたのが小売り業分野であった。特に北京や上海など大都市における大手のデパート、スーパーマーケットの進出が相次ぎ、こうした巨大な消費需要を狙う小売り業の投資が今後の対中投資の方向として注目を集めた。

九六年は輸出が一・五％増、輸入五・一％増と振るわなかった。九七年には輸出が二〇・九％伸びたが、輸入については二・五％と振るわなかった。貿易全体における外資系企業の輸出入シェアーは、九六年は四七・三％であったが、九七年には四六・九％と若干の低下を示した。加工貿易の比重は五〇・四％と九六年の五〇・一％に比べ僅かな伸びであった。

海外直接投資については、九六年、九七年といずれも過去最高に達したが、契約件数、契約額とも前年比減となった。これは外資系企業に対する設備輸入関税の免税撤廃、さらに中国国内の内需低迷などが響いたものであった。

日中貿易は、九六年と九七年にいずれも過去最高を記録したが、対中輸出は両年ともマイナスとなるなど、全体としてこれまでにない低い伸びとなった。日本の入超額は九七年には二〇二億ドルと二〇〇億ドルの大台を超えることになった。対中輸出減少の要因は、機械設備類輸入免税措置の撤廃で輸出意欲が削がれたこと、中国側の投資低下による輸入意欲の低下、金融引き締めによる中国の貿易公司の資金難などが挙げられる。しかし日本の輸入のなかで、製品輸入比率は九六年に七八%に達し、このなかには日系企業による対日製品輸出がかなりのシェアーを占める。

日本の対中投資を見てみると、実際の投資額で九六年、九七年ともにいずれも前年比増であったが、契約件数、契約金額とも前年比減と全世界の対中投資傾向と同じ波長を示した。中国政府は二年続きの減少に対し、これまでに廃止した外資優遇措置を部分的に復活することを検討し始めた。しかし根本的には中国の内需不振に加え、日本経済も構造調整に入り、内需が停滞していることも日中貿易の伸びの低迷に関係している。

7 内需拡大のための積極策

一九九八年になると、中国経済の低迷はより顕在化した。国有企業の倒産や「下崗」された労働者の数は増え、有効需要の不足は相変らずである。東アジアの経済危機の影響がようやく出はじめ、さらに広東省国際信託投資公司(GITIC)などノンバンクの破産が続いた。このため中国政府はこれまでの金融引き締め政策を放棄、投融資拡大による内需刺激策に移行することになった。国債の増発、国有企業の設備更新投資の増加、公務員の賃金アップなどがとられた。しかしGDP成長率は九八年が七・八%、九九年が七・一%と下降をたどり、小売り物価も九八年マイナス二・六%、九九年マイナス二・九%と明らかにデフレ傾向となった。

九八年において輸出入額は前年比〇・四%減と、文化大革命期を除いて八三年以来の減少となった。特に輸入が一・

五％減となり、国内の景気後退とＡＳＥＡＮ向け輸出の落ち込みが響いている。しかし九八年が貿易波動の底となり、九九年には輸出入額は六六〇億ドルと前年比一六％台の伸びとなった。東アジア各国の景気が回復基調となったこと、輸出品にかかる付加価値税還付率の引き上げなどから輸出が伸びたためである。

直接投資は九八年にようやく契約ベースで二・二％増とプラスに転じたが、実際の利用額では前年比〇・七％増に止まった。外資が対中投資を手控えているのは、ＧＩＴＩＣの破産と対外負債の返済の滞りが響いている。九九年には、実際利用額で四〇四億ドルと一一・四％減と初めて減少している。

九九年の最大の出来事は、十一月十五日、中国の世界貿易機関（ＷＴＯ）加盟に関する米中合意が達成されたことであろう。中国側の大幅な譲歩によってなされた今回の合意によって、中国のＷＴＯ加盟は二〇〇一年に実現される見通しとなった。中国側にとって、これから国有企業の整理など国内産業の調整という難題にとりくまねばならない。

日本の対中貿易と直接投資統計

（単位：億ドル）

年度	輸　出	輸　入	総　額	直接投資額（実行額）
1989	85.2	111.5	196.7	3.6
1990	61.3	120.5	181.8	5.0
1991	85.9	142.2	228.1	5.3
1992	119.5	169.5	289.0	7.1
1993	172.7	205.6	378.4	13.2
1994	186.8	275.7	462.5	20.8
1995	219.3	359.2	578.5	31.1
1996	218.9	405.5	624.4	36.8
1997	217.8	420.7	638.5	43.3
1998	200.2	369.0	569.2	32.6
1999	233.3	428.5	661.8	30.6

出所：各年大蔵省通関統計，各年版「日中経済交流」日中経済協会

九八年に日中貿易額は前年比一〇・九％減となった。これは繊維製品の輸入減のように、主として日本の内需不振に起因する。しかし九九年になると、前年比一六・三％増と過去最高を記録した。中国の輸出付加価値税の還付率の引き上げなどの制度変更の効果もあったが、徐々に日本の内需が回復の傾向となったことがあげられる。中国からの製品輸入比率は八二％を占めるようになっており、九三年以降の日本の直接投資が軌道に

のり、日系企業の日本への完成品輸出が増えている。
日本の投資は、九八年に実際利用額で前年比二四・八%減と大幅な減少となった。投資対象として、製造業は六〇%を超えるシェアーとなり、これまで主役を占めていた不動産業は減少し、二位に落ちた。九九年も実際利用額は一二・六%減少、契約件数、契約額ともに減少した。

まとめ

中国経済は二〇〇〇年にはGDP八・〇%増と、明らかに回復基調となり、貿易も輸出が二七・八%増、輸入が三五・八%増と大幅増となり、国内内需の回復も見られた。輸出は機械・電機製品が伸び、輸入は原油が大幅に伸びるなど、従来にない変化を示している。日中貿易は、輸出入総額で前年比二九・五%増と大幅な伸びとなったが、直接投資は依然として前年比減(実際の投資額)の状況が続いている。これは日本の企業の構造調整が進み、海外に移転すべき労働集約産業はすでに整理され、より技術集約度の高い企業に転換していることも一つの要因と考えられる。その点で、直接投資は九三年当時のような労働集約産業を中心とした爆発的な伸びは見られないが、中国国内市場の成熟にともない内需を狙うもの、付加価値の高い機械製品を日本に輸出する基地として活用する、という動機に変わっている。中国の貿易構造自体も、輸出はより工業製品中心、輸入は石油を中心とした一次産品に変わりつつある。

九九年の日中貿易を日本の貿易の中で見てみると、輸出で第三位、輸入で第二位、総額で第二位を占める。本章の冒頭の「はじめに」で述べた一九三〇―三九年の日中貿易のシェアーは日本の輸出で第一位、輸入で第三位であった。現在の日中貿易のシェアーは戦前と同じようになってきており、それだけ日中の経済関係における相互依存性の強さを物語るものであろう。もちろん商品構造は戦前の垂直的分業に対して、現在は中国からの工業製品輸入という水平分業が主たる商品構造となっており、それだけ中国経済の高度化を反映している。

最後に近年、日中経済関係について議論となっているいくつかの問題のなかで、以下の二点を紹介しておく。

第一に日本の対中ＯＤＡのあり方に関することである。

一九七九年から始まった円借款はすでに第四次借款の時期をむかえ、これまでの円借款貸付額は約一兆六五〇〇億円とインドネシアに次ぐ貸付規模となっている。その多くは鉄道や港湾整備に使われ、中国のインフラ整備に多大な貢献をなしている。日本としては現在、財政的にこれまでのような規模の円借款は出来ないことから、環境対策や貧困問題、さらに開発の後れている西部地域の開発にしぼっていく方針である。円借款を日本の戦争賠償ととらえる中国との間で、今後こうした調整がいかになされるかが注目される。

第二に中国のＷＴＯ加盟と日中経済関係のあり方に関することである。中国において関税が引き下げられ、投資に関する様々な障害も少なくなることから、日本にとってプラスだが、しかし中国市場をめぐる各国との競争は激化し、日本は安泰ではない。中国からの工業製品の輸入という水平分業の構造は今後とも変わらず進展していくであろうが、近年、脅威となっているアパレル、野菜など日本市場への中国品の進出はますます活発となる可能性が強い。ともかく日中経済は新しい環境をむかえ、より経済原理にのっとった交流となるが、それは一方では経済利害をめぐる国家間の対立が頻発する可能性もある。その解決に当たって経済問題の紛争に「政治」をからませ解決を求めるというこれまでのやりかたから卒業することが、日中関係を大人の関係にしていく道であろう。

参考文献
霞山会『中国総覧』各年版
中国研究所『新中国年鑑』、各年版
古川万太郎『日本戦後関係史』、原書房、一九八八年
日中経済協会『経済交流委員会』報告書、各年版

Ⅳ　米中関係の基本構造

高木誠一郎

はじめに――歴史的社会的背景

米中関係には、日中関係とはまた異なった、独得の紐帯が歴史的に形成されてきた。たとえば、米国独立戦争のきっかけとなったボストン茶会事件で投棄された茶が中国産であったことに示されているように、米中間の通商関係はアメリカ合衆国建国以前に溯る。米国はアヘン戦争には直接関与しなかったが、戦争終結後には「南京条約」にならって「望厦条約」を結び英国と同様の通商上の特権を確保した。以後綿製品を中心に米国の対中輸出が急速に増加した。「もし中国人が皆シャツを着たら」、という巨大な中国市場に対する期待感はすでにこの頃から存在していたのである。

米国が一八九九年に行なった「門戸開放宣言」は、中国に対する経済進出の機会を確保すると共に、勢力範囲や領土割譲を求めないことで他の帝国主義諸国と一線を画すものであった。しかし、米国は一貫してこのような姿勢をとったわけではなく、翌年の義和団事変においては列強と共同でその鎮圧にまわった。

一八五八年に中国がキリスト教の布教を認めて以来、主として新教諸派の宣教師が続々と中国に渡ったが、その大半は米国人であった。彼らの活動は当初は布教が中心であったが、一八九〇年代からは学校や病院の建設等を通じて中国近代化の一端を担っていった。

十九世紀後半にはまた、西部のゴールドラッシュや大陸横断鉄道建設の労働力として、多数の中国人が米国に渡り、西海岸に住みついた。特に一八六八年以降その数が急増し、西欧諸国からの移民と衝突を起こすようになったため、一八八二年には中国人排斥法が制定されたほどであった。中国からの移民は第二次大戦後再び増加しはじめ、現在在米華人の総数は約九十万人にのぼる。

このような交流の歴史を背景として、米中双方に相手国に対するきわめてアンビバレントなイメージが形成された。中国では一方で米国をその急速な経済発展と民主的政治制度の故に中国発展のモデルとすると共に、他の帝国主義諸国との対抗関係故に米国が中国の安全保障上の協力者になりうるとする考え方があった。他方、米国の帝国主義的野心を強調する考え方もあった。また、米国滞在の経験者たちは、反中国人運動も含んだ人種差別や、民主政治に伴う混乱と腐敗といったマイナス・イメージを中国にもたらした。米国の側でも、中国の文化的異質性と政治的軍事的弱体性を強調した軽蔑の念と同時に、市場としての可能性、中国人の勤勉さを強調し、その近代化を積極的に援助しようという考え方があった。

二十世紀に入り、日本が台頭し、ロシア革命が起こると、米国にこれらの勢力の中国への進出を自らの関与によって阻止しようという考え方が出てくる。一九三一年の満州事変以降米国は中国への関与を強め、日中戦争勃発後の一九三八年には対中援助を開始した。太平洋戦争が勃発すると米国は直接軍事的に中国の抗日戦争に加勢することとなり、両国の接触は一段と深化した。ところが、この時中国内では国民党と共産党が抗日戦のための一定の協力関係を維持しつつも、激しい勢力争いをしていた。そして、米国政府内で両者の抗日勢力としての信頼性に対する評価が分かれるようになったため、米中両国の国内の対立が複雑にからみあうようになった。

1　米中対立構造の形成

一　中華人民共和国の成立と米国

第二次大戦後に再発した国共内戦で共産党の優勢が明らかになってくると、米国政府は新政権のソ連依存(＝ソ連の中国支配)に対する懸念から、スチュアート大使に共産党指導者との接触を許可した。南京陥落の後一九四九年五月から六月にかけて、スチュアート大使は南京軍事管制委員会の黄華外事処長と数回にわたって会談した。黄華処長は米国に新政権承認を強く求めた。しかし、一九四七年のトルーマン・ドクトリン発表以来共産主義勢力に対する「封じ込め」政策を推進しており、国内では同じ頃から「中国喪失」の責任を問われはじめていたトルーマン政権としては、当面共産党政権の承認は困難であった。

他方中国共産党は第二次大戦終結の頃からすでに「米帝国主義」非難を始めており、米国との関係改善を期待しなくなっていた。一九四八年十一月には党内で毛沢東主席に次ぐ地位にあった劉少奇副主席が「国際主義と民族主義」を発表して、二陣営対立の国際情勢観から中立主義を否定することによって、対ソ傾斜の理論的基礎を提供した。七月一日には毛沢東が「人民民主主義独裁論」を発表して「向ソ一辺倒」を宣言した。

共産党政権承認に踏みきれないでいた米国政府も国民党政権崩壊が必至であることは認めざるをえなかった。一九四九年八月に発表された『中国白書』は、それが国民党自身の腐敗と無能によるものであることを論証することによって、「中国喪失」の責任追及に応えると共に、国民党支援停止の方針を示したものであった。

一九四九年十月一日中華人民共和国が成立すると、米国政府はそれを承認せず、台湾へ移った国民党政府（通称国府）が中国の唯一の合法政府であると声明した。しかし、同月末国務省で行なわれた研究会では、参加者の多くが中国における既成事実の受容と近い将来における新政権の承認を主張していた。一九五〇年一月五日トルーマン大統領は、米国が中国の現状に介入せず、国民党軍に対する軍事援助や助言も行なわないとの方針を明らかにした。その一週間後アチソン国務長官はナショナル・プレス・クラブの演説で台湾と韓国が西太平洋における米国の防衛範囲の外にあることを明言した。

しかしながら、当時の中国の行動は米国内のこのような動きを促進するものではなかった。一九四九年十月には一年近く軟禁されていた瀋陽の米国総領事と領事館員が一カ月間投獄された。十二月には毛沢東がモスクワに向かい、翌年二月に中ソ友好同盟相互援助条約が結ばれたのである。折から米国内ではマッカーシー上院議員が、二月九日に国務省に浸透した共産主義者たちが米国の東アジア政策を牛耳ってきたと演説したのを皮切りに、国務省の国民党に批判的な中国問題担当者を次々に槍玉に挙げはじめた。このような状況の下で国務省を中心とした中国承認の動きは大幅に後退せざるをえなかった。

二　朝鮮戦争と米国の中国封じ込め

一九五〇年六月二十五日朝鮮戦争が勃発すると、トルーマン大統領は二十七日の声明で、「共産主義者は独立国を征服するために転覆活動の利用を越えて今や侵略と戦争にうったえるに至った。……このような状況下では、共産軍による台湾の占領は太平洋地域の安全と同地域の米軍部隊に対する直接の脅威となる」と述べ、第七艦隊に台湾に対するいかなる攻撃も阻止するよう命じた。毛沢東主席は直ちにこれを「帝国主義の本性をさらけ出したもの」と攻撃した。周恩来外相も同日トルーマン声明と米海軍の行動を「中国の領土に対する侵略であり、国連憲章を破壊するもの」と激しく非難した。

しかし、この時点で米国が求めていたのは台湾海峡の中立化であり、第七艦隊の派遣も一時的なものと考えられていた。米国は台湾支持に踏み切っていたわけではなく、トルーマン声明は国民党政府にも大陸への攻撃を一切停止するよう求めていた。第七艦隊はその行動を監視する任務もおびていたのである。

ところが、米軍主導下の国連軍は三十八度線回復後も北上を続け、これに脅威を感じた中国が十月末に「人民志願軍」を派遣したことによって事態は決定的に悪化した。ここに米中両軍は直接砲火を交えることとなったのである。以後三年間の戦闘における死傷者は中国軍が百万人近く、装備のすぐれた米軍でも一四万二〇〇〇人にのぼった。

米国は明白に国民党政権に加担するようになり、再開していた台湾援助を一挙に増額すると共に、台北の領事館を大使館に格上げした。一九五一年二月には、台湾との間に正式の「相互防衛協定」が結ばれ、五月には「ソ連の満州国である北京政府」に対する不承認政策が正式に表明された。

中国は朝鮮戦争参戦の直後に抗米援朝運動を開始し、内外で激しい「米帝国主義」非難を展開していく。米国内においてもマッカーシー議員らによって始められていた「赤狩り」がいっそう勢いを増し、国務省内の中国問題専門家が次々と職を追われた。

米国はまた、一九五〇年末以降それまでヨーロッパを中心に展開していた共産勢力に対する「封じ込め」政策をアジアにも適用するようになり、国民党政権への加担もその一環と位置づけられていた。一九五二年の大統領選挙でトルーマン政権による「中国喪失」を非難して当選したアイゼンハワーの政権が発足した一九五三年以降、この傾向はさらに強まった。アイゼンハワー政権は中国周辺諸国との同盟関係を拡大強化すると共に、中国との貿易と人の往来も厳しく規制し、中国の「封じ込め」をはかっていったのである。

このようにして、米中対立はアジアにおける冷戦構造の中核となった。

2 米中対立の展開

一 第一次台湾海峡危機

一九五三年七月の朝鮮戦争休戦以降世界情勢が緊張緩和に向かうなかで、中国も次第に対外政策を穏健化していった。しかし、米国が「封じ込め」政策の展開に伴い台湾への関与を深めてきたことは懸念せざるをえなかった。特に一九五四年七月に安全保障条約締結の打診を目的とした大統領特使が訪台すると中国の反発は一段と強まった。そして、九月三日、まさにダレス国務長官がマニラで中国封じ込めを目的とした東南アジア条約機構（SEATO）設立の最後の詰めを行なっていた最中に、中国は国民党統治下にあった福建省の金門島に対する砲撃を開始して台湾解放の決意を示した。十一月にはさらにやはり国民党統治下にあった浙江省の一江山島への攻撃を開始した。

中国の攻勢はその意図とうらはらに米国の台湾に対する関与を強め、十二月二日にはついに米華相互防衛条約が調印された。しかしこの条約は台湾と澎湖島に対する適用のみを明示的に定め、他の地域については双方の合意によるとしていた。また、米国はこの時蔣介石から米国の承認なしには大陸の攻撃は行なわないとの約束をとりつけていた。

一九五五年一月十日、中国軍は一江山島南方の大陳島に内戦以来最大規模の砲撃を行ない、十八日には一江山島を占領した。これに対して米国議会はアイゼンハワー大統領の要請により、台湾、澎湖島および国民党統治下の「関連地点および領域」の防衛のための軍事力行使を認めた「台湾決議」を通過させた。そこで米国政府は蔣介石に金門、馬祖両島防衛の約束とひきかえに、防衛の困難な大陳島からの撤退を求め、蔣介石もこれに応じた。

しかしその後も中国は金門、馬祖両島の対岸で軍事施設の拡充を進めた。三月上旬米国政府は二島防衛の重要性を再確認すると共に、必要があればそのために核兵器の使用も辞さないとの結論に達した。このことは、中国に対する威嚇と内外の世論対策として、しばしばリークされた。この間米国政府は中ソ関係の動向を注視しており、ソ連が台湾の武力解放を支持していないことを見抜いていた。

事態は中国の変化によって急速に好転した。四月二十三日バンドンのアジア・アフリカ会議に出席していた周恩来首相が台湾海峡の緊張緩和のために米国と話し合う用意があると述べた。ソ連の支持なしには米国と開戦できなかった中国は、米国との公式接触によって国際的地位の向上をはかると共に米台の離間をはかる戦術に転換したのである。数日後ダレス長官が米国がこれに積極的に応じることを表明すると、金門、馬祖両島に対する中国の砲撃は徐々に減少し始めた。七月二十五日両国の大使級会談開始の合意が発表され、危機は終息した。

二　米中大使級会談

会談はジュネーブで一九五五年八月一日に始まった。中国側代表は王炳南ポーランド大使、米国側代表はジョンソン・チェコスロバキア大使であった。その前日中国は前年十一月以来抑留されていた米国人飛行士十一人を釈放した。米国もこれを歓迎し、会談は楽観的雰囲気のなかで開始された。

最初にとり上げられたのは抑留民間人の帰還問題で、数週間にわたる頻繁な交渉を経て早くも九月十日には合意が成立した。それに続いて米国の対中禁輸、台湾、新聞記者交換などの問題がとり上げられた。その中で最も重要な問題は台湾であった。米国は中国に台湾に対する武力不行使の誓約を求め、中国は主権の放棄になるとしてそれを拒否した。中国は主権の範囲内での合意の余地を模索しつづけ、平和解放努力の強調などさまざまな妥協案を出した。当時は中国国内でも反米宣伝が大幅に減少しており、対米関係打開の意欲は強かった。しかし、米国の態度は硬く、明示的な武力行使の否定以外一切の妥協を受けつけなかった。米国は対中禁輸解除の意向もなく、新聞記者の交換も共産側の宣伝になるとして拒否した。

実りのない対立が続くなかで会談の間隔は、開始当時に数日であったものが、一九五七年はじめには二ヵ月になってしまった。会談以外の場でも、米国は国連における中国代表権に反対するなど、中国の国際的地位の向上を阻止した。このような状況は、一九五七年六月の反右派闘争開始以来内政において急進路線に転じていた中国にとって、もはや受け入れられるものではなかった。中国は再び米国との対決姿勢を強め、大使級会談は一九五七年十二月を最後に停止してしまった。

三　第二次台湾海峡危機

一九五八年八月二十三日、中国軍は金門、馬祖両島に対する砲撃を開始した。砲撃は二十三日だけで五万発の砲弾が撃ち込まれる大規模なもので九月四日まで間断なく続いた。

中国の砲撃開始には様々な要因が作用していた。軍事的には、当時中国周辺および両島で行なわれていた米軍と国府軍の増強に歯止めをかけようとするものであった。第一次危機の経験から、米国が両島を放棄し、そのため台湾に対米不信感が高まるという事態も想定していたであろう。政治的には、第一に米国が推し進めつつあった「二つの中国」政策を阻止する意味があった。また、対米関係改善を追求していたソ連に対して「米帝国主義」の侵略性をアピールすると共に、中国防衛に対するソ連のコミットメントを検証する意味もあった。そして国内的には反米帝キャンペーンを通じて大躍進政策に向けて国民を奮いたたせることが期待されていた。

米国政府内では当初砲撃をもっぱら政治的外交的観点からとらえる傾向が強かった。しかし、中国軍は砲撃と同時に高速魚雷艇を用いて国府軍の両島への補給を妨害することに成功し、八月二十九日には金門島司令部に降服を勧告するに至った。両島に対する封鎖が実現しつつあることを認識した米国政府内では、両島を失なえば台湾が危険となり、ひいては日本、フィリピン、タイなどが共産化の危険にさらされるとの、「ドミノ論」的観点が主流となった。九月四日アイゼンハワー大統領は声明を発表して、金門、馬祖両島防衛の決意を表明した。同日ダレス国務長官は、両島が侵入されれば米軍が介入し、その際は核攻撃もありうること、米海軍が国府軍による両島補給の護衛を行なうことを明らかにするとともに、周恩来首相に大使級会談の再開を提案した。

九月六日周恩来首相は大使級会談の再開に合意し、会談は十五日からワルシャワで開始した。ところが中国軍は砲撃を止めず、米海軍は予定どおり七日に国府軍による補給の護衛を開始した。しかし中国側はそれ以上のエスカレーションは行なわなかった。これは中国が米軍との交戦を望んでいなかったことによるものであるが、同時に、沿岸の軍事施設への爆撃なしに中国軍による封鎖の阻止は不可能であり、中国との戦争を望まない米国が爆撃をしないであろうと判断していたことも重要な要因であったと思われる。

米国は爆撃を行なわずに封鎖を突破することを試み、九月下旬になってやっとそれに成功した。九月三十日ダレス国務長官は休戦が成立すれば両島に大部隊を配備する必要はないと述べて蔣介石の猛反発をうけた。金門、馬祖両島防衛に対する米国の決意と米台間の不信感のきざしを確認した中国は方針を転換した。十月六日彭徳懐国防相は米海軍の国府軍による補給の護衛停止を条件に七日間の休戦を提案した。米国もこれを受け入れ、以後危機は終息に向かった。両島の国府軍は大幅に削減された。

四　中ソ対立とベトナム戦争

一九六〇年代に入って顕在化した中ソのイデオロギー論争における中心的論争点の一つは「米帝国主義」の評価であった。中国は米国を平和共存の対象とするソ連の理論と行動を被抑圧人民・民族の利益を犠牲にするものと激しく非難した。一九六三年七月に部分核停条約が仮調印されると、これに「米ソ結託による世界支配」に対する非難が加わった。

「米帝国主義」と対決しつつソ連とも対立することとなった中国は、新興の発展途上国や植民地における反米闘争を支援することによって米国に打撃を与えようとした。フランスと国交を正常化した一九六四年頃からは、これに米国と先進資本主義諸国との利害対立を利用するという「第二中間地帯論」戦術が加えられた。

他方、一九六一年政権についたケネディ大統領は、中国との関係をより「合理的」なものにする意向をもっていたが、大統領選挙での勝利が僅差によるものであったため、就任当初は何ら具体的手段を講じなかった。しかし、中ソ論争激化の過程は米国政府内で十分に認識されており、一九六三年九月には対中政策の再検討が開始された。ところがこの動きは十一月のケネディ大統領暗殺によって、十分な展開を見ないまま頓座してしまった。

ジョンソン大統領がその後を継いだ頃から南ベトナムの内戦が激化してきたが、米国内では中国をその背後の存在とする考え方が強く、「ドミノ論」的発想から戦争への介入を深めていった。特に一九六五年二月以降は北爆の開始と、南ベトナムへの海兵隊の投入により米国の介入が本格化した。ベトナム戦争が中国にとっては「米帝国主義」の侵略性の最も顕著な表現であったことはいうまでもない。中国は激しい米国非難のキャンペーンを展開しつつ、北ベトナム・南ベトナム解放民族戦線の闘争を支援した。

米国の本格介入によってベトナム戦争はかえって泥沼化し、ジョンソン政権は国内でも激しい抗議と批判を受けることとなった。そしてそのなかから、ベトナム戦争介入の根拠となっていた中国「封じ込め」政策の再検討を求める声が高まってきた。一九六六年三月には上院で中国問題に関する大規模な公聴会が開かれ、中国「孤立化」政策の見直しを求める意見が大勢をしめた。米国政府は二月に中国人記者の入国を認め、七月には中国への旅行制限の部分的緩和を行なってこれに応えた。しかし中国からはこれに応じた動きはなく、むしろ一九六六年に始まる文化大革命の展開と共に対米非難は一段と激しさを増した。

3　国交樹立への歩み

一　ニクソン訪中

一九六八年八月のソ連・東欧五カ国軍によるチェコスロバキア侵入は、中ソの対立に一段と深刻な新段階をもたらした。ソ連はその行動を社会主義共同体の利益が構成国の主権に優先するというブレジネフ・ドクトリンで正当化したが、これは中国にとっては中国もソ連軍の侵入を受ける危険があることを意味するものであった。このような状況に対応すべく中国は対米接近の模索を始めた。その最初のきざしは、一九六八年の大統領選挙でニクソン候補が勝利した直後、はじめて公に米国との「平和共存」の可能性を示唆したことであった。他方ベトナム戦争終結の秘策を示唆しつつ大統領選挙を戦ったニクソンは、ベトナムを孤立化して米軍撤収の条件をつくるために対中関係の打開を考えていた。

一九六九年三月の珍宝島における中ソの武力衝突により、中国はソ連の脅威をより現実的なものとして考えざるをえなくなった。そしてその後ソ連が中国の核施設に対する攻撃を考慮しているとの報道があったり、八月の『プラウダ』の記事が中国に対する核攻撃の可能性をほのめかすに至って、中国の危惧はさらに強まった。このような状況下で、米国は七月二十一日に対中貿易と中国旅行者の買物の規制緩和を発表して、関係改善の意向を示した。中国は直ちに領海内で逮捕されていた米国人を釈放してこれに応じた。

その後両国のポーランド駐在大使の接触があり、一九七〇年一月八日にはワルシャワ会談再開で合意が成立した。一月二十日と二月二十日に行なわれた会談は、関係改善の最大の障害であった台湾問題で重要な進展をもたらした。米国ははじめて台湾問題が中国人自身によって平和的に解決されるべきものであることを認め、中国は台湾問題の解決なしに対米関係の改善はありえない、とする従来の立場を放棄した。

夏以降両国は象徴的なシグナルの交換を通じて関係改善の意向を示しあった。七月に中国は一九五八年以来抑留されていたカトリックの司教を釈放した。十月一日の国慶節には毛沢東共産党主席自ら米国人ジャーナリストのエドガー・スノーと並んで天安門上に立った。他方米国ではニクソン大統領が十月末はじめて「中華人民共和国」という正式の国号で中国に言及した。

十一月中旬周恩来首相は北京訪問中のヤヒヤ・カーン・パキスタン大統領に米国大統領特使の訪中を歓迎するとのニクソン宛の伝言を託した。十二月中旬には毛沢東がエドガー・スノーにニクソンと会談する用意のあることを伝えた。ニクソンも一九七一年二月の演説で北京と対話開始の意向を示した。三月十五日に米国が中国に対する旅行制限を全廃すると、中国は四月に名古屋で行なわれていた世界卓球選手権に参加していた米国選手団を招待した。これがきっかけとなって、米国に各界の代表団が中国を訪問する中国ブームがおこった(これを当時「ピンポン外交」と呼んだ)。米国はさらに四月十四日中国に対する一般貿易制限を大幅に緩和した。

七月九日パキスタンを訪問していたキッシンジャー大統領補佐官(安全保障担当)は秘密裡に北京に飛び、二日間にわたって周恩来首相と関係改善について話し合った。七月十五日ニクソン大統領は歴史的なテレビ発表を行ない、キッシンジャー補佐官の秘密訪中の事実と、関係正常化の話し合いのため自ら翌年五月以前に訪中する予定であることを明らかにした。

このテレビ発表は両国の内外に大きな波紋をよんだ。米国内では、共和党右派を中心とする反共主義者たちが強烈な反発を示したが、ニクソン大統領自身の反共主義者としての評価が確立していたため、深刻な問題となることはなかった。中国では九月に林彪国防相らがモンゴル上空から墜落した飛行機で死亡するという事件が起きた。これはニクソン招請を争点の一つとする指導部内の対立に敗れ、ソ連に向けて逃亡中の事故とされている。国外ではソ連が米中接近に強い警戒心をいだき、一段と積極的なアジア戦略を展開していく。わが国でも、この発表がいわゆる「ニクソン・ショック」を引きおこし、日中国交正常化に大きく拍車をかけたことは第Ⅱ章に詳述されているとおりである。

ニクソン大統領の訪中は、一九七二年二月二十一日から二十八日にかけて行なわれ、二十七日には上海で共同コミュニケが発表された。「上海コミュニケ」と通称されるこの文書は、関係正常化の交渉が継続されることと両国の一致点を述べているだけでなく、相違点についても双方の主張を併記している。両国の関係に関する最も重要な一致点は、双方が中国が年来唱えていた平和五原則を関係の基礎として認めたことである。台湾問題については、中国側がそれを内政問題とする従来の主張を繰り返したのに対して、米国側は「台湾海峡両側のすべての中国人が、中国はただ一つであり、台湾は中国の一部であると主張していることを認識する(英文は、acknowledges that..、中文は「認識到」)」と述べたにとどまった。米国は米軍および米軍施設の台湾からの撤去を最終目標として認めたが、それは「中国人自身による台湾問題の平和的解決」の展望を前提としてのことであった。国際情勢についての最も重要な一致点は、「アジア太平洋地域で……覇権をうちたてようとする他のいかなる国もしくは国の集団の試みにも反対する」という一項である。これがソ連を念頭においたものであることは言うまでもない。

二　進展と停滞

ニクソン訪中を受けて両国の関係は急速に進展した。貿易は、一九七一年に五〇〇万ドル程度にすぎなかったが、翌年には九六〇〇万ドル、一九七三年には八億五〇〇〇万ドルと急増を続けた。学術、文化交流も進んだ。

一九七三年一月ベトナム和平に関するパリ合意が成立し、米軍が南ベトナムから撤退を始めると、米中関係はさらに好転した。同年二月両国は北京とワシントンに、外交特権をもった職員の駐在する連絡事務所の設置という「事実上の外交関係」の樹立に合意した。連絡事務所は五月に正式の活動を開始した。台湾を承認している国の首都に外交代表部を置くことによって中国は米国に対して大きな譲歩をした。この譲歩は間もなく正常化により連絡事務所が大使館になるとの期待によるものであった。中国側の期待は再選後に関係正常化を行なうという訪中時のニクソン大統領の約束にもとづいていた。

しかしながら皮肉なことに、圧勝に終った一九七二年の大統領選挙中に発生したウォーターゲート事件により、第二期ニクソン政権は対中関係正常化に取り組む余裕を失ってしまった。一九七四年八月のニクソン大統領辞任後、政権を引き継いだフォード大統領にとっても、一九七五年春インドシナ諸国が相次いで共産化していくなかで、台湾問題での妥協を伴う対中関係正常化の推進は困難だった。他方中国側でも、一九七三年頃から政権内における左右の対立が深刻化し、対米関係で柔軟な姿勢をとることは困難な状況であった。

米中関係の進展は一九七四年頃から減速しはじめた。貿易は同年も多少伸びて九億三四〇〇万ドルとなったが、一九七五年には四億六二〇〇万ドルと急減し、翌年には三億三六〇〇万ドルとさらに減少した。フォード大統領は一応一九七五年十二月に訪中したが、何ら進展はなく、共同声明も発表されなかった。

一九七六年は米国では大統領選挙の年であった。再選をめざして出馬したフォード大統領は、共和党の予備選挙で台湾を犠牲にした対中関係正常化に反対を唱えたレーガン候補の挑戦を受けており、再選後の対中関係打開を公約するのが精一杯だった。中国でも一九七六年は、一月の周恩来死去、四月の鄧小平失脚、九月の毛沢東死去、十月の四人組逮捕、と指導部の激動の年で、対米関係の打開をはかることができる状況ではなかった。

三　国交樹立

一九七六年の大統領選挙に勝利した民主党のカーター候補は大統領就任前から、台湾の安全と繁栄の確保を条件に、中華人民共和国政府を中国の正統政府として承認する決意をしていた。しかし一九七七年一月の政権発足当初は、第二次戦略兵器制限交渉（SALTⅡ）、中東、アフリカ、パナマ運河条約などの方が目前の重要案件で、中国問題の優先順位は低かった。

カーター大統領は六月になって、関係正常化交渉の基本方針を、①正常化は米国による台湾向け兵器輸出の障害とならない、②正常化後も米国民と台湾人民の非公式な文化・経済関係は阻害されない、③正常化の際米国が台湾問題の平和的解決への期待を一方的に表明することに中国は抗議しない、という三点について中国側の保障を求める、と定めた。

中国に対する具体的打診は八月に訪中したバンス国務長官によって開始された。この交渉で米国側は正常化後も台湾の事務所に政府職員を派遣することを承認するよう求めたが、中国側はこれを拒否し、米国の立場が後退していると非難した。しかしその後も中国は折にふれて関係正常化への意欲を示唆し続け、年末には、バンス長官より対中関係正常化に熱心とされていたブレジンスキー大統領補佐官(安全保障担当)を訪中に招待した。

一九七八年にはこのような動きに一段と拍車をかける様々な展開がみられた。ソ連はいっそう軍事力を増強すると共に、キューバ軍の派兵によりアフリカでの地歩を拡大していた。中国が特に懸念していたのは、四月の華僑の大量帰国問題以来ベトナムとの関係が急速に悪化し、それに伴ってベトナムが対ソ傾斜を強めていったことである。また、中国内では二月の第五期全人代第一回会議で経済発展重視の政策路線が採択され、米国を中心に西側から資本と技術の導入をはかる方向性が明確になった。またその後、対米関係打開に積極的な鄧小平がその地位を固めた。米国の側でも、重要外交案件であったパナマ運河条約が四月に批准され、中東問題についても九月にキャンプ・デービッド合意が達成された。

五月のブレジンスキー補佐官の訪中は、正常化交渉開始のきっかけとなった。補佐官の出発に際してカーター大統領は、「米国と中国はいくつかの共通の利害を共有しており、方向性を同じくする長期的な戦略的関心を有している。中でも重要なのは、いかなる国によるものでも世界的あるいは地域的覇権には共に反対していることである」との米国の立場を伝えるよう指示した。補佐官は北京でより具体的にソ連の脅威に対する米国の見方を述べると共に、カーター大統領の正常化の決意が堅いことを伝え、正常化前にも経済、科学技術、文化面での関係改善をはかることを提案した。中国側はこれに応じ、七月の科学技術顧問の訪中を皮切りに、同年後半にエネルギー長官、農業長官の訪中を受け入れた。

九月中旬カーター大統領は自ら柴沢民連絡事務所長との交渉にのりだし、正常化後も米国が「慎重に選択された防禦用兵器」の台湾向け売却を続けることについて了解を求めた。中国側は激しく反発したが、交渉の決裂は回避した。そこで米国政府は一九七九年一月一日国交樹立という目標を含むコミュニケ案文を、十一月二日中国側に呈示した。

中国側は十二月四日ウッドコック連絡事務所長に、国交樹立の期日に同意し、米国の台湾問題平和解決の期待表明に異議は唱えないという中国側の決定を伝えた。十二月十三日鄧小平副首相が自らウッドコック所長と会見し、米国が米華相互防衛条約をその規程に従って、停止通告の一年後に失効させる場合、一九七九年中は台湾への兵器輸出は行なわないよう求めた。カーター大統領は鄧小平副首相の要求を受け入れて、正常化を実現することを決意し、十二月十五日(中国時間では十六日)に国交樹立に関する共同声明が発表された。

共同声明は、一九七九年一月一日に国交を樹立し、三月一日に大使交換と、大使館を設置することを表明したほかは、五項目にわたって上海コミュニケの内容を再確認した短いものであった。この中で、米国政府は「中国は一つであり台湾は中国の一部であるという中国政府の立場を認識する(acknowledge the Chinese position)」という、上海コミュニケより中国の主張に近い表現を受け入れた(なお、中国語版は「中国政府の立場を承認する(承認中国的立場)」となっている)。

共同声明と同時に両国政府は別々に声明を発表した。そのなかで米国政府は、台湾の国民党政府との政府間関係を停止し、米華相互防衛条約もその規程に従い一年後に終結させ、在台米軍も四カ月以内に撤収することを明らかにした。そしてその後も米国は台湾と非政府関係を維持すると共に、台湾問題の平和的解決に引きつづき関心をもつことを表明した。

中国政府は声明で台湾の「祖国復帰」が中国の内政問題であるとの原則を表明したが、米国政府の声明に抗議はしなかった。また華国鋒首相は、同時に行なわれた記者会見で、米国による台湾向け兵器輸出について、中国政府は同意していないが、正常化の障害とはしなかったことを明らかにした。

4 国交樹立後の調整

一 急速な関係の深化

正式な外交関係が成立したことにより米中関係は一九七九年から八〇年にかけて急速に拡大深化していった。一九七九年一月末には早くも鄧小平副首相が訪米し、米国側からは八月にモンデール副大統領が訪中した。そのほか一九七九年だけでも、中国側からは科学技術・教育担当の方毅、経済担当の康世恩両副首相のほか、石油、冶金工業、財政、対外貿易の各国務相が訪米した。他方米国側からは、財務、商務、厚生、教育の各長官のほか上下両院の各種代表団、ホワイト・ハウス高官の訪中も行なわれた。

これらの相互訪問を通じて、貿易、文化、科学技術、領事関係などに関して、一九七九年と八〇年の二年間で三十五件の条約、協定、議定書が調印された。また経済関係、科学技術交流に関する合同委員会も設置された。このような制度面の整備を背景に、貿易、旅行、学術交流は飛躍的に増大した。一九七九年の米中貿易は前年の一二億ドルから一挙に二三億ドルに伸び、一九八〇年には四八億ドルに達した。

対ソ戦略の面における協力関係も急速に具体化していった。鄧小平副首相は米国訪問中に、ソ連の覇権主義に対抗する国際統一戦線には米国も含まれることを明言した。また、ソ連の援助を受けているベトナムのカンボジアへの介入に対する「懲罰として」、中国がベトナム侵攻の計画をしていることを告げ、米国側の理解を求めた。そして四月に訪中した米国上院代表団に対しては、中国が、①米国艦船の中国寄港、②米国製兵器の購入、③中国領土内での米国によるソ連のミサイル発射実験探知活動への協力などに関心を有していることを明らかにした。

軍事面の協力は、モンデール副大統領が訪中した折に、ブラウン国防長官の訪中で合意が成立したことにより具体化が始まった。ブラウン長官の訪中予定はその後一九八〇年一月上旬と決まったが、実施直前の一九七九年十二月末に起こったソ連軍のアフガニスタン侵攻により予定外の重要性をおびることとなった。

ブラウン長官は、ソ連が両国の共通の利益を脅かした場合には、「外交のみならず防衛面でも中国と補完的な行動をとる」可能性を示唆し、パキスタンとアフガニスタンの反政府軍に対する並行的支援の可能性を検討した。ブラウン長官はまた米国政府が中国に対して「軍事支援装備品」(非殺傷性兵器)の輸出を認める決定をしたことを伝えた。

一九八〇年にはまた、新疆ウイグル自治区のコーラとチタイに、ソ連のミサイル発射実験の電子探知施設が建設された。この施設は一九七九年のイラン革命によって、イラン領内の施設が使用不能になったため、米国が中国領内に設置を求めていたものである。

高度技術の移転に関して米国政府は四月に、輸出管理制度上の相手国分類における中国の位置づけをソ連圏諸国からなる(Y)から切りはなし、中国のみからなる(P)という分類をつくることによって、より高度な技術を輸出する道を開いた。

もちろんこの時期に米中間に利害の対立がなかったわけではない。中国側が特に反発したのは一九七九年四月に成立した米国の台湾関係法であった。これは、台湾との断交後も米華相互防衛条約を除く六十余りの実務的な条約や協定の継続をはかるために必要とされていたものであった。米国政府はこの法案をできるだけ技術的なものにとどめ、米中関係発展の障害とならないよう配慮した。しかし議会では、米中関係正常化が台湾の安全保障に対する配慮を欠いたままなされたとの批判が強く、台湾関係法案は上下両院で、台湾の安全と地位に関する様々な修正や追加と共に採択された。カーター大統領は、対中関係への影響を憂慮しつつも結局拒否権は行使せず、これに署名した。

成立した台湾関係法は、ボイコット、封鎖を含むいかなるものであれ、「平和的手段以外によって台湾の将来を決定しようとする試み」を米国の重大関心事とする点で、ある意味では武力攻撃と転覆活動を対象とした米華相互防衛条約より広範なものであった。そして、台湾の自衛力維持に必要な兵器の供給を保障し、その量と質の決定にあたっては台湾の必要以外の配慮を加えることを禁じていた。中国政府は三月十五日これに「受け入れ難い」と抗議したが、その後これを大きな問題とすることはなかった。

二　台湾向け兵器輸出問題

当初急速に進展した米中関係は、一九八〇年十一月の大統領選挙で、チャイナ・ロビーと近く、選挙戦中も台湾との関係を正式なものとすべきだと主張して中国を苛立たせていた共和党のレーガン候補が当選したことによって、早くも重大な試練に直面することとなった。レーガン候補の当選に勢いづけられた台湾は、カーター政権が極力回避していた高性能兵器の輸出許可に対する働きかけを強めたのである。台湾は、当時防空体制の中核を成していたF5E戦闘機の後継機として、米国が輸出用に開発していた高性能戦闘機FXの売却を要求した。この動きを警戒した中国は、折から台湾への潜水艦輸出を許可したオランダ政府に対して、外交関係の代理大使級への格下げを通告することによって、米国に警告のシグナルを送った。

両国は十月末メキシコ訪問中のレーガン大統領と趙紫陽首相の会談をきっかけにこの問題に関する交渉を開始し、ひきつづき黄華外相とヘイグ国務長官の間で本格的交渉が行なわれた。この交渉は、中国側が一九八六年頃の台湾向け兵器輸出停止に向けてその漸減を求めたのに対し、米国が台湾の安全に対する責任を主張して物別れに終った。しかし両者はこの問題を継続協議とすることで一致した。

十二月中旬、米国政府が戦闘機部品および空軍サービス九七〇〇万ドルの台湾向け輸出を決定したことにより、中国の態度はさらに硬化し、米国との外交関係格下げを示唆するようになった。米中関係悪化の危険ありと判断した米国政府は、台湾への戦闘機の供給はＦ５Ｅの共同生産期限延長によって行なうこととし、ＦＸの台湾向け輸出は行なわないことを決定した。中国はこの決定を不服としながらも、外交関係の格下げは行なわず、さらに交渉を続けることに同意した。以後、米国の台湾向け兵器輸出に関する相互了解の内容が交渉の焦点となった。中国側は兵器輸出に期限を設けるべきことを強調し、再び外交関係格下げの示唆を繰り返した。これに対して米国側はレーガン大統領が中国首脳に三通の親書を送って、台湾問題の平和的解決にコミットすることの重要性を強調した。交渉は、三通の親書を背景にブッシュ副大統領が五月上旬に行なった訪中によって一段と深まった。そして、八月末の米国議会休会、九月一日の中国共産党十二回大会開催の前に問題の決着を必要とした双方の事情により急速に決着に向かい、八月十七日共同声明(第二上海コミュニケとも呼ばれる)の発表となった。

この共同声明は九項目からなる比較的短いもので、特に重要なのは以下の三点である。①台湾の平和的統一は中国の「大政方針」(基本政策)である(第四項)。②米国政府は「二つの中国」や「一つの中国、一つの台湾」政策を追求する意思のないことを重ねて言明する(第五項)。③米国政府は台湾への兵器輸出を長期的政策とする意図はなく、その水準は国交樹立後のものを量的にも質的にも越えることはなく、漸次減少させて、一定の時期を経て「最終的解決」に導くものとする(第六項)。この共同声明は、米中間にかろうじて成立した妥協点を示すことによって、問題の棚上げを図ったものであった。

三　高度技術移転問題と関係の好転

台湾向け兵器輸出問題の棚上げは直ちに両国関係の好転をもたらしたわけでなく、当面はむしろその他の面での摩擦を際立たせることとなった。当時両国間では、中国の対米繊維輸出をめぐる交渉がこじれ、米国の一方的規制と中国側の報復措置の応酬がなされていた。そのため一九八一年まで順調に伸びていた貿易は、八二年に前年の五五億ドルから五二億ドルに低下し、八三年にはさらに四四億ドルに落ちた。学術・スポーツ交流の面でも様々なトラブルが発生していた。

なかでも中国が重視していたのは、高度技術の対中輸出規制の問題であった。米国政府内では、八三年初め頃から対中貿易の拡大を重視した商務省が、議会の支援を受けつつ、高度技術の対中輸出規制の見直しを進めていたが、国防省を中心として依然として根強い反対があった。政府内の論議は五月下旬に閣僚レベルの対立にと発展し、結局決断はレーガン大統領が下した。その結果、輸出管理体制上の中国の分類は、それまでの（P）から、「非同盟友好国」として、NATO諸国、日本、インド、ユーゴスラビアを含む、（V）に変更された。以後両国の関係は急速に好転した。米国政府の決定は六月二十一日に正式発表されたが、その数日後に鄧小平主任は早くも「米中関係はすでに好転している」と述べて、ワインバーガー国防長官の訪中受け入れを明らかにした。七月末には米中繊維交渉が妥結し、二月に期限切れになっていた貿易協定も三年間延長された。

九月に訪中したワインバーガー国防長官は、中国向け高度技術輸出の新しいガイドラインをたずさえていた。それによると、高度技術は「緑」、「中間」、「赤」の三領域に分類される。「緑」領域とは安全保障上のリスクが極小で、商務省のみの審査によってほとんどルーティン的に認可決定がなされるものである。「中間」領域とは、ケース・バイ・ケースで、商務省、国防省を含む省庁間協議で審査されるものであるが、「米国の安全保障にとって明白な脅威」

にならない限り認可される。「赤」領域とは、同盟諸国にさえ供与されないものである。「緑」領域は、中国の近代化への貢献を考慮して、コンピューター、コンピューター関連機器、マイクロ・サーキット、電子機器、記録機器、半導体生産装置、オシロスコープの七品目について、従来よりも格段に高い技術水準で設定されていた。

ワインバーガー長官の訪中はまた、八四年一月に趙紫陽首相が、四月にはレーガン大統領が相互に相手国を訪問することを正式発表する機会ともなった。さらにワインバーガー長官と張愛萍国防相の間に、以後両国の軍事交流を、①上級レベルの対話、②軍事交流、③軍事技術協力の三つの側面から実施していくことについても合意が成立した。

四　戦略的協力の後退

ソ連の拡張主義に対抗しての米中間の戦略的協力は、一九七九―八〇年にかけて徐々に具体化されてきたが、早くも一九八一年頃から双方で再検討されることとなった。

中国側に再検討を促した最大の要因は、すでに述べた米国の台湾向け兵器輸出の問題であった。この問題をめぐる米国との交渉を通じて、中国は戦略的協力が台湾統一に関して米国に協力を促す要因になりえないばかりか、中国の立場を制約する要因になりかねないことを知らされたのである。また、第三世界を反ソ統一戦線に動員するうえでも米国との関係強化は制約要因であった。一九八二年九月一日、台湾向け兵器輸出に関する共同声明の約二週間後に行なわれた中国共産党第十二回大会の政治報告は、中国が「いかなる大国あるいはいかなる国家ブロックにも決して依存しない」という「独立自主」の対外政策をとることを宣言し、米国との戦略的協力からの脱却を示していた。

中国の米国との戦略的協力からの脱却は、一九八三年の中国の対米姿勢好転の最初の具体的表現であったワインバーガー国防長官訪中の際により明確に示された。ワインバーガー長官がその歓迎宴のスピーチの中で「戦略的協力」

というコトバを四回も用いたのに対して、主催者の張愛萍国防相は、「中国は独立自主の対外政策を遂行しております」と述べるのみで戦略的協力には一切触れなかったのである。一九八四年一月に趙紫陽首相が訪米した時には、より直接的に、第三世界に対する政策の相違のため「米国と総合的な戦略的協力関係を形成することは不可能である」と述べた。

他方米国の側でも、中国との戦略的協力関係のいくつかの前提について、その見直しがより早くから行なわれていた。すでに一九八〇年八月にホルブルック国務次官補は、「一九七〇年代初期の有名な(米中ソ)三極外交はもはや対中関係を考えるのに適切な概念枠組ではない。……すなわち中国との関係は我が国の対ソ関係の単純な関数ではないのである」と述べていた。

中国の軍事力が米国の安全保障に対してなしうる貢献がきわめて限られたものであることも早くから認識されていた。一九七九年二―三月の中国の対ベトナム「懲罰」戦争がベトナムによるカンボジア派兵とソ連軍の便宜供与の拡大に対して何ら歯止めとならなかったことに米国政府関係者は注目していた。また、同年末のソ連軍によるアフガニスタン侵攻も、中国のソ連に対する抑制力の限界を示すものと受け取られた。一九七九年に国防省が行なった中国軍の分析は、早くもその後進性を指摘していた。ソ連軍のアフガニスタン侵攻以来米国は自国の軍事力増強と日本を含む西側諸国との協力を重視するようになったが、この傾向はレーガン政権になっていっそう強まった。

一九八三年二月に訪中したシュルツ国務長官はすでに意識的に「戦略的関係」というコトバの使用を避けており、帰国直後にサンフランシスコで行なった演説では、中国を米ソと並ぶグローバルな大国ではなく、アジア・太平洋地域の一大国とする見方を示し、経済のみならず政治面でも日本との関係を重視していく姿勢を明らかにしていた。高度技術対中輸出の規制緩和において中国の扱いを「非同盟友好国」としたのは、「独立自主」という中国の路線を認めたうえでの関係進展を追求する姿勢を示したものでもあった。

このような変化は、米国の安全保障戦略にとって中国の重要性が消滅したことを意味するものではない。ワインバーガー長官が一九八三年十二月の演説で述べたように、中国が①国際社会への参加を誤りとして孤立主義に回帰する、②ソ連の脅威に屈する、③ソ連との同盟関係に戻る、といった事態は依然として米国にとって深刻な脅威となる。しかし、米国にとっては、ソ連に対抗しての協力関係ではなく、現状維持で十分であったのである。

ソ連の拡張主義に対抗する戦略的協力にかわって、米中関係の核心的共通利益となったのは、中国の近代化に対する米国の協力であった。米国の対中国高度技術輸出の規制緩和に伴って、中国が対米姿勢を急速に軟化させたのは、米国の高度技術が中国の近代化に果たす役割を高く評価していたからにほかならない。他方米国も中国の近代化政策を早くから積極的に評価しており、高度技術の対中輸出規制緩和の各段階で中国の近代化に対する米国の利害関係が意識されていた。米国の利害関心は、巨大な輸出市場と資本投下先の確保にとどまるものではなく、中国の近代化政策が西側諸国との協力関係を組み込んでいる限り、ワインバーガー長官が懸念したような事態も回避することができるという点に重要な戦略的意義をみとめていたのである。

5 中国近代化への米中関係

一 首脳の相互訪問と関係の進展

一九八四―八五年は、趙紫陽首相の訪米(八四年一月七―十六日)、レーガン大統領の訪中(同年四月二十六日―五月一日)、李先念国家主席の訪米(八五年七月二十一日―八月二日)、ブッシュ副大統領の訪中(同年十月十三―二十日)と、両国首脳の相手国訪問が頻繁に行なわれた点で特異な二年間であった。

この頻繁な首脳の交流により両国は、中国の近代化に対する米国の協力という核心的共通利益を確認すると共に、両国関係の制度的枠組を大幅に拡大強化した。趙紫陽首相の訪米の際には、「産業技術協力協定」が調印され、期限の来ていた「科学技術協力協定」がさらに五年間延長された。レーガン大統領訪中の際には、「原子力協力協定」が仮調印されたほか、「租税協定」、「工業科学技術管理協力議定書」が調印された。李先念国家主席訪米に際しては「原子力協力協定」が正式調印され、「漁業協定」が調印された。

首脳の直接交流はまた、米中関係の主要な障害である台湾問題に関する両国の立場の微妙な相互調整を確認する機会ともなった。趙紫陽首相は訪米前の記者会見で、「新しい友人をつくるために古い友人を犠牲にはしない」というこの問題に関するレーガン大統領の公式的発言にふれて、「古い友人」というのが「台湾人民であって台湾当局でないことを望み」、米台関係が「政府間関係でなく民間関係だと信じている」という柔軟な発言をした。訪米中趙首相はさらに、米国の台湾向け兵器輸出について、「直ちにあるいは完全に停止することを求めるつもりはない」ことを明言し、台湾関係法についても、それが短時日に廃棄しうるものでないことを認めた。これに対して米国は三つの共同声明遵守の意向を確認して深入りを避けた。

二　原子力協力協定の交渉

米国製原子力発電機器の対中輸出は、電力需要の頭打ちによって不況に陥っていた米国原子力産業界と、近代化計画の進展に伴い急増する電力需要を原子力発電によってまかなうことを決めていた中国の利害が一致する分野であった。そのために必要な原子力協力協定の締結交渉は一九八一年に始まったが、米国が核不拡散の誓約を条約に明記することを要求したのに対し、中国が主権の制約としてそれを拒否したため、たちまち行き詰まった。

一九八四―八五年の首脳の相互訪問は、この行き詰まり打開のきっかけを提供した。一九八四年一月の趙紫陽首相の訪米に際して、米国政府はこの問題の進展を最重要課題とし、趙首相のワシントン入り直前まで説得をつづけた。趙首相はこれに応えて、歓迎晩さん会の乾杯の辞の中に、「われわれは自ら核拡散を行なわないし、他国の核兵器開発を援助しない」という一節を加えた。米国側はこれを前進と高く評価し、レーガン大統領の訪中をめどに細目に関する交渉が進んだ。こうして原子力協定はレーガン大統領訪中(一九八四年四―五月)の際にその最大の成果として仮調印された。

しかしながらこの協定は、米国が輸出する原子力機器が平和目的のみに利用されていることを確認する手段を、通常の「査察」でなく、米国側担当者による中国の原子力発電施設の「訪問」という形にしたり、中国の核不拡散誓約については協定に明記せず、趙首相の乾杯の辞で十分としていたことから、議会及び原子力規制委員会関係者の間に、協定の妥当性に関して深刻な疑念が生じた。折からパキスタンの核兵器開発に中国が関与しているとの報道もあり、米国議会における疑念はいっそう強まった。そこで当時進行中であった大統領選挙への影響を恐れたレーガン大統領は、協定の議会提出を見合わせてしまった。

こうして暗礁にのりあげた原子力協力協定承認のプロセスを再び作動させたのは、一九八五年七月の李先念国家主席の訪米であった。その機会に正式調印にこぎつけたいと考えた米国政府は、六月末に原子力担当大使を北京に派遣して、追加保障の交渉に当たらせた。中国側は、パキスタンのウラン濃縮施設にいた中国人技術者が退去したことを告げ、中国が他国の核兵器獲得を援助する意思がないことを繰り返し詳細に述べた。米国側はその内容を覚書として中国側に呈示し署名を求めた。中国側は署名は拒否したが、無言でその内容に同意の意思表示をした。米国政府は、この覚書で協定の議会承認を得ることは可能と判断して、李先念主席訪米の機会に正式調印することとした。

協定は七月二十三日調印されその翌日議会に送付されたが、議会には依然として根強い批判があった。結局この協定は、米国の供与する原子力発電施設や技術について、①あくまでも中国国内で平和目的に使用されること、②第三国には移転されないこと、の二点を大統領が確認している旨を供与の三十日前までに議会に報告することを義務づけた付帯決議と共に、十一月下旬から十二月上旬に両院を通過した。

三　軍事協力の進展

ワインバーガー国防長官の訪中を機会に枠組の定まった米中間の軍事協力は、両国首脳の相互訪問以降大むね順調に進展した。特に進展が著しかったのは上級レベルの対話だった。まず、ワインバーガー長官訪中の答礼として、一九八四年六月張愛萍国防相が訪米した。張国防相は、ワシントンで政府首脳と会談した後、各地を訪れ三軍の基地を視察すると共に、主要兵器会社を訪問した。

その後米国からは、一九八八年末までにレーマン海軍長官(一九八四年八月)、ヴェッシー統合参謀本部議長とクロウ太平洋軍司令官(一九八五年一月)、ワインバーガー長官(一九八六年十月)、カールッチ国防長官(一九八八年九月)が訪中した。他方中国側からは、劉華清海軍司令官(一九八五年十一月)、楊得志総参謀長(一九八六年五月)、王海空軍司令官(一九八七年四月)、楊尚昆中央軍事委員会常務副主席(一九八七年五月)が訪米した。

実務レベルの軍事協力としては、訓練、補給、軍事技術に関する代表団の往来があった。

軍事技術協力は、実際には米国製兵器の売却という形をとることとなり、張愛萍国防相の訪米を契機として具体的な交渉が始まった。張愛萍国防相訪米の際には、対戦車ミサイル、弾薬、地対空ミサイル、防空システムなどの供与に関して基本合意が成立した。この基本合意に従い、八六年十月には中国製ジェット戦闘機F8（中国名「殲八」）用の電子航行装置五十五組（総額五億五〇〇〇万ドル）の売却契約が調印された。これによりF8戦闘機は昼夜全天候型に改良されることになった。その他、一九八六年には魚雷艇一億ドル、一九八七年には地上戦闘警戒用大型軍事レーダー四基の供与が決定された。

一九八三年のワインバーガー国防長官訪中以来米国が関心を示していた米国艦船の中国寄港は、一九八五年の交渉の最終段階で米国艦船の核兵器搭載問題をめぐる対立から一時暗礁に乗り上げたが、一九八六年十一月にやっとミサイル巡洋艦、ミサイル・フリゲート艦、駆逐艦の青島寄港として実現した。このうちミサイル巡洋艦を除く二隻は核積載可能艦であった。これに対する答礼として一九八九年四月、中国北洋艦隊所属の練習艦がパール・ハーバーに寄港した。

四　摩擦の管理

原子力協力協定と米艦船の中国寄港が、結局は共に実現はされたものの、その過程が必ずしもスムーズでなかったことに明らかなように、基本的には安定軌道に入ったと考えられる一九八三―八四年以降の米中関係には、依然として様々な摩擦が存在した。しかし、いずれも双方の抑制と管理により米中関係の根幹を揺るがすことはなかった。

レーガン政権発足早々に問題となった台湾向け兵器輸出は、一九八六年に再び深刻な問題となりかねない状況をむかえた。一九八二年一月レーガン政権が延長したF5E戦闘機の台湾との共同生産の期限切れが迫り、その善後策を講じる必要が生じたのである。

折から米国政府は中国のF8戦闘機用の航空電子装置売却の方針を固めつつあった。そこで、台湾および米国内の親台湾派は再びかつてＦＸと呼ばれたＦ20やＦ16の供与を求める圧力をかけはじめた。米国政府は、それは八・一七共同声明違反になるとして許可しなかったが、関連部品および技術の輸出は共同声明の範囲外との解釈をとった。そして、国産化されることとなった台湾の次期戦闘機に対する機体設計、エンジン開発のための技術供与を許可することとした。中国政府は当然のことながら、この決定を八・一七共同声明に違反すると攻撃したが、それを理由に対米関係を悪化させることはなかった。

一九八七年九月にチベットの省都ラサで発生したラマ教僧侶による独立要求デモは米国の「内政干渉」に対する中国の不満を一気に高めた。チベットについては、かねてから米国議会内に、中国政府による人権侵害を問題にする声があり、一九八七年六月には下院で中国政府非難決議が採択され、中国政府の抗議をうけていた。その上、九月にはダライ・ラマ十四世が訪米して、米国議会の人権問題議員団の会合で演説し、チベット人の人権擁護を含む中国政府に対する五項目の要求を呈示した。独立要求デモはこのような状況下で起きた。十月に入るとさらに大規模で暴力的なデモが行なわれ、中国政府はこれを武力鎮圧した。このような状況下で上院も十月六日全会一致で中国非難決議を採択した。しかし米国政府はチベットは中国の一部、ダライ・ラマは宗教的指導者であり亡命政権の指導者でないとの立場を表明して、対中関係の悪化に歯止めをかけた。これに対して中国政府も議会の決議を内政干渉として非難したが、この問題を外交問題とすることは避けた。

他方米国政府は、一九八六年前半に中国がイランに対する最大の兵器供給国となったことを危惧し、外交ルートを通じて抗議していた。翌一九八七年十月中旬、イランがペルシャ湾で米国の護衛下にあったタンカー二隻を中国製のシルクワーム・ミサイルを使って攻撃したことにより、米国の危惧は現実のものとなった。米国政府は直ちにこれに抗議し、中国に対する高度技術移転規制の緩和作業を停止した。これに対して中国は第三国に売却する兵器がイランやイラクに転売されないよう「厳格な措置」をとると約束することで米国の懸念に応え、米国の規制緩和作業は再開された。

6　第二次天安門事件と冷戦の終焉

一　天安門事件の衝撃

このように中国の近代化に対する米国の協力を中軸とし、利害対立や体制の相違のもたらす摩擦を慎重に管理することによって着実に深化してきた米中関係は、まさに中国近代化の苦悩の集約的表現ともいうべき、一九八九年六月四日の天安門事件によって重大な試練に直面することになった。四月十五日の胡耀邦前総書記の急死に端を発する、北京を中心とした民主化要求デモは、ゴルバチョフ訪中のため現地報道陣が強化された五月中旬以降、米国のテレビや新聞で詳細に報道されていた。それだけに六月三日夜半から四日早暁にかけての天安門広場周辺におけるその武力鎮圧は米国では時差の関係で真昼にリアルタイムでテレビ中継されることとなり、強烈な衝撃をもたらしたのである。

ブッシュ大統領は早くも三日夕方(中国時間四日朝)中国政府の武力行使を「遺憾」とする声明を発表し、対応措置の検討を命じた。五日の大統領緊急記者会見で発表された措置は、①武器輸出の停止、②軍関係者の交流停止、③在米中国人留学生の滞在期限延長を主内容としていた。大統領はこの措置を、中国に対する非難の意思表示、米国の長期的利害、中国の国内情勢を考慮したものと説明した。五日にはまた北京の米国大使館が保護を求めに訪れた方励之夫妻を保護した。中国政府はこれらの措置に「内政干渉」として激しく反発し、「反革命暴乱」関係者の摘発を進め、方励之に逮捕状を出した。また、不正報道を理由に、AP通信の記者とVOA(アメリカの声)北京支局長を国外追放した。

これに対して米国では議会を中心に政府の措置を不十分とする声が高まり、制裁措置を立法化する動きが出てきた。そこで政府はそれを先取りすべく六月二十日に第二次制裁措置として、次官補以上の全政府高官による対中接触の停止と、国際金融機関に対中借款の停止を求める方針を発表した。しかし議会では追加的制裁措置を立法化する動きが止まず、六月末から七月中旬にかけて両院で、既に政府が実施していた兵器、原子力発電機器、人工衛星の輸出停止に加えて、海外民間投資公社の融資、貿易開発局の支出、犯罪取り締り機器の輸出、ココムの輸出規制緩和等を停止する制裁法案が可決した。同じ頃両院はまた、中国人留学生保護の法案を可決した。以後米国では中国との関係修復をはかる共和党政権と制裁措置強化をはかる民主党優位の議会が対立することとなった。

七月に米国政府は関係修復の糸口を探るためスコウクロフト大統領補佐官(安全保障担当)とイーグルバーガー国務副長官を秘密裏に訪中させたが、中国側の反応は「結び目は結んだ方が解くべき」との頑ななものであった。その後も米国政府は、七月中旬の先進七ヵ国首脳会議(G7)における新たな制裁措置回避の説得、同月末のベーカー国務長官と銭其琛外交部長の会談等を通じて関係修復に向けた努力を続けた。しかし、中国側は米国の期待に応じるどころではなかった。最高指導者の鄧小平党中央軍事委員会主席は天安門事件を「国際的大気候と中国の小気候によって決定付けられた」と規定していた。そして、ブッシュ政権が「共産主義が急速に崩壊しつつある」ポーランド、ハンガリーの改革への支援を表明したこともあり、「国際的大気候」とは、社会主義を平和的に資本主義に変質させるという、米国のいわゆる「和平演変」戦略であるとして、米国に対する警戒心を強めていたのである。

その後米国政府は、停止措置を徐々に解除するとともに、キッシンジャー元国務長官、ニクソン元大統領らを通じた間接的な中国首脳との接触と、停止措置の漸次的解除によって関係修復を模索した。中国側も徐々に柔軟な対応を示し始めた。十一月はじめにはニクソンの訪中に合わせて天安門広場の警備を軍から武装警察に変更した。キッシンジャーが北京滞在中の同月上旬には、鄧小平が党中央軍事委員会主席を辞任するとともに、関係改善には双方の努力が必要との考え方を示し始めた。

このような展開とは裏腹に、米国議会では追加対中制裁と中国人留学生保護に関して両院が通過させた別々の法案の差異を調整する作業が進んだ。追加制裁案については十一月初めに、「国益」にかなう場合は制裁解除が可能とする代わりに、大統領は拒否権を行使しないということで政府と議会の妥協が成立した。しかし同じ頃中国人留学生保護に関して両院を通過した法案の相違を調整した「中国移民緊急緩和法案」がまとまり両院を通過すると、ブッシュ大統領は同様の措置は、中国側を刺激する法律ではなく行政命令で可能であるとして、十一月末に拒否権を発動した。この決定は中国政府に対する「叩頭」として議会内外で厳しい非難を受けた。

十二月八日ブッシュ大統領は、事前の予告無しに突然、スコウクロフト大統領補佐官とイーグルバーガー国務副長官を再び特使として北京に派遣した。その目的は同日深夜の発表で、それに先立ってマルタ島で行われた米ソ首脳会談の結果報告と説明されたが、両国関係修復が中心課題であったことは明らかであった。この特使派遣は、中国側から大した譲歩を引き出せなかったことと、準備段階の秘密主義に対する反発から、議会内外で厳しい批判を受けた。しかしブッシュ大統領は、中国の反応には時間が必要として、十二月中旬には通信衛星の輸出許可に踏み切った。中国が翌一九九〇年一月十日に北京の戒厳令を解除すると、米国政府はこれを評価し、世界銀行の対中借款全面停止要求を緩和した。

しかし、議会では、依然として人権抑圧が続いているとする懐疑論が支配的で、一月下旬の再開後は「中国移民緊急緩和法案」を三分の二以上の多数で再可決して大統領の拒否権を覆そうとする動きが活発化した。これに対して政府側は、民主党が優勢な下院は諦め、上院の共和党議員に対して大統領が先頭になって猛烈な説得工作を展開した。結局一月二十五日の上院の投票では法案賛成の票が三分の二に五票足りず、大統領の拒否権が確定した。

二　冷戦の終焉と湾岸戦争

天安門事件の後遺症として米中関係がぎくしゃくしていた八九年後半から九〇年にかけて、国際環境にはさらに重大な変動が進行していた。八九年後半には東欧諸国の社会主義体制が相次いで崩壊した。十二月初めのマルタ島における米ソ首脳会談では「冷戦の終焉」が宣言され、九〇年二月にはソ連も多党制に移行した。中国はこのような展開を自国の社会主義体制に対する衝撃と捉えざるを得なかった。しかしながら、冷戦の終焉は中国を一つの極とする多極体制への過渡期に入ったことも意味するとも考えていた。そしてこの過渡期は長期にわたる、不安定要因を内包したものと考えていた。

他方このような状況を背景に、西側諸国には中国の国際的重要性が低下したという考え方が出てきた。その理由は第一に、天安門事件後の保守派の台頭により、中国の対外開放に対する確信が弱まり、対中ビジネスの将来性に疑問が生じたことである。第二に、改革の優等生としての中国イメージが低下し、東欧諸国が変革の希望を象徴するようになった。第三に、ソ連の戦略的脅威が低下したため、対ソ平衡重量としての中国（いわゆる「チャイナ・カード」）の必要性が低下した。また、台湾の経済力に対する評価の高まりも中国にとっては不利であった。

一九九〇年八月のイラクのクウェート侵攻に始まる湾岸危機は、まさに過渡期の不安定性を実証するとともに、中国に国連安保理の常任理事国の立場を西側諸国との関係修復の梃子とする機会を提供した。中国は、大国の介入に反対しながらも、安保理においては「責任ある大国」として、イラクに対する即時撤退要求、経済制裁、クウェート併合無効等の決議に賛成票を投じた。米国が明示的な武力行使容認決議の瀬踏みを始めると、銭其琛外交部長は十一月のベーカー国務長官との会談でそれに反対しないとの感触を与えることによって、同月末のワシントン公式訪問を果たした。銭其琛外交部長はブッシュ大統領とも会談し、ベーカー長官との会談では高いレベルの対話継続で合意した。

しかしながら、九一年一月十七日に始まり、翌月末に米国を中心とする多国籍軍の電撃的勝利に終わった湾岸戦争は、九〇年におけるソ連の混迷と相まって、米国が「大規模な派兵と交戦が可能な唯一の超大国」であることを如実に示した。冷戦終焉直後の世界は、多極化するどころか、米国を唯一の超大国とするものとなったのである。

三　最恵国待遇更新問題と米国の対中関与政策

冷戦の終焉という国際状況の激変を背景に両国関係の焦点となったのは米国の対中国最恵国待遇更新の問題であった。米国では、通商法のジャクソン・ヴァニク条項により、社会主義国に対する最恵国待遇は、大統領が決定し議会が否決しない場合、一年限りでしか認められない。中国に対する最恵国待遇は一九八〇年に供与されて以来毎年自動的に更新されてきた。しかし、一九九〇年にはブッシュ大統領の対中政策に対する不満と、秋に中間選挙があるという事情が重なり、議会で四月頃から中国の人権抑圧を理由に更新を阻止しようという動きが出てきた。議会外では、新聞の論説、人権擁護団体、米国滞在中の中国人留学生、学者たちがこのような動きを支援していた。米国は当時中国の最大の輸出市場であった。最恵国待遇の撤回は、輸出品にかかる関税の大幅引き上げによって、中国の対米輸出に深刻な打撃を与えることは明らかであり、中国の指導者に強いメッセージを送ることができると考えられたのである。これに対して米国の実業界、香港政庁および実業界、在香港米国商工会議所等が最恵国待遇更新を主張して活発なロビー活動を展開した。大統領の更新決定の期限は奇しくも六月三日であった。

中国はブッシュ政権に更新の決定を促すべく五月初旬にチベットのラサの戒厳令を解除し、天安門事件の拘留者二一一人を釈放した。ブッシュ大統領は五月二十四日の記者会見で対中最恵国待遇更新の決定を発表し、最恵国待遇停止は、①中国からの輸入品(主として低価格の履き物、衣料品)の価格を大幅に上昇させ、中国の対抗措置によって米国の対中輸出を激減させる、②自由企業精神のモデルである香港に打撃をもたらす、等と指摘し、③対米輸出産業に従事しているのは改革・開放のエンジンたる沿岸地域の中国人であり、彼らを傷つけてはならないと説いた。

議会ではこの決定に対して批判が高まり、最恵国待遇即時停止、九〇年は更新するが九一年の更新は条件付きという二種類の法案が上程された。これに対して中国は六月初旬に天安門事件の拘留者九七人を釈放し、同月下旬には当初の条件を満たしていないまま方励之の出国を認めた。しかし米国議会下院の批判的雰囲気が根本的に変化することはなく、十月には九一年の更新に人権状況改善等の条件を付けるという法案が下院本会議を大統領の拒否権を覆しうる圧倒的多数で通過した。しかし上院は会期終了前にこれらの決議案の投票を行わず、最恵国待遇は結局無条件で更新されることとなった。

翌一九九一年の最恵国待遇更新をめぐる米国の議論は、より多くの問題を含み、両院を巻き込んだ激しいものとなった。ブッシュ大統領が五月末に更新の決定を議会に通告すると、下院では七月十日の本会議で、同年の更新を認め、翌年の更新には天安門事件逮捕者全員の釈放、囚人労働製品の輸出停止、強制妊娠中絶の停止、核兵器およびミサイル不拡散の誓約等の条件を付ける法案が大統領の拒否権を否定しうる圧倒的多数で通過した。それに続きほぼ同様な法案の審議が上院ですすんでくると、ブッシュ大統領は上院の有力議員に書簡を送り、最恵国待遇更新の条件として挙げられた諸問題は高官レベルの交渉を通じて解決を図るという「建設的関与」の方針を明らかにした。上院本会議の投票は七月二十三日に行われ、翌年の更新を条件付きとする法案は可決したが、大統領の拒否権を覆すに足る票は得られなかった。

一九九一年十一月ベーカー国務長官が訪中して米国内で問題となっていた広範な事項について要求を突きつけ、中国側から多くの譲歩を勝ち取った。人権問題では、米国側の提示した政治犯のリストに関して個々人の現状を報告し、囚人労働製品の対米輸出防止と人権問題定期協議に合意した。核兵器・ミサイル問題に関しては、中距離ミサイルの中東への輸出規制に応じ、MTCR（ミサイル関連技術輸出規制体制）への参加の意向を表明するとともに、核不拡散条約の批准手続き開始を約束した。貿易問題では、知的所有権保護の措置を講ずることに合意した。

一九九二年の最恵国待遇更新にあたってもほぼ同様な展開があったが、この問題をめぐる議論は同年の大統領選挙戦において中国問題を外交課題の一つとして際だたせた。民主党のクリントン候補は「中国の独裁者を甘やかしている」とブッシュ大統領を攻撃し、最恵国待遇の条件付き更新を支持した。

この頃からブッシュ政権も中国に対してより厳しい措置を取り始めた。八月には前年十月に開始された通商法三〇一条（不公正取引慣行国指定）による交渉の進展がないことから制裁関税対象品目の発表に踏み切り、交渉は中国側の妥協により十月に妥結した。九月には台湾向けにF16戦闘機の輸出を許可した。十一月には通商代表による米中国交樹立以来初の閣僚の台湾訪問を実施したが、翌月には商務長官による天安門事件後初の訪中を実施してバランスをとった。このような動きに中国側は当然強く反発したが、対米関係を決定的に悪化させる余裕はなかった。十一月末に訪中した大統領選挙後初の民主党議員団に対して江沢民主席は、米国とは「信頼を増加し、トラブルを減らし、協力関係を発展させ、対抗はしない」という基本方針（十六字方針）を表明したのである。

7 中国の「大国」化と新たな関係の模索

一 最恵国待遇更新問題と関与政策への回帰

一九九三年一月クリントン政権は対中政策で深刻なジレンマを抱えて発足した。クリントンは選挙戦中に条件付き最恵国待遇更新を支持していたが、最重要の公約は米国経済の再生であり、輸出の拡大を「経済的安全保障」の中心課題としていた。他方中国は、一九九二年春の鄧小平の「南巡講話」以降の高度経済成長路線により年率一〇%を超える経済成長を実現しつつあり、米国も「巨大新興市場」としてその重要性を認めざるを得なかったのである。

中国は二月に、米国の対中イメージを改善すべく王丹ら三人の民主化運動の指導者を釈放するとともに、大型買い付け使節団の派遣を発表して市場の重要性をアピールした。翌月訪米した使節団は旅客機二十一機(総額八億ドル)、乗用車一万四八〇〇台(総額一億六〇〇〇万ドル)等の購入契約を結んだ。

クリントン政権は結局五月下旬の行政命令で、九三年の最恵国待遇は無条件で更新し、翌年の更新に二種類の条件を付けることによってこのジレンマの解消を図った。第一はより厳格な条件で、国務長官が、更新が中国の移民の自由拡大に効果があり、中国が囚人労働製品輸出禁止の合意を遵守していることを確認することであった。第二は比較的曖昧な条件で、国務長官が五項目の人権問題で「全体的で意味のある改善」が見られたことを認定することであった。これらの条件は、一年の猶予を与えることによって中国側が満足しうるものと期待されていた。この決定は議会から支持され、中国も「貿易問題の政治化」に抗議はしたものの対抗措置はとらなかった。

しかしながらその後の両国関係はその他の問題でむしろ緊張した。米国政府は六月頃から中国がパキスタンにM11

ミサイルかその部品を輸出しているとの情報に対して中国側の説明を求めていたが、満足する説明が得られなかったことから、八月下旬に制裁として高度技術の対中輸出禁止措置をとった。同じ頃、大連から中東に向けて出航した「銀河」号がイラン向けの化学兵器原料を積載しているとして米国が立入検査を要求し、中国が米国の要求を受け入れたが化学兵器の原料は発見されないという事件があった。またこの頃、北京が二〇〇〇年のオリンピック開催に立候補していたのに対し、米国下院が中国の人権抑圧を理由に反対票を投じるようＩＯＣの米国委員に要求する決議を採択した。このような事態に反発を強めた中国の指導部は、九月初めに、米国との対抗を「望まず、挑発しない」が、「回避せず、恐れない」という対米「四不」方針を採択した。

米国でも事態を「きりもみ状の低下」ととらえ、放置すれば翌年の最恵国待遇更新が困難になるとの懸念が高まり、クリントン政権は九月中頃から対中政策の根本的再検討を行った。その結果採択された方針は、ブッシュ政権と同様の「全般的関与」政策であった。米国は九月下旬に中国側に一連の高官会談を提案するとともに、十一月にシアトルで開催されるアジア太平洋経済協力会議（ＡＰＥＣ）の首脳会談に江沢民主席を招待した。中国側はこれに積極的に応じ、十月から十一月にかけて、人権担当国務次官補、農務長官、国防次官補の訪中、中国外務次官の訪米が行われた。

ところが同じ頃、市場経済と民主主義の「拡大」が新政権の対外戦略として明示されたこともあり、一九九三年秋から翌年春にかけて米国はアジア諸国と深刻な摩擦を経験した。対中関係においてもＡＰＥＣ首脳会談の際に行われた天安門事件後初の米中首脳会談は、人権問題を中心に食い違いが大きく、何ら具体的成果がなかった。一九九四年二月の国務省の『世界人権状況報告』は中国の状況を「国際基準から大きくかけ離れている」としており、三月に中国側の譲歩を引き出すべくクリストファー国務長官が訪中したが中国側の拒絶にあった。

米国は再度アジア政策の調整を行い、その一環として五月末に中国の最恵国待遇を無条件で更新するとともに、翌年以降の更新と人権問題を切り離す決定を行った。そして中国との関係は「経済的利益と戦略的利益を含むより広範な関与」と規定されるようになった。

二　台湾問題の再浮上と相互認識の悪化

一九九〇年代に入ると台湾は、急速な経済成長と民主化の進展を背景に、柔軟外交による「国際活動空間」の拡大を追求し始めた。これに応じてクリントン政権は一九九四年九月に、経済技術閣僚の台湾訪問を容認し、台湾の在米事務所の名称を「台北経済文化代表部」とする等の新台湾政策を発表したが、依然として台湾首脳の訪米は認めない方針をとっていた。

台湾の総統李登輝の母校であるコーネル大学が九五年六月の同窓会に総統を招待した際にも、米国政府は李登輝の訪米を許可しない方針であった。ところが台湾の活発なロビー活動もあって米国議会はこれに強く反発し、五月上旬に上下両院は李登輝の訪米を支持する決議を相次いで圧倒的多数で通過させた。これによりクリントン大統領は態度を変え、同月下旬に李登輝総統の「非公式」訪米許可の決定を下した。

中国は直ちにこの「主権を損ねる」決定に強い怒りを表明し、次々と対米交流中断の措置をとった。しかし李登輝訪米後間もなく中国はメディアによる攻撃の対象を李登輝に絞り、李登輝の再訪米不許可の保障を求めつつ対米関係改善を模索し始めた。その結果、十月下旬の国連総会の機会に両首脳がニューヨークで会談することとなった。李登輝の再訪米に関して米国は「個人的、非公式、例外的、ケース・バイ・ケースで判断」との基準を中国側に伝えた。この間中国は、台湾近海でミサイル発射実験、上陸演習等の威嚇的軍事演習を行った。

中国は首脳会談後も大規模な軍事演習を行い、一九九六年三月の台湾の初の総統選挙に際しては、再び台湾近海でミサイル発射訓練を含む三度の軍事演習を相次いで行って、中国が独立志向と見なしていた李登輝の当選を阻止しようとした。これに対して米国は二個の空母機動部隊を台湾近海に派遣して、事態の「観察」に当たらせた。同時に米国は劉華秋国務院外事弁公室主任をワシントンに招き、中国の台湾に対する軍事侵攻がないことを確認するとともに、ニューヨークで政府高官が台湾の安全保障委員会秘書長と会談して挑発的行動をとらないよう釘を刺した。

このほかに両国は中国のパキスタン向け核兵器製造機器部品の輸出、知的所有権保護等の問題でも鋭く対立した。このような事態を背景に両国ではともに相手国に対する厳しい見方が表明されるようになった。中国では九三年に対米摩擦が高まった頃から、米国は中国の強大化を阻止する「封じ込め」政策をとっているとする対米非難が行われるようになっていたが、九六年五月には『ノーと言える中国』(宋強・張蔵蔵・喬辺等著、莫邦富他訳、日本経済新聞社、一九九六年。新潮文庫、一九九九年)が出版され爆発的な売れ行きを示した。米国のメディアにおいても九三年頃から中国が米国の対外的利益に対する脅威になりつつあるとする議論が行われるようになり、九七年初めには『やがて中国との闘いがはじまる』(バーンスタイン、マンロー著、小野善邦訳、草思社、一九九七年)が出版され大きな反響を呼んだ。

三　首脳の相互訪問

一九九六年の台湾海峡における米中間の緊張は双方に相手との対決の危険性を再認識させることともなり、以後関係改善が模索されるようになった。両国の対話も急速に拡大し、同年六月のレイク大統領補佐官(安全保障担当)の訪中の際には早くも、「戦略的かつ長期的視点」に立った両国関係の処理と国賓待遇による首脳の相互訪問で合意が成立した。それと前後して、中国の核兵器製造機器部品輸出、知的所有権、繊維貿易等の問題が解決に向かった。

江沢民主席の訪米は一九九七年十月下旬から十一月初めにかけて行われた。十月二十九日の首脳会談後に発表された共同声明は、「建設的な戦略的パートナーシップの確立に向けて努力する」ことを謳い、両国間の合意を原子力平和利用、不拡散、人権等九分野に分けて記述していた。その内容は米国側の満足するものではなかったが、中国はこの訪問を「深遠な歴史的意義を持つ」として高く評価した。訪米中の江沢民主席の行動には、首脳会談後の共同記者会見で時折英語を使うなどのパフォーマンスが目立ったが、米国民はこれを歓迎した。

翌九八年に入るとクリントン大統領訪中に向けて、軍事上の海上事故防止協定の締結、核施設の相互訪問に関する了解覚書の調印等の両国関係の進展が見られた。前年夏以降のアジア通貨・経済危機に際して中国が、度重なる元切り下げの予測にもかかわらず、それを回避したことは米国に高く評価された。米国はまた、中国が「市民的及び政治的権利に関する国際規約」（国際人権B規約）調印の意向を表明したことを高く評価し、国連人権委員会で中国非難決議の提出を見合わせた。

クリントン大統領の訪中は六月二十五日から七月三日にかけて行われた。二十七日の首脳会談について全般的な共同声明は出されず、南アジア、対人地雷、生物兵器禁止条約議定書に関する三つの個別的な共同声明が発表された。米国にとっての最大の成果は、首脳会談後の共同記者会見と北京大学での講演のテレビ中継を実現し、クリントン大統領が中国人に向かって人権等の「敏感な」問題に関する米国の立場を直接表明する機会を得たことである。これに対して中国側はクリントン大統領から公開の席で台湾問題に関するより踏み込んだ発言を引き出した。大統領は上海図書館における識者との懇談会で、台湾の独立、二つの中国および一つの中国・一つの台湾、国家を成員とする国際機関への台湾の参加を支持しない、といういわゆる「三つのノー」を表明したのである。

四　摩擦の残存と相互不信の噴出

クリントンの帰国後両国関係には、環太平洋海軍合同演習に中国が駆逐艦をオブザーバーとして派遣する等軍事面を中心に着実な進展が見られた。しかし、米国内では「三つのノー」に対して中国寄りすぎるとの批判があり、議会両院は台湾問題の平和解決を強調する決議を採択した。また、中国が米国から軍事技術を窃取したとの疑惑を調査するコックス委員会がクリントン帰国直後から活動を始め、一九九九年一月には最終報告を採択し、秘密解除の作業を開始した。以後米国の主要紙に中国が核弾頭小型化等の技術を米国から窃取したとの報道が相次いだ。

他方中国は、九八年末の戦域ミサイル防衛（TMD）に関する日米共同技術研究の決定、翌九九年一月の米国政府のTMDおよび国家ミサイル防衛（NMD）計画の発表に対して、地域および世界の戦略的均衡を破壊するとして厳しく批判した。また、コソヴォ問題で三月末にNATOが国連の決議を経ることなくユーゴ空爆を開始すると、NATOの東方拡大とも合わせて、米国の一極支配傾向の高まりとして警戒感を高めた。

このような状況下で四月に朱鎔基首相がWTO加盟交渉を最大の課題として訪米したが、決着には至らなかった。米国は事前の交渉で、金融、証券、音響映像商品等に関する中国側の譲歩が不十分としていたが、中国のWTO加盟の重要性を謳った「共同声明」を発表し、付属文書で「合意内容」を明らかにした。朱鎔基首相はこれを米国の要求を記したものとして拒否し、結局具体的な合意点や対立点に触れない共同声明が再発表されることとなった。

五月にはいるとこのような雰囲気をさらに悪化させる事件が相次いだ。北京時間八日早暁ユーゴ空爆に参加していた米軍機が誤って中国の駐ベオグラード大使館を爆撃し、それによって大使館に避難していた記者三名が死亡した。このニュースが中国に伝わると、北京、上海、広州等で大規模な抗議デモが起こった。中国政府も直ちに「中国の主権に対する粗暴な侵犯」として激しく抗議し、上級レベルの軍事交流、安全保障対話、人権対話等を中止した。クリントン大統領は直ちに「悲劇的な誤り」に対する謝罪と遺族に対する哀悼の意を表明した。しかし中国は爆撃が古い地図を用いた誤爆であったとの米国の説明を受け入れず、米国側でも北京における抗議デモが当局に組織されていたとの報道に反感が高まった。五月下旬にはコックス委員会最終報告書の秘密指定解除部分が公表された。報告書は中国が二十年以上にわたり小型核弾頭、中性子爆弾、ミサイル誘導、衛星および潜水艦攻撃等の技術を窃取してきたと指摘していた。

しかし両国政府とも関係悪化を放置する意図はなく、六月には大使館誤爆事件の謝罪と原因説明に大統領特使が訪中し、補償交渉が始まった。七月上旬に台湾の李登輝総統が中台関係を「特殊な国と国」の関係とする談話を発表すると、クリントン大統領が「一つの中国」原則を再確認したことにより関係修復が促進され、同月末には人的損害の賠償に関する合意が成立した。

その後も関係の修復は徐々に進み、十一月中旬には中国のWTO加盟に関する二国間交渉が妥結した。年末には大使館誤爆事件の物的損害に関する補償交渉も合意に達した。しかしこれらの進展は、大使館誤爆事件等による関係悪化からの回復にすぎず、それ以上の大きな進展があったわけではない。

むすび

中華人民共和国と米国の関係は開始直後に朝鮮戦争が勃発したことによって戦後のアジアにおける冷戦構造の中核となった。しかし冷戦構造は静止的なものではなかった。一九六〇年代に進行した東側における中ソ対立の先鋭化と米国のベトナム内戦への介入の泥沼化は、一九七〇年代初頭に米中の接近をもたらし、同年代末にはソ連の拡張主義への対抗を中核的共通利益として国交正常化が実現した。

ところが八〇年代に入って間もなく対ソ戦略的協力の強調がもたらすマイナス面が双方で認識されるようになり、中国の近代化に対する米国の積極的関与が中核的共通利益となった。しかしながら八〇年代末の天安門事件は新たな中核的共通利益が内包する不安定性を露呈した。そして、それにきびすを接するかのごとくに米ソ冷戦構造が崩壊したこと、その衝撃への対応として中国が急速な経済成長を実現したことにより、米中両国は相手国に対して極めてアンビバレントで振幅の大きい対応をするようになった。

中国にとって米国は、巨大な輸出市場であり、資本と技術の供給源であり、唯一の超大国である以上、決定的対決は避けなくてはならないが、その国際政治における「覇権主義」的傾向と自国の政治体制への破壊的影響に対しては抑止的対応をせざるを得ないであろう。他方米国にとって中国は、急速に拡大しつつある市場であり、有望な投資先であるだけでなく、国連安保理の常任理事国であり東アジアの大国であるという点で政治的にも協調をはかるべき存在であるが、同時に政治体制や社会的価値観の面で米国とは相容れず、その巨大化と共に米国の対外的な国益に挑戦する傾向を見せてきている。また、両国にとって相手国との関係は国内政治の大問題となりつつある。両国の関係は今後とも複雑で変動の大きなものとならざるをえないであろう。

V　中ソ・CIS関係

石井　明

はじめに

いまから五十年前、一九五〇年二月十四日、モスクワで中ソ友好同盟相互援助条約が締結された。「日本または日本の同盟国〔アメリカを指す〕」を仮想敵国とする軍事同盟条約であった。それから一年半後、一九五一年九月八日、日米安全保障条約が結ばれ、東アジアに二つの条約システムが真っ向から相対峙する状況が生まれた。ただし、この二つの軍事同盟は対等な同盟ではなかった。中国はソ連を「老大哥《ラオダーゴ》」(長兄)と呼び、日本はアメリカの目下の同盟者であった。ともに対ソ、対米自主性を求める主張が強まり、一九六〇年、日米間では安全保障条約を改定したが、中ソは関係の調整に失敗し、中ソ友好同盟相互援助条約は有名無実となり、ついには一九六九年、国境での軍事衝突まで引き起こしてしまった。

中ソ関係の関係の正常化はそれから二十年かかった。一九八九年五月、ゴルバチョフ書記長が訪中し、同月十六日、鄧小平・ゴルバチョフによる中ソ首脳会談が開かれ、中ソ関係が正常化したことを確認した。このゴルバチョフ訪中により、中華人民共和国の建国以来、友好から面従腹背(中国からみて)、そして対決、和解へと進んできた中ソ紛争のサイクルが一巡した。当時、中ソは国家関係だけでなく、両共産党の関係も正常化することで合意した。

しかし、まもなくソ連邦は崩壊し、連邦内の諸共和国は次々に独立し、中国は独立国家共同体(ＣＩＳ)諸国との新たな関係の構築を迫られた。本稿は中華人民共和国の建国直前までさかのぼり、中ソ・ＣＩＳ間の友好と対立の五十年の歴史について、簡単なデッサンを描いてみたい。

1　新中国建国直前の中ソ関係

一　中ソ友好同盟条約の締結

一九四五年八月十四日付で中華民国とソ連の両国外相により中ソ友好同盟条約が結ばれた(実際に調印されたのは十五日になってからであった。調印地モスクワ)。これは同年二月のヤルタ会談で、ソ連の対日戦参加の見返りとして、米英が認めた条項を中ソ間の条約の形にしたものであり、中国におけるソ連の様々な特殊権益を認めていた。中東鉄道(満州里―綏芬河)に、かつての南満州鉄道(ハルビン―大連・旅順口)を加えた中国長春鉄道については、中ソ合弁会社による共同経営とし、期間三十年とする付属協定が結ばれた。大連港に関する協定は、港長はソ連人から出すこととし、ソ連の大連港を通る輸出品については関税を免除する、と規定していた。旅順口の海軍基地は共同使用と決まった(実際はソ連の単独使用)。さらに外モンゴル人民の国民投票によって確認されるという条件付きで外モンゴルの独立を認めた交換公文を交わしている。

中国共産党の機関紙『解放日報』は同年八月二十九日、この協定について「極東の恒久的平和の基石」と讃える社説を載せているが、現在の中国の歴史書は不平等条約の一つとみなし、「大国の強権政治の醜悪な現れ」、「中国の領土と主権に対する重大な侵犯」と評している。

二　ミコヤン訪中

中国共産党は建国に先立ち、いつ頃からソ連の最高指導者との接触を回復したのであろうか。毛沢東のロシア語通訳を長くつとめた師哲の回想(師哲『在歴史巨人身辺』中央文献出版社、一九九一年)によれば、一九四八年四月、毛沢東は華北の戦場を転戦中、自ら訪ソすることを決意し、準備を始めている。しかし、スターリンは、中国の革命戦争が決定的な局面を迎えている現在、統率者である毛沢東が中国を離れるべきではない、こちらから政治局員を一名派遣しようという電報を打ってきた。

スターリンの特使に選ばれたのが、政治局員で外国貿易相のミコヤンであった。ミコヤンが飛行機で石家荘に降り立ち、ジープで当時の中共中央の所在地、西柏坡に着いたのが一九四九年一月三十一日。ミコヤンは西柏坡に一週間滞在し、その間、毛沢東らと会談している。毛沢東は民主連合政府の性格について重点的に説明し、さらに革命を最後までやりぬく、と述べた。民主諸党派や無党派の民主人士が政府に参加すると親英米路線をとるのではないか、というスターリンの疑念をはらすためであろう。

三　劉少奇訪ソ

一九四九年五月はじめ、中共中央(当時、北京郊外の香山の静宜園にあった)は党内ナンバー2の劉少奇を頭とする中共中央代表団を訪ソさせることを決めた。具体的日程にのぼってきた新中国の建国問題について、スターリンおよ

び ソ 連共産党と協議するためである。劉少奇代表団がモスクワに着いたのが六月二十六日。その直後の七月一日、『人民日報』は毛沢東の「人民民主主義独裁を論ず──中国共産党二十八周年を記念して」を掲載した。この論文は、中国人民は帝国主義の側に片寄るか、社会主義の側に片寄るかのいずれかであり、第三の道はない、と断言し、「向ソ一辺倒」政策を打ち出していた。

モスクワで劉少奇はスターリンをはじめとするソ連の指導者と協議し、①ソ連が三億ドルの借款を供与する、②ソ連は二百名余りの専門家を派遣する、③ソ連の援助で東北に空軍学校と海軍学校を開く、などを取り決めた。

劉少奇との会談で、スターリンは中国革命に不適切な干渉をしたことを認めた。師哲は両者の間に次のようなやりとりがあったことを想起している。「スターリンが劉少奇に『我々はあなたがたを妨害したことがなかっただろうか?』と尋ねた。劉少奇が『ありません』と答えた。スターリンは『妨害した。妨害した。我々は中国についてあまりよく理解できていなかった』と述べた。スターリンがこの発言をしたときは、非常に厳しい態度であり、内心、深く忸怩たる思いを感じていた」。

2 中ソ同盟の成立

一 ソ連・東欧諸国・モンゴルの新中国承認

一九四九年十月一日、北京で中華人民共和国の建国式典が行われた。同日、政務院総理で外相を兼ねる周恩来は、各国政府に中華人民共和国の樹立を内外に告げる毛沢東・中央人民政府主席の公告と、「私は中華人民共和国が世界各国と正常な外交関係をうちたてることが必要であるとみなしている」と記した自らの付属書簡を送った。

周恩来の呼びかけに応え、真っ先に新中国を承認したのがソ連であった。十月二日、グロムイコ外務次官が、ソ連政府が中華人民共和国との外交関係を打ち立て、相互に大使を派遣することに決定した、という照会文を寄せた。その後、東欧諸国も相次いで新中国を承認した。ユーゴスラビアも十月五日、新中国と外交関係を樹立したい旨、伝えてきた。しかし、中国政府は、中国がチトーの道を歩むのではないかというスターリンの疑念に対する配慮から、ユーゴとの国交樹立問題を棚上げにした。外モンゴルは十月六日、外交関係を樹立したい旨の文書を送ってきた。それに対し中国は十月十六日、関係を樹立する旨の返事を出している。

二　中ソ友好同盟相互援助条約とその補充協定の調印

建国後、中国は懸案の毛沢東訪ソの準備を進めた。そして、毛沢東が北京を出発したのが一九四九年十二月十六日、北京に戻ったのが翌年三月四日であった。中国の南方では未だ国民党軍の残存部隊との戦闘が続いていた時期、毛沢東は三カ月も北京を留守にして訪ソし、中ソ関係の調整に取り組んだのである。

モスクワで中国側は、ソ連は過去において国民党政府と友好同盟条約を結んだが、今や新中国が成立したのでソ連は同条約を廃棄して、新たなより進んだ同盟条約を結ぶべきである、と主張した。スターリンは自分と毛沢東が連名で新たな中ソ同盟条約に署名するのが一番良い、と提案した。しかし、毛沢東は条約締結は政府間のことがらであるとして周恩来に処理させることを主張し、北京から周恩来を呼びよせた。

新条約の第一次草案はソ連側から提出され、交渉のイニシアチブはソ連側が握っていた。しかし、交渉の過程で、中国側は何点かの修正に成功している。第一点は条約の名称である。ソ連側の草案では「中ソ友好同盟条約」であったが、周恩来の提案により「中ソ友好同盟相互援助条約」と変わった。

第二点は、第三国の攻撃を受けた場合の援助義務に関する表現の修正である。締結された条約の第一条は「締約国のいずれか一方が日本または日本の同盟国からの攻撃を受けて戦争状態に入った場合は、他方の締約国はただちに全力をあげて〔原文、即尽其全力〕軍事上その他の援助を与える」と規定している。しかし、ソ連側原案では、単に援助することが「できる〔得以〕」となっており、援助は明確な義務ではなかった。周恩来にしたがって訪ソした伍修権(当時、外務省ソ連・東欧局長)の回想によると、この修正も周恩来の主張によるものであった。「周総理は、これではあいまいで、条約の果たすべき役割が明らかではないと考え、推敲をくりかえしたのち、『ただちに全力をあげて』援助すると改めた。これで、より明確に、よりきっぱりとしたものになった。だが、この改正については、長い時間をかけて討議され、論争にもなったのである」(伍修権『在外交部八年的経歴』世界知識出版社、一九八五年)。このように、むしろ中国側の要求によって新条約の条文は、より強固な攻守同盟を意味するものに変わっていった。

この新条約の調印式は一九五〇年二月十四日、クレムリンで行われた。同日、「中国長春鉄道、旅順口および大連に関する協定」、「ソ連政府から中華人民共和国政府に長期経済借款を供与し、ソ連より購入する工業および鉄道の機械設備の支払いに充当することに関する協定」などの付属協定も結ばれた。

新中国建国後、中国長春鉄道の管理はソ連側が主となってあたり、中国側も管理に加わる形をとってきた。旅順口、大連にも引き続きソ連軍が駐屯し、ソ連の軍事施設が設けられてきた。それが新協定では、中国長春鉄道および旅順口の海軍基地を中国政府に引き渡すべきものとされ、その引き渡し時期については、対日平和条約締結後とし、それは一九五二年の年末以前になるという見通しを立てていた。

次に、ソ連から中国への借款供与協定は総額で三億米ドルの借款の供与を約していた。ドル建てとなっているのはまだ人民幣とルーブルの交換レートが決まっていなかったからである。当時のルーブルに換算すると一二億ルーブルだが、一九六一年の通貨改革に伴う新ルーブルに換算すると二億七〇〇〇万ルーブルとなる。

この協定は、一九五〇年から五年間、毎年同額すなわち総額の五分の一ずつを引き渡し、中国の経済を回復、発展させるためにソ連が引き渡す発電所、金属および機械製作工場などの設備、石炭および鉱山採掘のための鉱山設備、鉄道およびその他の輸送設備、レールおよびその他の資材などを含む機械設備と資材の支払いにあてることになっていた。利息は年利一%。資本主義国の供与する借款に比べて破格の低利である。

なお、二月十四日、中ソは新条約の補充協定を結んでいる。この協定は「両国の国防利益を保障するため」という名目で、ソ連の極東と中央アジア、中国の東北と新疆では外国人に「利権を譲渡してはならない」という条項が含まれていた。ロシア語文の協定はタイプで打たれているが、中国語文の方は手書きであり、中国語文のタイプ打ちが間に合わないまま、倉卒の間に調印が行われたとみられる。

これは東北と新疆から第三国の勢力を排除し、ソ連の勢力範囲に組み入れるのが狙いであり、中国側からみれば屈辱的な協定であった。この協定は秘密協定として扱われることになった(一九五六年六月、破棄された)。

三　中ソ条約の評価

二月十四日、周恩来は中ソ友好同盟相互援助条約と諸協定の調印式の際の演説の中で、同条約と協定の意義について次の二点をあげた。

第一に、中国人民に自らが孤立していないことをわからせたこと。これは、ソ連との間で軍事同盟条約を結んだことにより、自国の安全保障を確保したことを意味していよう。

第二に、中国経済の回復と発展の助けとなること。中ソ友好同盟相互援助条約第五条は、相互にあらゆる可能な経済援助を与え、かつ必要な経済協力を行うことを保証する、と規定しており、さらに三億ドルの借款協定が結ばれた。むろん、中国側に補充協定に調印せざるをえなかったこと、旅順口海軍基地の共同使用を認めたことなど不満が残らなかったわけではない。伍修権は交渉を振り返り、どの国も自国の民族的独立を守り、主権の擁護に努めなければならないだけでなく、適切な援助を受けることも必要であり、さらには必要に応じて若干の譲歩によって長期の利益を図らなければならない場合があることが実証された、と回想している。「必要に応じて若干の譲歩によって長期の利益を図る」——すなわち中ソ友好の大局を重んじるためという名目で対ソ譲歩を正当化したのである。

では、ソ連にとって中ソ条約の締結はどのような意義をもっていたのであろうか。中ソ条約の締結により、ソ連は東アジアに世界一の人口と広大な国土を擁する目下のパートナーを獲得できた。東アジアにおいてもソ連防衛のための縦深性を確保できたという点でも、また国際政治におけるソビエト・ブロックの拡大という点でも大きなメリットがあった、といえよう。いずれにせよ、新中国建国後の中ソ関係は、外に向かっては「一枚岩の団結」を標榜しつつ、内に緊張を孕んだ同盟関係として始まったのである。

3　中ソ友好の時代

一　朝鮮戦争の衝撃

一九五〇年六月二十五日、朝鮮戦争が勃発し、中ソ同盟は試練にさらされた。米軍を主力とする国連軍の参戦により敗走した朝鮮民主主義人民共和国(北朝鮮)は中国に支援を求めた。中国共産党は十月上旬、朝鮮戦争への参戦の可否をめぐり、政治局会議を繰り返し、結局、参戦を決めるが、同時に周恩来を訪ソさせて、ソ連空軍の支援を要請する。しかし、ソ連側は朝鮮半島で米ソ両軍が直接、戦闘を交えることには消極的で、ソ連空軍は暫時、中国人民義勇軍の作戦を支援できない、との通告を受けた。

ソ連の航空兵力の支援のないまま、中国人民義勇軍は十月十九日、鴨緑江を渡り始める。中国軍は一時はソウルを占領するが、「人海戦術」と称された戦闘を繰り広げた中国軍の損害は大きかった(ソ連の戦闘機のパイロットが北朝鮮の戦場に到着したのは一九五一年春になってからであった)。

中国国内ではその後、朝鮮戦争の際、ソ連が中国軍に渡した武器について、その代金を利息付きで請求してきたことに対する不満がくすぶりつづけた。しかし、二〇〇〇年十月二十五日、北京で開かれた中国人民義勇軍の朝鮮戦争参戦五十周年記念大会の席上、江沢民主席は、人民義勇軍の戦いを支援してくれた旧ソ連政府と人民にこころから感謝する、と述べ、公式の場で旧ソ連への謝意を表明している。

二　ソ連の借款供与

一九五〇年代前半、確かに様々な矛盾を孕んでいたとはいえ、全般的にみれば中ソ友好の時代が存在していた、とみてよいのではあるまいか。実際、中国は一九五三年よりソ連の社会主義建設の経験をモデルとし、ソ連の援助にかなり依存した第一次五ヵ年計画に基づく経済建設を進めた。

この時期、ソ連は中国に次々に借款を供与している。ソ連側は一九五〇―六一年の期間中、総額一八億一八〇〇万ルーブルの借款を提供し、中国がその内、約一八億一六〇〇万ルーブルを使った、と主張している。一方、中国側は一九六四年十二月二十一日、第三期全国人民代表大会第一回会議における政府活動報告の中で、周恩来はソ連の借款は支払うべき利息を含めて一四億六〇〇万ルーブルにのぼると述べており、双方のあげている数字には食い違いがある。しかし、冷戦という国際環境のもとで中国に経済援助を与えうる国はソ連・東欧諸国しかなかったのであり、これらの借款が中国の経済建設に大きな役割を果たしたことは疑いない。

三 フルシチョフ訪中

一九五三年のスターリンの死の翌年、一九五四年九月二十九日―十月十二日、フルシチョフ第一書記が新中国の建国五周年記念行事に参加するため訪中した。ソ連の最高指導者の訪中は初めてであった。十月十二日には懸案であった、①共同使用中の旅順口の海軍根拠地からのソ連軍の撤退、②中ソ合弁会社のソ連持ち株の中国への移管に関するコミュニケが発表されている。

実際、ソ連軍の旅順口からの撤退は一九五五年五月二十六日に完了した。また、合弁会社(新疆の中ソ石油株式会社、中ソ非鉄・希少金属株式会社、大連造船会社、中ソ民間航空株式会社)のソ連持ち株は一九五五年一月一日より中国に引き渡されることとし、ソ連持ち株の価値はその後、数年間に中国が通常の輸出物資をソ連に供給するという方法で返済されることになった。一九五四年の北京での中ソ会談は中ソの国家関係において残存していた不平等な要素をかなり取り除いた、と評価しうるであろう。

四 平和共存への模索

中国は朝鮮戦争が休戦となった一九五三年以降、本格的な経済建設に力を注ぐようになった。中国は周辺諸国との関係の改善を図り、一九五四年四月二十九日、北京で「中華人民共和国とインド共和国の中国チベット地方とインドの間の通商および交通協定」が結ばれた。この協定の前文には初めて平和五原則(主権と領土保全の相互尊重、相互不可侵、相互内政不干渉、平等互恵、平和共存）が明記された。この原則は東西対立が激化していた時期、社会制度の異なる国同士の関係を改善する原則として注目を集めた。

当時、ソ連も対東欧関係の調整を進めており、ユーゴに対する過去の仕打ちの誤りを認めた。一九五四年秋、ソ共中央は中央国際部の特別代表を訪中させ、一九四八年のコミンフォルムのユーゴ除名決議は公正ではなく、誤っており、兄弟国はユーゴとの正常な関係を回復・樹立してほしい、と伝えてきた。中国は一九五五年一月十日、ユーゴとの外交関係を樹立している。

4　拡大する亀裂

一　フルシチョフのスターリン批判

しかし、中ソ友好の時代は長くは続かなかった。一九五〇年代半ば、中ソ間に生じたイデオロギー上の食い違いは、次第に中ソ間の亀裂を拡大していった。

一九六三年九月六日付『人民日報』に載った『人民日報』・『紅旗』編集部共同論文「ソ連共産党指導部と我々との意見の相違の由来と発展」は、中ソ間の亀裂の始まりを一九五六年のソ連共産党第二十回大会に求めている。同大会は二月十四―二十五日、開催されたが、席上、フルシチョフは兄弟党との事前の相談もなく、突如、スターリンを全面的に批判した秘密演説を行った。中国共産党は同報告について、第二十回大会に出席した中共代表団の報告を聞き（秘密報告について、事後に口頭説明しか受けていなかった）、西側に流布した同報告の英訳を入手して政治局で検討を加えた。この討論の結果は、一九五六年四月五日付『人民日報』に『人民日報』編集部論文「プロレタリアート独裁の歴史的経験について」として公表された。この論文は、スターリンが全面的に誤りを犯したととらえる観点を退け、スターリンの正しい点と誤った点を全面的に、適切に分析しなければならない、と主張している。

一九五六年四月、毛沢東は中央政治局拡大会議で「スターリンやコミンテルンの悪事については、地区・県党委員会の書記に伝達してもかまわないが、大局を考慮して、書いて文章にはしない。新聞に書いたり、大衆の中でしゃべったりしないように気をつけろ」と発言している。中共中央は地区・県党委員会の書記以上の幹部だけにスターリンの否定面について口頭で伝達したものとみられる。

二　東欧動乱と中国

ソ連でのスターリン批判は東欧にも波及し、一九五六年十月、ポーランドの情勢が緊迫化した。ソ連側はポーランドへ派兵の動きをみせるが、毛沢東はソ連大使に対し、もし出兵すれば、ソ連を譴責する公開の声明を出すと伝えた。中国共産党は劉少奇と鄧小平をモスクワに派遣した。ソ連、中国、ポーランド三党の協議を経て、ソ連側は「ソ連政府の、ソ連とその他の社会主義国との友誼と協力を発展させ、いっそう強化させる基礎についての宣言」を発表することに同意した(十月三十日発表)。この宣言は、ソ連が社会主義国家間の関係について誤りを犯し、社会主義国家間の平等の原則をそこなった、あれこれの誤りを犯したことを認めている(ただし、ソ連共産党第二十回大会以前の時期について)。

十一月一日、中国政府はソ連政府のこの宣言を支持する声明を出した。この声明は、中国がこれまで平和五原則が世界各国が相互関係をうちたて、発展させる原則となるべきだと考えてきたと述べ、さらに社会主義国もことごとく独立した主権国家である、と指摘した上で、社会主義国の相互関係もこの五原則の基礎の上にうちたてられるべきだ、と主張した。したがって、中国は一九五六年の段階で、社会主義国家間にも平和五原則が適用されるべきだと考えており、他の社会主義国の内政に干渉すべきでない、と見なしていた。

ところが、ハンガリーの事態に対しては、中国共産党は全く異なる対応を示した。元中央宣伝部長呉冷西の回想によれば、フルシチョフはハンガリーからの撤兵を決めていたが、毛沢東は劉少奇を通じて、撤兵に反対であり、撤兵すれば「歴史の罪人」になる、と伝えたという。中国共産党の説得により、ソ連の方針は一夜で一八〇度変わった。ハンガリーのナジ首相はソ連軍の撤退通知を受け、一党制の廃止、多党制の実行を声明したが、一夜の夢と終わったのである（呉冷西『十年論戦』、中央文献出版社、一九九九年）。十一月三日、『人民日報』は「社会主義各国の偉大な団結万歳」と題する社説を掲げ、ナジ政権を反革命と断じ、ソ連の軍事介入に支持を表明した。呉冷西の回想が正しければ、中国共産党はハンガリーの惨劇に責任がある。

三　独自の社会主義建設方式の模索へ

一九五六年は、中国の最高指導部内で、ソ連の社会主義建設の経験を盲目的に引き写しにして中国に持ち込むことが適切かどうか議論になり始めた年であった。毛沢東は同年四月二十五日の中央政治局拡大会議での講話「十大関係論」の中で、「一部の社会主義国」（ソ連を指す）は、「一面的に重工業を重視し、軽工業と農業を軽視したので、市場に品物が不足し、生活必需品が不足し、通貨が安定しなかった」と指摘した。

毛沢東はさらに同年十二月八日、全国工商業連合会第二期委員会第一回会議での、一部の代表との座談会で「われわれの一辺倒はソ連と同じ側に立つことであり、平等である」（傍点筆者）と述べている。毛沢東はこの座談会で続けて「われわれはマルクス主義を信じているが、ソ連の経験を無理に持ち込むものではない。ソ連の経験を無理に持ち込むのは誤りである」と発言している。今や中国の最高指導部は内部的にはソ連の経験についてメリット、ディメリットに分け、中国の建設に役立つものだけを学ぼうという姿勢を示しており、そこに対ソ自主性をみてとることができる。

この頃から毛沢東は独自の社会主義建設の方式を模索し始める。その後、一九五八年に至り、中国では三面紅旗――大躍進、人民公社、社会主義建設の総路線という三本の赤旗――政策が採用された。中国では自力更生を主とし、援助獲得を従とする経済建設を始めたのである。

四　ソ連の対中軍事援助

ここで、ソ連の対中軍事援助について触れておきたい。建国後、中国の軍事力はソ連の援助を受けて、次第に整備されてきた。建国時、白紙に近い状態であった海軍もソ連の艦艇をコピーあるいは改造した艦艇をそろえ、一九五〇年代末期には自立の態勢をとりうるに至った。

当時の国防科学技術開発の最高責任者聶栄臻の回想によると、一九五七年九月、聶栄臻らが訪ソし、十月十五日、ソ連からロケットおよび航空機などの新技術の面で中国を援助する協定(国防新技術協定)が結ばれた。この協定は中国に原爆のサンプルと技術資料の提供を約した協定として知られる。しかし、聶栄臻の回想は、一九五七、五八両年は、この協定が比較的順調に執行され、ソ連がいくつかの時代遅れのミサイル、飛行機やその他の軍事装備のサンプルを提供してくれた、と記しており、ソ連の軍事技術援助が原爆に限らず広範囲にわたるものであったことを認めている。

一九五八年は、中国がソ連をモデルにした建軍路線からの転換を図り始めた年でもあった。一九五八年夏、台湾海峡で緊張が高まり、同年七月末には、中国と台湾の戦闘機が台湾海峡で遭遇するようになった。七月三十一日、フルシチョフは、マリノフスキー国防相を伴って、突如、中国を訪れた。八月三日、アメリカのレバノン派兵（七月十五日、米海兵隊、レバノン上陸）を非難し、中東の民族解放闘争を支援するという、中ソ会談のコミュニケが発表された。しかし、コミュニケには台湾問題についての言及がなかった。毛沢東は差し迫っていた金門島砲撃（八月二十三日、人民解放軍砲兵部隊、金門島砲撃開始）についてフルシチョフに打ち明けようとしなかったのである。

では、なぜフルシチョフは、事前発表もなく、北京に飛んだのか。中共八期十中全会の開会日（一九六二年九月二十四日）、毛沢東は演説し、次のように述べている。「一九五八年の下半期から、フルシチョフは中国の海岸線を封鎖しようと思いつき、わが国と共同艦隊を編成し、沿岸地帯をコントロールし、わが国を封鎖しようとした。フルシチョフがわが国にやってきたのは、この問題のためであった」。毛沢東は、主権を侵害するおそれのある共同艦隊案を一蹴した。旅順口からソ連海軍の撤退をかちとったばかりなのに、再度、ソ連に海軍基地を提供するつもりはさらさらなかった。

五　国防新技術協定の中止

翌一九五九年六月二十日、ソ連は国防新技術協定の中止を通告してきた。これに伴い、中国はソ連から原爆のサンプルと技術資料の提供を受けることができなくなった。ソ連の専門家グループの指導のもとに、いったんはゴビ砂漠に核実験場を作ることが決まっており（後に新疆ウイグル自治区のロプノールに決まる）、ソ連側も当初は中国に原爆のサンプルを提供する意思があったのであろう。ソ連側が一方的に原爆のサンプルの提供を止めたことは中国指導部を大いに怒らせた。ソ連の協定中止通告の期日にちなんで、原爆実験の工程に「五九六」のコード・ネームがつけられ、全国から密かに優秀な科学者、技術者が集められ、自力で核開発にとりくむことになった。
一九五九年九月三十日―十月四日、フルシチョフが中国建国十周年記念式典参加のため訪中した。しかし、中ソの見解の相違のため共同声明も発表されなかった。以後、三十年にわたり中ソの最高指導者の相手国訪問はとだえる。

六　ソ連専門家の引き揚げ

さらに一九六〇年七月十六日、ソ連は中国に派遣中のソ連人専門家を一ヵ月以内に引き揚げると通告した。このソ連側の決定の背景についてモスクワのレフ・デリューシン東洋学研究所中国部長(当時)は次のように記している。

「中国で『大躍進』が始まると、ソ連の経験に対する批判が起こり、ソ連専門家たちに対する批判も公然と出てきた。しかし、これは全面的な批判ではなく、それほど厳しいものではなかった。しかし、この批判の情報がモスクワに伝わると、フルシチョフは六〇年にだれにも相談せず、専門家引き揚げを強行してしまった」(『読売新聞』一九八八年十一月二十六日)。

しかし、当時は中ソともに専門家の引き揚げについては沈黙を守っていた(公表は一九六三年)。北京駅や瀋陽駅に大きな荷物をかかえたソ連人が多数現われ、西側では、中ソ間で何かが起こっているのではないか、という推測が流れたが、それが何を意味しているかはつかめなかった。

5　中ソ対決の時代

一　対ソ批判が民衆レベルまで

一九六二年元旦の『人民日報』社説は「もちろん、国際的な闘争の道は平らでも、まっすぐでもない。大空に暗雲が現われ、海上に嵐が起きることもある。いま、社会主義陣営と国際共産主義運動において人の心を痛ましめるようなことがおきている」と述べ、はっきりと国際共産主義運動における不団結の存在を認めた。

同年春、中ソの国家関係の悪化に拍車をかける事件が起こった。新疆における中国公民のソ連移住という問題である。中国側が翌一九六三年になって公表した説明は次の通りであった。「一九六二年四月から五月にかけて、ソ連共産党指導部が新疆駐在のソ連の機構と要員を通じて、イリ地区で大規模な転覆活動を進め、数万の中国公民をおびよせたり、脅迫してソ連国境内に逃亡させた」。これに対し、ソ連側は、一九六二年四月二十二日から六月初めにかけて、六万七〇〇〇の人々がソ連に不法出国したが、これは偶発事ではなく、中共指導部の深刻な内政失敗の結果であり、住民の苦しい物資事情と民族政策の行き過ぎの果てに起きた、と反論している。

一九六二年九月二十四日、中共八期十中全会で毛沢東はたび重なるフルシチョフの仕打ちを激しく非難した。毛沢東は中ソ論争をマルクス・レーニン主義と修正主義の闘争と位置づけた。毛沢東は中国国内の動きについても触れ、中国の右翼日和見主義は名を改めて中国の修正主義と呼ぶのがよさそうである、と述べた。毛沢東は修正主義に対する反撃が国の外でも、内でも必要である、という決意を固めていた。

作家の夏之炎氏は、中国人民は一九六二年頃から、党や政府の責任者から「伝達報告」として、中ソ両国間の多くの非友好的な事例を聞かされたと述べ、中国人民がソ連を敵視するようになったのは、一九五七－六二年の両国共産党の路線闘争ではなく、一九六二年に「中国人民の切実な利益および安全に関する報告」を聞かされて以降である、と指摘している。一九六二年に至り対ソ批判が民衆レベルまでおろされた、とみてよいであろう。

二　中ソ論争

その後、一九六三年より中国共産党は系統的にソ連共産党を批判する長大論文を公表する。一九六四年二月二十九日には、中国共産党中央委員会がソ連共産党中央委員会に書簡を送り、両国の国家関係をめぐる諸問題についての中国側の見解を公表した。この書簡は、①国境問題、②ソ連の対中援助問題、③中国に派遣されたソ連人専門家の問題、④中ソ貿易の問題について、様々な確執があったことを暴露している。外部世界は、この書簡により、中ソ関係がイデオロギー論争だけに止まらず、国家関係についても深刻な対立がすでに伏在していたことを公式に知らされたのである。

中国側はそれより先、一九六三年九月六日に『人民日報』・『紅旗』編集部共同論文「ソ連共産党指導部とわれわれとの意見の相違の由来と発展」を公表していたが、以来一九六四年七月十四日の『人民日報』・『紅旗』編集部共同論文「フルシチョフのエセ共産主義とその世界史的教訓」に至るまで、九本の長大論文(いわゆる九評)を公表し、イデオロギー面で、ソ連側の見解を厳しく批判した。一九六四年七月十四日の論文では、ソ連側の「全人民の国家」「全人民の党」論を批判し、共産主義への過渡期の全期間にわたって階級が存在し、階級闘争が存続することを強調している。

この中ソ論争の際の、中国側の代表的論文「九評」は毛沢東が一字一句手を加えたものであり、毛沢東自身は生前、十分満足していた、と伝えられる。しかし、歴史の試練には耐えられなかった。

改革開放の時代に入った中国では、中ソ論争の際の中国の修正主義観には誤りが含まれていることを認めており、それが一九六六年からの文化大革命の誤りにつながっていると考えている。たとえば、一九八〇年四月三日付『人民日報』に掲載された『人民日報』特約評論員「マルクス主義と修正主義を混同してはならない」は次のように指摘している。「文化大革命以前の影響力を持った若干の論戦の論文の中では、修正主義の特徴とその根源について的確に述べられておらず、プロレタリアートの政党が政権を獲得したあとは社会的生産力を発展させるべきであるというマルクス主義的観点を修正主義と混同してしまった。このような誤った観念が階級闘争の情勢についての誤った見通しと結びついて、文化大革命の前夜には党内の修正主義について実際と反した評価を形づくるまでに至った」。

さて、一九六四年十月十五日、フルシチョフ第一書記兼首相の解任が発表されると、中国側は、中ソ関係を悪化させたソ連側の当事者の失脚を喜び、新政権の政策変更を期待する。しかし、ブレジネフ新第一書記の対中政策に変更がないのを身きわめると対ソ批判を再開する。一九六五年三月、中国共産党の代表が欠席のまま、世界共産党協議会が開かれ、中ソ両党関係は事実上、断絶した。

三　ベトナム戦争と中ソ

ソ連との激しい対立が続く中、アメリカがベトナム戦争で介入の度合いを高めていったことは中国の危機感を高めた。ブレジネフ政権下のソ連は中国に対し、ベトナム支援のための共同行動を求めてきたが、中国は「ソ連修正主義」との共同行動は拒否した。

一九六四年、毛沢東は沿海地方に工業施設が集中しているのは戦略的に脆弱であるとして、四川、貴州等の内陸地域(三線と称した)に鉱工業基地を建設することを主張した。そこに軍需工業だけでなく、軍需工業を支える鉄鋼業など重工業・鉱業基地の建設が実際に進められた。経済合理性を無視したこのプロジェクト(三線建設)に一九六五年—七五年、全国の基本建設投資の四三・五%が投下されたという。優勢な敵に沿海地方を占拠されることは覚悟した上で、敵を人民戦争の海に誘いこんで撃破する、そのための後背地をつくろうとしたのである。

文化大革命時、ソ連側は文化大革命をマルクス主義と社会主義に反する権力闘争とみなし、毛沢東らを激しく非難した。

四　珍宝島事件

一九六八年八月二十日、ソ連をはじめとするワルシャワ条約機構の五カ国の軍隊がチェコスロバキアの自由化を抑えるため、プラハに進駐した。八月二十三日、周恩来は、ルーマニアの建国記念レセプションで演説し、ソ連は社会帝国主義、社会ファシズムに転落したと非難した。社会帝国主義とは「社会主義」の看板を掲げた帝国主義という意味である。社会主義共同体の利益を守るためには社会主義国への軍事介入が許される、という論理(「制限主権論」)でチェコスロバキアへの進駐を正当化するソ連の姿勢をみて、中国は対ソ軍事警戒心を強めていった。

このような一九六〇年代の中ソ対決のピークが一九六九年三月二日、中ソ国境地帯を流れるウスリー江の川中島の一つ、珍宝島(ロシア名、ダマンスキー島)で起こった両国の国境守備隊の衝突事件である。ウスリー江は冬季は氷結しており、川中島といっても容易に岸から部隊を送り込むことができる。事件直後、双方とも珍宝島を自国領土と主張し、相手側が国境線を越えて武力挑発を行った、と非難した。とくに中国側は三月四日付『人民日報』『解放軍報』共同社説において、ソ連の指導者を「新ツァー」すなわち「ツァーの衣鉢をうけついだ裏切り者集団」と決めつけた。珍宝島では三月十五日にも衝突が起こった。

双方の人的損失であるが、筆者が一九九七年八月、黒龍江省宝清県の珍宝島烈士陵園を訪ねたところ、六八名の戦死者(負傷による死去を含む)が葬られていた。ソ連側の戦死者は五八名であった(同)。その後、新疆地区の国境でも武力紛争が続き、中ソ間は一触即発の状況となった。

同年九月十一日、周恩来が、ベトナムのホー・チミン主席の葬儀出席の帰途、北京空港に立ち寄ったコスイギン首相と会談し、国境会談再開などの点で合意に達し、中ソ戦争の危機は一応、脱することができた。

しかし、当時、中国指導部内は、中ソ国境の緊張した情勢をどうみるかをめぐって二つに分かれていた、といわれる。中ソ戦争の可能性が大きいと判断したのは林彪系統のグループであったが、そうは考えないグループも存在した。すでに珍宝島の戦いの前に、周恩来の提議、毛沢東の同意を得て、中央軍事委員会のメンバーである陳毅、葉剣英、徐向前、聶栄臻の四名（いずれももと元帥）により、国際情勢を分析し、対外工作の新局面を切り開くためにアド・ホックな「国際情勢研究組」が作られていた。彼らは、ソ連が国境地帯で緊張した情勢をつくり出し、衝突事件を引き起こすことはありうるが、全面的に中国に攻撃してくることは当面はありえない、と判断していた。

五　「敵の敵は味方」――米中接近へ

この国際情勢研究組はアメリカの動向にも注意を向けており、ニクソン大統領の登場後、アメリカの対外政策に一連の微妙な変化がおきている、と判断した。陳毅は、ワルシャワの米中会談を再開し、凍りついて久しい米中関係を打開しようと提案し、他の三名も同意した。

中ソ双方は高いレベルの政治的対話のチャンネルを欠いたまま、にらみあいを続けていたが、中国が恐れたのは「米ソ結託」の局面の出現であった。中国はアメリカとの接近を図り、一九七一年四月にはアメリカ卓球チームを招請、続いて同年七月、キッシンジャー米大統領補佐官の訪中を受け入れ、ニクソン大統領の招請を決めた。中国が長年、主要敵と考えてきたアメリカとの提携を図ることについては、次のような論理で正当化した。「ニクソン招請は、ソ修社会帝国主義を孤立させる重要な戦略配置である。現段階の中ソの矛盾は敵対的な矛盾であって、わが国の対外関係のなかで最も主要な矛盾である。ソ連修正主義はつねにわが国に対する核攻撃を準備しており、もしアメリカ帝国主義がソ連修正主義と同じ側に立っておれば、ソ連修正主義はいっそうたけり狂うであろう。米ソの結託を裂くとは、ソ連修正主義の侵略的野心に対する重大な打撃である」(ニクソンの北京訪問に関する中共中央の通知、一九七一年七月三十日)。

当時の中国には米ソを相手とした二正面作戦をやりぬく力はない。とすれば、米ソを離間させ、争わせ、中国に向けられた鉾先をかわす外交的努力が必要となるわけで、この一節はそうした中国の意図を如実に示している。しかし中国は、米ソを同列に扱うというわけではない。一九七二年二月のニクソン訪中後、同年十月一日の国慶節を記念した『人民日報』『紅旗』『解放軍報』共同社説は、米ソを立ち向かうべき二つの敵と規定しつつも、「ソ修裏切者集団は、古株の帝国主義国よりも大きな欺瞞性をもっており、したがっていっそう危険である」と述べて、ソ連に対しより強い敵意をあらわにした。

六　中ソ開戦ありえず

しかし、毛沢東時代の末期の指導部、とりわけ周恩来、鄧小平系統の指導者はいたずらにソ連との対決を志向する政策をとろうとしていたわけではない。早くも一九七三年八月、第十回党大会の政治報告で、周恩来はソ連の意図について「声東撃西」(東を撃つとみせかけて西を撃つ)という成語を使った。その意味は、ソ連はアジアに浸透しようとしているが、実際の勢力拡張の重点はヨーロッパに置いているからだまされてはいけない、ということであった。これは、中ソ開戦という危機は去ったことを中国人民に間接的に告げた言葉であったと思う。

さらに、周恩来は一九七五年一月、第四期全人代第一回会議の政府活動報告の中で、二十世紀中に「四つの現代化」（農業、工業、国防、科学技術の現代化）を実現して、中国の国民経済を世界の前列に立たせるという構想を明らかにした。同会議以降、党中央の日常工作を主宰し、経済建設を重視する政策を大胆に実現しようとしたのが鄧小平であった。鄧小平は中ソ戦争は当面、ありえないという前提のもとに、内政の全面的な整頓を始めようとした。しかし、中国では「右からの巻き返し」に反撃するキャンペーン（ターゲットは鄧小平）が高揚し、鄧小平は一九七六年四月の第一次天安門事件に連座して、すべての職務から解任され、再失脚した。

七　毛沢東死後の中ソ関係

一九七六年九月九日、毛沢東が死去した。毛沢東の死の直後、ソ連は対中批判を抑制し、中国の新指導部に和解のシグナルを送った。これに対し、中国側は「ばかげた妄想であり、白昼夢である」（同年十一月十五日、ボカサ中央アフリカ大統領歓迎宴での李先念副首相の挨拶）として、和解への誘いを拒否した。

毛沢東の死後、「四人組」を逮捕し、最高指導者となったのが華国鋒である。華国鋒は一九七七年八月、第十一回党大会での政治報告の中で、ソ連を社会帝国主義に変質させたソ連指導者集団との原則的な闘争を長期にわたって進めていくと断った上で、両国は平和五原則を基礎にして正常な国家関係を保持すべきである、と述べた。しかし、中ソ両国が本格的な関係改善の模索を始めるのは、中国が鄧小平のリーダーシップの下に階級闘争至上主義を清算し、現代化建設を明確に国家目標にすえた一九七八年十二月の十一期三中全会以降である。

6　中ソ関係の正常化

一　一九七九年の外務次官級会談

一九七九年四月三日、黄華外相はシチェルバコフ中国駐在ソ連大使を招いて、すでに有名無実となっていた中ソ友好同盟相互援助条約を翌一九八〇年の期限満了後、延長しない、という中国政府の決定を伝えた。その際、黄華外相は両国間で懸案となっている未解決の問題を解決し、関係を改善するための交渉を開きたい、と提案した。

当時は中越戦争の直後であり、この条約の不延長通告は、中ソ間のいっそうの緊張激化をもたらすのではないか、という観測が強かった。ソ連側も当初は不快の念を隠さなかったが、結局、四月十七日、中ソ会談の開催に同意した。中ソ関係の正常化をめざす外務次官級の会談は一九七九年九月二十七日から十一月三十日までモスクワで行われた。この会談そのものは、双方がそれぞれ言いたいことを言い合い、互いに反論する形で終わり、具体的な成果があがったわけではなかったが、次回の交渉を北京で続開することで合意ができた。

二　ソ連の「米中結託」非難

一九七九年末、ソ連軍が中国の隣国アフガニスタンに侵攻した。一九八〇年一月二十日、中国外務省スポークスマンは、ソ連軍のアフガニスタン侵入は、中ソ関係の正常化に新たな障害を設けたとして、北京で続開されるはずであった正常化交渉の延期を通告した。

この時期、アメリカのブラウン国防長官が訪中している（一九八〇年一月五日―十三日）。ブラウンは北京で大いに米中の戦略的協調を説いた。カーター政権はソ連軍のアフガニスタン侵攻までは、中国との安全保障関係については慎重な姿勢をとってきたが、アフガニスタン事件の結果、対ソ戦略の観点から中国を米国の友好国とみなす方向にいっそう傾斜した。

ソ連は「鷹と龍の同盟」(鷹はアメリカ、龍は中国を指す)に強い反発を示した。ソ連の米中結託非難の高まりは一九八〇年六月二十三日のソ連共産党中央委員会総会においてピークに達した。同日、中央委員会総会は「帝国主義と北京覇権主義のパートナーシップは、世界政治における新たな現象、米中両国民を含む全人類により危険な現象である」との決定を採択したのである。

しかし、当時、すでに中国の指導部は台湾問題を含め、アメリカの対中政策に不満をつのらせつつあった。一九八一年一月四日、鄧小平はアメリカの客人との会談で、「もしアメリカ政府がソ連に強硬な政策をとれば、台湾のような問題は中国は我慢していくだろう」という見方を退け、次のように述べた。「台湾問題によって中米関係の後退まで迫られても、中国は我慢するはずがない。……一部のアメリカ人が言ったように、中国は反ソ戦略から考えて、台湾問題を譲って我慢する、こういったことは不可能である」。

当初、ソ連側は台湾問題で中国が強硬な主張をするのは、「ワシントンへの米国製武器および軍事技術のねだり」とみていた。中国にアメリカに距離を置こうとする指向性があるのに気づくのは一九八一年末になってからであった。その頃からソ連の米中関係に関する論評のトーンは米中結託非難から遅ればせながら「アメリカの中国内政への干渉」批判に移っていった。

三　独立自主の外交政策

台湾への武器輸出問題などをめぐり、米中間の交渉はこじれた。ソ連は米中関係の険悪化を横目でみながら、中ソ関係の正常化へ向けて頻繁にシグナルを送り始めた。一九八二年三月二十四日、ブレジネフ書記長兼最高会議幹部会議長が中央アジアのタシケントで、いかなる前提条件もつけずに、ソ中関係の改善について交渉しようと呼びかけた。いわゆるタシケント提案である。その二日後、三月二十六日、中国外務省スポークスマン（後の銭其琛外相）は、ブレジネフ最高会議幹部会議長のタシケント演説に留意する、と述べた。ブレジネフの肩書について書記長を外し、党レベルの接触の意思はないことを明らかにしつつも、それまでの同様の呼びかけに対してとってきた拒否あるいは黙殺は避け、「留意」という言葉を使ったのが注目を集めた。

この時期、中国共産党は第十二回党大会をひかえ、外交政策の調整を進めつつあった。その結果、ソ連を「主要敵」と規定し、西側諸国を含めた反ソ統一戦線の結成を目指す政策は見直され、かわって平和五原則に従ってすべての国との関係を発展させていく方針に転換した。中国の現代化という国家目標を実現していく上で最も望ましい対西側スタンス、対ソ・スタンスを選択しようというわけである。この新方針は一九八二年九月一日に行われた第十二回党大会の政治報告の一節「独立自主の外交政策を堅持しよう」にまとめられているが、対ソ関係の改善を図ることも独立自主の対外政策の主要な内容の一つであった。

四　「三大障害」の除去要求

第十二回党大会の政治報告の中で、胡耀邦はソ連の覇権主義政策について、次の三項目をあげた。①ここ二十年近く中ソ国境と中国・モンゴル国境にずっと大軍を集結していた。②ベトナムを支持して、カンボジアを侵略・占領させ、インドシナと東南アジアで拡張を行わせ、わが国の国境地帯でたえず挑発を行わせてきた。③アフガニスタンを武力侵略した。

その上で胡耀邦は、ソ連当局が中国との関係を改善したいという誠意をもち、しかもわが国の安全に対する脅威を取り除く実際的措置をとるなら、関係が正常化に向かう可能性がある、と指摘した。これがいわゆる三大障害の除去要求である。

かつて、中国は国境問題の解決を、関係正常化のための最優先課題であるとみなしていた。国境交渉は、中国側がソ連に「係争地区」の存在を認めるよう迫ったのに対し、ソ連側が「係争地区」の存在自体を否定し続けたため、暗礁に乗り上げ、一九七八年に中断していた。三大障害の除去要求は一面、中国側が国境問題解決要求の優先順位を下げたことを意味しており、以後、両国は領土をめぐる不毛な応酬から解放されて、国家関係の正常化に取り組めるようになった。

一九八二年十月、北京で関係正常化のための外務次官級の協議が行われた。以後、この協議は年二回のペースで、北京、モスクワ交互に開かれた。

五　ゴルバチョフの登場

その晩年しばしば対中正常化を訴えたブレジネフ書記長は一九八二年十一月十日に亡くなったが、その後のアンドロポフ、チェルネンコが書記長の時代も、ソ連はしばしば対中和解を呼びかけた。ただ、その呼びかけは、同じ社会主義国として団結し、ともに帝国主義に対する戦いに立ち上がろうというトーンで貫かれていた。

しかし、中国はアメリカとの関係の維持・発展を図りつつ、ソ連との関係の改善を図ろうとしており、「社会主義の大家庭」に戻るつもりはなかった。中ソの思惑の違いは歴然としており、和解を加速化させる作業は一九八五年三月のゴルバチョフ書記長の登場を待たねばならなかった。

一九八六年三月、ソ連共産党第二十七回大会への中央委員会政治報告の中で、ゴルバチョフは帝国主義に立ち向かうための社会主義の側の協同行動ではなく、文明の生き残りのための「二つの世界の協同行動」を訴えた。さらにゴルバチョフは一九八七年十一月二日、十月社会主義大革命記念式典での演説で、社会主義諸国間の相互関係における「平和共存のあらゆる原則」の順守の必要性を説いた。ソ連側はかつては「平和共存」を二つの相対立する社会・政治体制に属する国家間の関係を律する原則と考えてきたが、今や体制をこえて国家間一般に適用される原則とみなすようになった。中ソ双方は「平和共存」について、ほぼ同一の見解をもつようになったのである。

これに先立ち、ゴルバチョフは一九八六年七月二十八日、ウラジオストクでの演説で、「遠くない将来、われわれをへだてている国境が平和と友好の地帯となることをわれわれは期待している」、「公式に国境は主要水路を通ることになろう」と述べ、国境交渉再開のイニシアチブをとった。かつてソ連側は中ソ間で河川が国境となっている場合、中国側対岸を国境線とする立場をとってきたが、河川の主要水路の中央線にそって国境を定めるという国際法の一般原則を受け入れたのである(すでに一九八二年十一月のソ連新国境法第三条は「河川の主要航路の中央に沿って国境を定める」と規定していた)。一九八七年二月、モスクワで次官級の国境交渉が始まった。

六　モンゴル駐留ソ連軍の撤退

中ソ対決下、中国・モンゴル関係は冷えきっていた。中国は中ソ国境だけでなく、モンゴル駐留ソ連軍も自国の安全保障に対する脅威とみなしていた。一九八三年初めにはモンゴル在住華僑がモンゴル当局の圧力で集団で引き揚げるという問題がおきた。

一九八六年七月、ウラジオストクでの演説で、ゴルバチョフは「ソ連軍部隊のかなりの部分をモンゴルから撤退させる問題をモンゴル指導部と検討中である」と語った。その後、一九八七年四月より実際にモンゴル駐留ソ連軍の一部撤退を始めた。これはゴルバチョフの中国に対する友好的なジェスチャーであった。

七　中ソ北京コミュニケ

ゴルバチョフ書記長の登場から半年余りたった一九八五年十月九日、鄧小平はチャウシェスク・ルーマニア大統領と会談した際、三大障害を除去し、鄧小平・ゴルバチョフ会談の早期実現を希望している旨の、ゴルバチョフあて伝言を依頼した。鄧小平は当初は、ゴルバチョフと会うためソ連のどこへでも行く用意があると述べていたが、結局はゴルバチョフが北京を訪れることとなった。

一九八九年五月十六日、鄧小平・ゴルバチョフによる中ソ首脳会談が開かれ、両国の国家関係が正常化したことを確認した。二日後の五月十八日、発表された中ソ北京コミュニケは、中ソは主権と領土保全の相互尊重、相互不可侵、相互内政不干渉、平等互恵、平和共存の国家間関係の普遍的原則を基礎に、相互関係を発展させる、と述べている。平和五原則に基づいて、これからの中ソ関係を築いていくという、この合意こそがそれまでの友好と対決の過程を経て両国が探しあてた結論であった。その核心は国家関係は平等でなければならないということを容認しあうことであったろう。

なお、ゴルバチョフ訪中時、双方はそれまで儀礼的な接触の段階にあった両党関係についても正常化させることで合意した。中ソ北京コミュニケには、両党が独立自主、完全平等、相互尊重、内部問題の相互不干渉の原則に基づいて接触・交流を行うことに合意した、と記されている。党関係も平等でなければならない、という中国側の従来からの主張をソ連側は受容したのである。

また、両国の指導者は、社会主義にはひとつのモデルしかないという硬直した考えを捨て、それぞれの国の実情から出発し、それぞれの条件に基づいて社会主義を建設するしかない、という点でも合意に達した。

7 ポスト冷戦期の中国・CIS関係

一 ソ連邦崩壊と中国

その後、中ソは平等な権利を持つ独立した善隣友好関係を築く道を歩み始めた。しかし、一九八九年、東欧諸国の共産党は相次いで「共産党の指導的役割」を放棄した。東欧諸国の共産党政権の崩壊に際して、ソ連は介入しようとせず、ソ連共産党自身、一九九〇年二月七日、複数政党制への道を開く党基本大綱を採択し、一党独裁を放棄した。翌日二月八日の『人民日報』は、一九八九年十二月三十日付の文書「中国共産党の指導する多党協力、政治協商制度の堅持と完備に関する中共中央の意見」の全文を載せた。この「意見」は中国の政党制度について、西側資本主義諸国の複数政党制や二大政党制とも違い、また、一部の社会主義国で実施されている一党制とも違い、中国の国情に合致した社会主義の政党制度である、と記していた。確かに中国には民主諸党派が存在するが、この「意見」でも、中国共産党の指導を受ける、と明記されており、中国共産党は党の指導的役割を放棄するつもりはなかった。

一九九一年八月、ソ連で保守派のクーデターが失敗し、ソ連共産党は解散に追い込まれた。まもなくソ連邦も解体された。中国共産党は、ソ連の激変は、西側諸国の「和平演変」(平和的手段による社会主義体制の転覆工作)によって引き起こされたとみなし、今後、西側諸国は中国への圧力を強めてくると判断して、国内の引き締めに力を注いだ。二〇〇〇年十月の十五期五中全会では江沢民は「一九九〇年代、いくつかの政党が崩壊した」と述べ、旧ソ連・東欧の共産党政権崩壊に言及したが、その原因については「内部から生じた問題によるものだった」と指摘しており、旧ソ連・東欧の轍を踏まないよう訴えている。

ゴルバチョフの退陣後、最高指導者となったエリツィン大統領については中国は一時はソ連の社会主義を崩壊させたとして内部的に批判していたが、国家利益を優先させる立場から平和五原則に基づき国家関係を発展させる道を選んだ。

二　旧東側諸国との関係

中国は旧東側諸国とも実務関係の増進を図っていったが、一九九五年七月十一日、江沢民は折から訪問中のブダペストで、中国が中・東欧諸国との長期的な友好互恵協力関係を発展させていくための五原則を発表した。その内容は次の通り。①他国の内政に干渉しない。②平和五原則の基礎の上に各国と友好協力関係を発展させる。③中・東欧諸国と関係を発展させるのは第三国に対するものではない。④平等互恵の原則に基づき、経済貿易協力を拡大する。⑤中・東欧地域が安定し、各国人民が友好的に共存することを望み、互いの間の争いごとを平和的に解決することを支持し、同地域の国々の地域協力を強化したいという願望を支持する。

この地域の紛争に対しては中国はおおむねこの五原則に基づいて対処しており、武力で紛争の解決を図る動きには反対を表明している（コソヴォ紛争などに対して）。なお、この地域の国々に、中国は内政不干渉の原則を守るよう強く訴えているが、これは台湾問題で「一つの中国」の立場をとれということである。経済発展をとげた台湾は、国際的活動空間の拡大を求めて、この地域でも活動を強化しており、中台が外交的な戦いを繰り広げている。

三 「平和と友好の国境」へ

一九八七年二月に再開された中ソ国境交渉であるが、まず東部国境についての交渉が進捗した。約四一八〇キロメートルにおよぶ東部国境については一九九一年五月十六日、国境協定が結ばれた。同年十二月、ソ連邦が崩壊したため、西部国境についてはロシア、カザフスタン、キルギスタン、タジキスタンの独立国家共同体(CIS)四ヵ国との交渉に委ねられた。ロシアとの西部国境についての協定は一九九四年九月三日、調印され、他のCIS三ヵ国との協定も別途、結ばれた。

また、一九九四年七月十二日には中国・ロシア両国国防相が国境での偶発的軍事行動を防止する協定に調印しており、同年九月三日には江沢民・エリツィン両首脳が武力不行使、特に核兵器の先制不使用の義務について重ねて表明し、双方が戦略核兵器の照準を相手国から外すとの共同声明を出している。両軍が核ミサイルを配備して対峙してきた一九六〇年代からの状況は基本的に去り、ようやく中ロ国境が「平和と友好の国境」となりうる条件ができてきた、と評価しうるであろう。

一九九九年四月二十七日、中ロ国境確定連合委員会が国境画定作業の終了を宣言した。東部国境の二四四四の島の帰属は一一六三がロシアへ、一二八一が中国へと決まり、その他に黒龍江とウスリー江の合流地点にある黒瞎子島《ヘイシアズ》(ロシア語名、ボリショイウスリースキー島)など帰属未定の三島が残った。

四 「建設的パートナーシップ」から「戦略的パートナーシップ」へ

一九九四年一月、エリツィンは江沢民あて書簡で、両国間に「建設的パートナーシップ」を築くことを提唱し、江沢民も賛同した。それから二年後、一九九六年四月のエリツィン訪中時に出された中ロ共同宣言で「二十一世紀へ向けた戦略的協力のパートナーシップ」という言葉が使われた。西側では戦略的協力という用語は、第三国あるいは国家集団に対抗するための軍事面を含む協力関係を意味している。しかし、中国側は「戦略的パートナーシップ」には軍事的なインプリケーションはなく、「非同盟、非対決の、第三国に対するものではない」、世界の勢力均衡を維持し、平和で安定した、公正で合理的な新国際政治経済秩序を樹立するためのもの、と説明した。

しかし、中国はアメリカの一極支配には反対で、ロシアに協調を求めている。一九九七年四月には江沢民が訪ロし、エリツィンとの間で世界の多極化と国際新秩序確立に関する共同声明に調印した。翌一九九八年十一月の江沢民訪ロの際、公表された共同声明では、「ミサイル防衛システムを制限する条約の保持と強化が大変重要である」と明記された。この条約は過去においても現在でも世界の戦略的安定を保つ基石の一つとみなされた。一九九九年十二月、エリツィンの最後の訪中の際の共同声明は、アメリカの核実験全面禁止条約批准拒否などを非難して、中ロがグローバルな戦略的安定のために戦略的協調行動をとる必要性がある、と指摘していた。

五　中国、ロシア、カザフスタン、キルギスタン、タジキスタン五カ国の協力関係

一九九七年四月の江沢民訪ロの際、中国、ロシア、カザフスタン、キルギスタン、タジキスタン五カ国は国境地帯での軍縮協定を結んだ。中国の対ロシア、対中央アジア諸国に対する政策は隣国との国境画定、信頼醸成から次第に地域協力を進める方向にシフトしていった。一九九八年七月、カザフスタンで五カ国首脳会議が開かれた際、五カ国の外相によって調印された共同声明は、五カ国の協力関係がアジアの安定と繁栄にとって重要なファクターであると

いう認識から、経済協力を深化させるとともに、必要に応じて五ヵ国の首脳・外相による定期協議をおこなう、と述べている。

実際、五ヵ国はしばしば首脳会談を開き、民族分裂主義勢力、宗教過激主義勢力、国際テロリズムに打撃を与えるために有効な協力メカニズムを作るために協議している。特に中国は新疆などでは少数民族の自立・自決を求める運動に直面しており、近隣諸国との協力関係の発展に積極的である。中国はロシアを含めた近隣諸国との地域協力を発展させることにより安全を確保する道を探し当てたようである。

Ⅵ　アジア近接諸国との関係

太田勝洪

はじめに

中国にとってアジア近接諸国とはいかなる存在であろうか。中国からすれば、これら諸国との関係のあり方はいうまでもなく、自国にとっての直接的な国際環境を形成する。この直接的な国際環境を、中国側の主体的な政策展開であれ、受動的な反応であれ、どのように構築しようと試みたのか、また実際には、どのように形成されたのであろうか。中国にとってアジア近接諸国との関係は地域的国際関係であり、いわば「小状況」的国際関係であるけれども、それは米中、中ソ(ロ)といったグローバルな「大状況」的国際関係と密接に絡み合っており、相互に作用を及ぼしているといえるであろう。

中華人民共和国成立以降の五十年間を振り返ってみると、中国とアジア近接諸国との関係は、波乱に満ち曲折に富んだ軌跡を描いている。概括して言えば、毛沢東時代の「革命外交」で緊張・対抗した関係を、鄧小平時代の改革開放政策の必要から修復へと大きく舵を切り替え、九〇年代に全面的な関係の回復、友好的パートナーシップの樹立に至ったと言えるであろう。

なぜ、起伏の大きな軌跡を描いたのかを検討する前に、いくつかの前提的な条件について留意しておく必要があろう。まず第一には、中国の地理的条件である。

いうまでもなく、中国は広大な国土を有しており、ロシア、カナダに次ぎ世界第三位である。しかも、ロシア、カナダの位置は北方に偏しているのに対して、中国はアジア州の中央に位置している。最西端(パミール高原)から最東端(黒龍江とウスリー江の接合地点)まで東西約五二〇〇キロメートル、最北端(黒龍江省漠河北側の黒龍江流域中央)から最南端(南沙群島の曾母暗沙)まで南北約五五〇〇キロメートルである。広大な領土、領海をもつから、国境はた水域を接する国も多数にのぼる。陸地でみれば、その国境線は約二万二八〇〇キロメートルにおよび、東北から北にかけて北朝鮮、ロシア、モンゴル、西でソ連邦から独立したカザフスタン、キルギスタン、タジキスタン、西南から南にかけてアフガニスタン、パキスタン、インド、ネパール、ブータン、ビルマ(現・ミャンマー)、ラオス、ベトナムの十四カ国と国境を接している。また、海上では、北朝鮮、韓国、日本、フィリピン、ブルネイ、マレーシア、さらにベトナムと接している。

第二は歴史的条件である。中国王朝時代の華夷秩序思想や朝貢関係についてはここでは問題としない。中国側さらに深刻には相手国側の心理にこれらが影響していたとしても、中国は基本的に国民国家体系を受け入れたのであるから、この観点からの歴史的問題に限定する。すなわち、十九世紀から二十世紀にかけての近代史が問題になる。それはいうまでもなく、諸列強によるアジアの植民地化であり、さらに、中国への勢力伸張であって、中国は「半植民地」の状態に陥った。これら列強による侵略の過程で、中国と近接諸国との国境線が「画定」されたのである。

ところで、一九四九年に中華人民共和国が誕生したとき、中国自身も、近接諸国も大きな変動を遂げていた。第一に、中華人民共和国を成立させたのは、中国共産党の指導によるものであった。この革命を可能にしたのは、帝国主義の一掃など「三つの大山」の打倒を目標に掲げ、広範な民族的民衆的支持を得たからであった。執政党となった中国共産党の対外的な責務は独立国家としての中国の保全確保と、マルクス主義と中国革命のイデオロギーからする各国における解放・革命運動への支援であった。この二律背反的なテーゼが近接諸国との関係において複雑な関係をもたらすことになる。

第二に、第二次大戦以降の澎湃たる民族独立運動の高まりである。フィリピン(四六年七月)、インド、パキスタン(いずれも四七年八月)、ビルマ(四八年一月)などは独立し、インドネシア(四五年八月に独立宣言)も対オランダ戦争を経て独立化にあり、ベトナム(四五年九月に独立宣言)はホー・チミンの指導のもとに抗仏戦争のただなかにあった。朝鮮半島では、民族統一が分断され、北に朝鮮民主主義人民共和国が、南に大韓民国が分立していた。これら新興独立諸国の多くでは民族主義者が指導権を握っていた。

中華人民共和国が成立した時点で、中国とアジア近接諸国との関係には上述したような基礎的条件と状況的条件とが存在していた。

以下、中国とアジア近接諸国との関係を跡づけることにしたいが、なにぶん多数国にわたるので、ある時期におけるアジア近接諸国との関係を特徴づける主要な事件または問題をとらえて叙述し、ある時期から他の時期への転換要因を検討するようにしたい。

1　建国初期の対アジア政策と朝鮮戦争

一　アジア諸国との国交樹立と新興諸国への評価

一九四九年十月一日、中華人民共和国の成立にともない、中央人民政府主席毛沢東は中央人民政府布告を出し、各国政府にたいして外交関係の樹立を要望した。アジア近接諸国でただちに中国を承認したのは社会主義陣営を構成していた北朝鮮とモンゴルであった。非社会主義国では、ビルマが最初でついでインド、パキスタンの旧英植民地諸国であった。これら諸国の承認は四九年十二月から五〇年一月にかけて行なわれたが、イギリスの中国承認と無関係ではなかった。これら諸国とは性格を異にするインドネシアの中国承認は五〇年四月であって、これ以降五〇年代半ばまで、アメリカの圧力もあり中国を承認し外交関係を樹立する国はなかった。

新政府として、各国の承認を求めるのは当然の行為であるが、中国は自国を承認した諸国を含め、アジアの新興独立諸国をいかように性格づけていたのであろうか。民主人士として中央人民政府副主席に就任していた宋慶齢ですら四九年十二月に、「私たちが『真』の二字を必ずつけ加えなければならないのは、アジアには偽の独立国があるからです」と述べ、「傀儡の首領は帝国主義者の大本営にお伺いをたてる」と語っている。この発言では、アジアの新興独立諸国の独立を真正なものとはみていなかったことが明白であり、民族主義指導者は「傀儡」という判断が存在していた。これは当時の中国共産党（中共）首脳をはじめとした政策決定にかかわる人々の一般的な認識といえた。そこには、周恩来が四九年九月に、国際的平和民主陣営と帝国主義侵略陣営が対立している間は、いかなる中間陣営も絶対に存在しない、と断言したような国際観が存在していたのである。

かに対処するかであった。

二　朝鮮戦争への人民義勇軍派遣

建国初期の中国にとって、国家レベルでも、解放闘争支援レベルでも、逢着した最大の対外問題は、朝鮮戦争にいかに対処するかであった。

一九五〇年六月二十五日、朝鮮戦争が勃発した。朝鮮民主主義人民共和国（北朝鮮）の人民軍が大挙して三十八度線を突破し南下した。韓国軍は総崩れとなって退却した。アメリカはただちに国連安保理に提訴し、米軍主体の国連軍を組織して朝鮮戦争に参戦した。しかし、緒戦での人民軍の攻勢はやまず、八月初めには国連軍（米軍）・韓国軍は釜山周辺にまで追いつめられた。この戦況を一変させたのは九月十五日の米軍による仁川上陸作戦の成功であった。これを契機に人民軍は瓦解し、逆に米・韓軍が三十八度線を突破して北上するか、という情勢になった。

中国が朝鮮戦争「発動」の段階でいかように関わっていたかは明確ではない。金日成首相の演説にあるように、「北」の論理からすれば李承晩政権を打破し、民族の解放と統一を実現しようとする「民族解放戦争」であった。フルシチョフの「回想」によれば、金日成の要請を受け入れたスターリンが毛沢東には事前に連絡し了承を得ていたという。しかし、真偽の程は分からない。ともあれ、中国が開戦にいたる過程で、軍事的にはもとより、政治的にも積極的に関与していた形跡はない。新政権の支持基盤を固める土地改革など国内問題に忙殺されていたのである。

ただし、六月二十七日の、第七艦隊に台湾海域への出動を命じたいわゆる「台湾海峡中立化」についてのトルーマン米大統領の声明に対しては、強く反発した。翌日二十八日の中央人民政府委員会の会議では熱烈な討論が行なわれ、毛沢東が「アメリカのアジアに対する侵略はアジア人民の広範な断固とした抵抗を呼び起こすだけである」との総括談話を行ない、また、「中国領土にたいする武力侵略である」とする周恩来外相の非難声明が出された。五〇年春、海南島上陸作戦に成功し、最後に残った台湾作戦の準備に入ろうとしていた中国はその望みを絶たれたのである。

中共中央は第四野戦軍から三ヵ軍を抽出して戦略予備部隊を河南に設置していた。トルーマン声明以後、中央軍事委員会は東北国境防衛軍を組織することを決定し、上記の戦略予備軍に一ヵ軍を加え、さらに三砲兵師団などからなる編成とした。この国境防衛軍は七月十日鴨緑江域へ向けて出発した。北朝鮮の人民軍が圧倒的に優勢な戦局を中国首脳はどのように判断していたのか。それは決して楽観的なものではなかった。人民軍が釜山に進軍していた頃、「毛沢東同志と党中央は分析・研究したのちに、次のように考えた。アメリカ帝国主義は決して失敗に甘んずるはずはない。彼らは海空軍が優勢であり、多分反撃するであろう。朝鮮人民軍は軍のみが突出しており後方が脆弱である。朝鮮の戦局には必ず曲折があり逆転が生じよう」(『聶栄臻回憶録』下、解放軍出版社、一九八四年)。こうした判断のもとに新編の国境防衛軍にたいして準備活動を早く行なうよう指示が出され、九月末までに完了するよう要請された。

米軍による仁川上陸作戦は中国側の判断の正しさを立証した。しかし、激変した朝鮮の戦局にいかに対応するかはまた別の問題であった。国連軍・韓国軍が三十八度線を越えて北進するか否かが分岐点であった。周恩来は九月三十日に「中国人民は外国の侵略を決して容認しないし、自分の隣人が帝国主義者の欲しいままの侵略に晒されるのを座視することはできない」と表明し、また、パニッカー中国駐在インド大使を通じてアメリカに強い警告を発していた。韓国軍、ついで国連軍が十月初旬三十八度線を突破した。中国は二日早朝突破したとの情報により、即日、毛沢東と党中央は義勇軍の派遣を決定した。八日正式に「中国人民義勇軍の編成に関する命令」が出され、司令員には彭徳懐が任命され、十九日義勇軍は鴨緑江を渡河し、朝鮮の戦場に赴いた。

毛沢東らはなぜ派兵を決断したのであろうか。聶栄臻によれば、国内には世界最強の帝国主義国と戦えば中国はやられてしまうという危惧があり、党内にも、長年戦ってきたから休息が必要だ、建国一年でさまざまな困難を抱えているから戦わない方がよいなどの批判が存在していた。スターリンからは六個師団の出兵要請や、金日成が亡命政府を中国国内につくるであろうという通知があったという(「抗美援朝的英明決策」『党史研究』八〇年五期)。毛沢東の派兵理由は、国際的観点では「全朝鮮がアメリカ人に占領され、朝鮮の革命勢力が根本的な失敗にあうならば、アメリカ侵略者はますます猛り狂い、極東全体にとって不利である」からであり、中国自体にとっては、「われわれが派兵せず、敵に鴨緑江の線まで制圧されれば、国内国外の反動派の気炎はますますあがり、あらゆる面で不利になろう。まず、東北にとっていっそう不利になり、東北の国境警備隊全体が(防備に)釘付けとなろうし、南満州の電力も管制下に置かれよう」という判断にあった。そして、最悪の事態になったとしても、せいぜい全国解放が数年遅れるだけだ、という「革命的楽観主義」が毛沢東の最終決断を促した。これらをまとめて、中国全体のスローガンとされたのが「抗美援朝、保家衛国」である。

中国人民義勇軍という名の人民解放軍正規軍は十月二十五日からの第一次戦役ではじめて米・韓軍と戦闘を交え、つぐ第二次戦役では大勝利を収めて、基本的に三十八度線以南に国連軍を撃退した。年末から五一年初めにかけての第三次戦役では、ソウルを再び占領した。しかし、制空権をもち、兵器・装備に優る国連軍が反撃に転じ、第四、五次の戦役を通じて、義勇軍は地下壕を張り巡らしての「積極防御」の戦略をとるところとなり、五一年六月以降戦線は現休戦ライン付近で膠着化していった。同月、ソ連の国連代表マリクの提案を契機として、七月から国連軍と朝鮮人民軍および中国人民義勇軍の代表による休戦交渉が開城で開始された(のち板門店)。しかし、そこでは激しい応酬が繰り返され、また、交渉を有利に導こうとする戦闘も継続された。結局、朝鮮休戦協定が成立したのは、二年後の一九五三年七月であった。

2　平和勢力の結集・周恩来外交の開花

一　ジュネーブ会議

中国が「新中国」としての外交活動を展開しはじめるのは、一九五三年三月スターリンが死去し、七月に朝鮮休戦協定が締結されてからである。その主要な活動舞台のひとつはアジア近接諸国であったし、外交方針とその活動スタイルも前期とは大きく変化してきた。一言でいえば、その外交戦略は、国家レベルでの平和・友好に重点をおく「平和勢力の結集」ともいうべきものであった。

五〇年代半ばに積極的な展開を示した中国のアジア近接諸国との外交が、その「雄姿」を最初に現わしたのは、五四年のジュネーブ会議においてであった。この会議は朝鮮の政治解決とインドシナ問題の解決を目的として開催され、後者の問題で一定の成果を収めた。周恩来首相兼外相を首席代表とする中国にとっては、五大国の一つという大国の身分で参加した最初の国際会議であった。この会議を通じ、国際関係とりわけアジアの問題について中国が重要な位置を占めることを世界に示すところとなった。とりわけ、周恩来の外交活動は活発であって、「新中国」の国際的威信を高めるとともに、会議の手詰まり状態の打開に努めた。五月のディエンビエンフー包囲戦におけるベトミンの勝利、フランスの政変などを背景として、結局、暫定軍事境界線を北緯十七度線とし、フランス軍の撤退、カンボジア、ラオスの独立、二年以内での南北ベトナムの統一のための選挙実施などを定めたジュネーブ協定が成立した。

もともと、中共とベトナムの抗仏組織ベトミンとの関係は深かった。中国は五〇年一月ベトナム民主共和国を承認し外交関係を樹立して、ベトミンへの支援を強めた。中国革命が成功し、ベトナム国境にまでその勢力が及んだことはベトナムの抗仏勢力に有利な条件をもたらした。ホー・チミン主席が五〇年初めに中国を訪問し、援助要請を行なったのに対して、中国側は、ベトミン幹部の訓練を援助し、軍事顧問団を派遣してフランス軍の支配下にあった国境線近くの交通線確保のための辺境作戦を成功させ、ベトナムの解放区と中国とを結びつけた。また、フランスに軍事力による支配を諦めさせた五四年のディエンビエンフー包囲戦にさいしては、中国軍事顧問団がベトナム軍民を援助し、かつ戦役中の武器弾薬、食糧、軍事物資、通信施設、薬品、後方装備など中国がすべて提供したという。

しかし、七九年の中越戦争後に、ベトナム外務省はいわゆる『中国白書』を発表し、その中で当時の戦場における彼我の力関係以上に、ジュネーブ協定締結のために中国がベトナムに圧力をかけ譲歩を迫ったと非難している。確かに、ベトナム問題をめぐる「東西」の綱引きで「東」が「譲歩」した傾向にある。ジュネーブ会議での議長国は英ソであって、ソ連はモロトフ外相が務めていたし、ソ連、中国、ベトナム(ファン・バンドン首相)間の連絡は密であったという。「東」側の総体的な戦略は、ダレス米国務長官の「巻き返し」政策が共産主義との妥協を排し、インドシナにおいても軍事対決を指向していたから、これと異なる選択を目指した英仏を抱き込むという、いわば西側ブロックの間隙を突くというものであったと言えよう。

二　「平和五原則」の提唱

ジュネーブ会議の国際的環境を強化する方向で、アジアの新しい動きと連動して展開されたのが周恩来外交であった。一九五四年の春、インドシナの休戦、アジア・アフリカ会議の開催などで合意をみたインド、インドネシア、ビルマなどの五カ国首脳によるコロンボ会議が開かれた。インドのネール首相の、積極的に緊張緩和を図るべしという「中道主義」のリーダーシップによるものであった。周恩来はジュネーブ会議において、インド、ビルマの参加を要求するとともに、ネールの特使メノンとジュネーブで接触していた。

そして、ジュネーブ会議の合間の六月、周恩来はインド、ついでビルマを訪問した。いずれの国でも共同声明で、両国関係を律する原則として「平和五原則」が提唱された。領土主権の相互尊重、相互不可侵、相互内政不干渉、平等互恵、平和共存の五原則である。この五原則は一躍世界的な注目を浴びた。これらの諸原則は平和共存を別とすれば、国民国家体系下の国家関係を律するエッセンスではあったが、当時の東西両ブロックの対立とブロック内での「主従的関係」、とりわけダレス外交の強硬な姿勢のもとにおいて、旧植民地・半植民地の新興独立国が、イデオロギーに関わらず共通の理念として国家間の平等・尊重、その基礎としての国家の自主・自立を表明したことの意義はきわめて大であった。

五四年十月、訪中したネール首相の歓迎宴において、周恩来首相は、インドと中国とは共にアジアの大国であり、世界の二つの古い国家であると同時に、また二つの若い国家でもある、と前提してから「中国とインドの両国間の平和的共存と友好協力は、アジアと世界のその他の国々の間の平和的共存が一歩一歩実現していくのに必ずや役立つものと信じます」と述べ、さらに「平和地域をつくりこれを拡大する政策は、明らかにインドとアジアの国々の人民の利益に合致するものであります。私たちはネール首相のこの主張を歓迎するとともに、インドと一緒に努力して、アジアの平和地域をつくり、これを拡大するよう努力したいと願うものであります」と、平和勢力の結集と平和地域の拡大に中国は積極的に賛意を示し、努力することを表明したのである。

三　平和勢力結集の戦略的意味

中国は、建国初期においては、「中間陣営」は認めず、新興諸国の民族主義指導者を「傀儡」とする厳しい評価を抱いていたが、一九五二年の終わり頃から社会制度の異なる国との平和共存を評価するようになり、また「中立主義」についても善意のそれと、下心のあるそれとを区別しながらも、国際関係における中立主義の意義を認めるようになっていた。そこには当然、五三年のアメリカにおけるアイゼンハワー政権の誕生と、ダレス国務長官による積極的な「巻き返し」外交の推進によるアジア地域へのこれの適用、具体的には中国「封じ込め」にいかに対処するかの政策課題があった。日米安保条約はもとより、五三年に入ると、アメリカは二月に「台湾海峡中立化」を解除し、朝鮮休戦協定成立後の八月米韓相互防衛条約を締結し、さらに、ジュネーブ協定成立後の五四年九月、アジアからはフィリピン、タイ、パキスタンの三カ国のみの参加であったが、インドシナを適用範囲に含めた八カ国からなる反共軍事同盟である東南アジア条約機構(SEATO)を設置し、十二月には米華(台)相互防衛条約を締結した。これらは対中軍事包囲網の形成であり、朝鮮戦争を契機としてアジアにおいても「冷戦」構造が形成されたことを意味した。

このようなアメリカの厳しい対中政策・姿勢を、周恩来はジュネーブ会議を通じて、いわば肌で痛感していた。五四年八月の中央人民政府委員会におけるジュネーブ会議についての報告で、周恩来は、アジアや世界の平和と安全を確保するには、新しい緊張をつくり出そうとするアメリカ侵略勢力の陰謀を打破し、彼らの侵略政策を水泡に帰せしめなければならない、としたうえで、これに対処する中国の外交姿勢として重要なのは、アジア諸国相互の「平和と協力であって、戦争と敵対ではない」とし、これにはいかなる国をも排斥してはならない、と主張した。「陣営」「イデオロギー」「階級」などの価値基準はアジア諸国に関する限り、拭い去られていた。そして、平和五原則が広範な各国間の原則となれば、相互の「恐怖と疑惑」を「安心感と相互信頼」に替えられ、アジア地域に広い平和地域がうちたてられるようになり、アメリカ侵略グループの温床とならない。「アジアの集団的平和をうちたてるために努力したい」と中国外交の方向を明示した。周恩来はアメリカの中国「封じ込め」に対して、平和勢力ないし平和地域の拡大政策を対置したのである。

四　バンドン会議と周恩来

アメリカの「硬」に対する中国の「柔」の対応は一九五五年四月、インドネシアで開催された第一回アジア・アフリカ会議(バンドン会議)における「周恩来外交」によって全面的に発揮された。周恩来外交は彼個人の魅力と洗練された外交スタイルのもとでの柔軟な対応によって、会議参加者に強烈な印象を与えた。会議にはアジア・アフリカの二十九カ国が参加したが、一部諸国は西側陣営の影響下にあった。また、中国はアジアの「共産主義」の大国であったが、その実状はいまだ外部世界にあまり知られておらず、「謎」であり「脅威」でもある存在であった。このために反共国はもとより他の諸国からも、反感を含め様々な疑念が出されたのは当然でもあった。これらはイデオロギーと王朝時代からの「負」の遺産に関わる問題と、近接諸国との未解決の具体的な問題とに大別できる。例えば、共産主義のイデオロギーから中国は他国へ干渉しているのではないか、大国主義的尊大さがある、国境がいまだ未画定である、華僑は中国の第五列(内通者)ではないか、などの問題であった。

これらに対して、周恩来は「松」と「柳」、つまり共産主義を信奉するという原則は堅持しながら、きわめて柔軟で誠実な対応を行なった。「柳」が「松」を覆い隠すほどであったといえる。周恩来は中国とアジア・アフリカ諸国との共通性を二点あげた。第一は、古代文明を創造したが、近代になって植民地主義の略奪と圧迫を受けた、第二は、国家の独立と発展に努めなければならない、であった。これはのちに、「中国は第三世界に属する」とする原点をなすことになる。ともあれ、周恩来はこれら新興諸国との歴史的、現在的同一性を基本において、「求同存異」で難局を打開し、会議全体をリードした中立主義の立場をとる民族主義指導者たちとともに、平和五原則をベースにした

「バンドン十原則」にアジア・アフリカの声を結集し、会議を成功させたのである。

帰国後、周恩来はバンドン会議を以下のように概括した。総体としては平和地域を拡大し、各国相互間の相互信頼を強めることが現実的で実現可能である、なぜなら、「中立を守るという主張」と「軍事集団や同盟に参加しないという主張」が多くの国で次第に強くなっているからであって、「これは、当面の国際政局における重要な発展である」と。ここには、新興独立諸国の民族主義指導者の国際政治面における積極的な役割についての認識が根付いていた。そして、この時期、バンドン会議をも契機として中国と外交関係を樹立する国も増えた。アジアではアフガニスタン、ネパール、セイロン(現スリランカ)、カンボジアなどがあり、注目されるのは、エジプトをはじめとして中東・北アフリカ諸国との関係が樹立されたことである。

3　強硬外交への転換

一　「中間地帯論」の登場

中国は五〇年代終わりから、その国際情勢観を変化させはじめる。それは一般に「中間地帯論」と称されるものである。その要点は以下のごとくである。アメリカ帝国主義と社会主義陣営との間には広範な地域にまたがり中間地帯が存在する。アメリカ帝国主義は世界制覇の野望をもち、社会主義陣営を覆滅したいと望んでいるが、それには中間地帯諸国を政治的、経済的、軍事的に支配し、戦略配備を完成しなければならない。ところが、アメリカ帝国主義のまさにこのような計画を実現に移していく過程で、中間地帯諸国・人民の強烈な反抗に逢着せざるを得ない。したがって、アメリカ帝国主義と中間地帯との間に、国際的な主要矛盾が形成され、それはしばしば鋭い矛盾関係となって噴出する。この中間地帯の反米闘争こそ、国際情勢の趨勢を決定する要因であり、平和か戦争かの帰趨にかかわるものである。中間地帯とは、アジア、アフリカ、ラテンアメリカである（のちに「第一中間地帯」とされた）。したがって、社会主義国はこの地域の民族独立・解放闘争に最大の関心と支援を送らなければならない。

以上のような、対米対決の鮮明な「中間地帯論」の提起は、一九五八年七月のイラクにおける王政打倒・共和制樹立の「革命」と、これに対処するための米・英の派兵による「中東危機」の高まりを契機にしていた。この国際政治論は、「対米共存」指向のソ連とは異なる方向性をもち、のちの中ソ論争・対立の過程で、中国はソ連批判の必要から反米ないし対米色の濃い諸国・人民の闘争に関心を向けるところとなった。

他面、国境の画定交渉など歴史的に残されてきた問題が未処理であったための「ツケ」がこの時期に顕在化し、これに毛沢東主導の「国際政治論」が加わり、中国からする「平和勢力」は選別的になっていった。この時期の近接諸国との関係では、前半は、五〇年代半ばでの友好のシンボルであったインドとの関係の激変、後半はインドネシアとの関係の推移を典型とし得るであろう。

二　中印の分裂

中国とインドはすでに述べたように、アジアの二巨人として友好的関係にあった。そこに大きなひびが入ったのは「チベット反乱」の発生であった。

二十世紀に入ってから、中国の弱体化、イギリスの浸透という関係の中で、チベットは「独立的」な地位を保ってきた。新中国政府はチベット地方政府との一九五一年「協約」で、チベットが中華人民共和国の一部であることを正式に確認した。しかし、五〇年代半ばからチベットでは反乱が継起し、五九年三月十二日、ダライ・ラマ十四世とその政府が「チベットの独立」を宣言すると、大規模な蜂起に発展した。これにたいして、人民解放軍は武力鎮圧を行ない、チベット地方政府は解散させられ、ダライ・ラマはインドに逃亡した。ネール首相は、この亡命を受け入れ、礼をもって遇した。

もともと、インドは独立にさいし、イギリスの外交的な「遺産」を引き継いだ。五四年に領土主権の尊重など平和五原則を盛り込んだチベット地方との通商等に関する中印協定が締結されると、インドはイギリスが清朝ないし旧中国政府またはチベット政府との間で締結した国境線を中印間の国境であると書き換えた地図を発行するようになった。それは「領土主権の尊重」でインド側が旧来の国境線を中国側が受け入れたと考えたからであろうという（N・マックスウェル『中印国境紛争』時事通信社、一九七二年）。

中国とインドとの国境の係争地域はほぼ全域にわたるが、西から順次みれば、インドから見れば西北部に当たる中国の新疆ウイグル自治区とチベット自治区の一部と接する西部地区、とくにラダク地方のアクサイチンが問題になる。これから、ネパールにいたるまでが中部地区、そして、ブータンからビルマにいたるインド東北部の国境がいわゆるマクマホン・ライン（東部地区）である。カラコルム山脈、ヒマラヤ山脈という世界有数の峻険な地帯にあり、人跡希な国境である。中国は西部地区のアクサイチンを通る新疆・チベット公路を五七年までに建設していた。

チベット反乱の鎮圧で蜂起部隊とその支持者たちはインドへ逃亡を図り、人民解放軍は国境地帯まで作戦行動を展開するところとなった。他方、チベットの蜂起に同情的なインドも軍隊を国境地帯に展開した。こうしたなか、五九年八月にまず東部国境のロンジェで発砲事件が発生し、さらに十月には西部国境でも中印両軍の衝突が発生した。死傷数からすれば小規模ではあったが、最初の中印武力衝突であった。

周恩来首相は九月にネール首相宛の書簡で、中国とインドとの境界はいままで正式に画定されたことはない、中国は東部地区でのマクマホン・ラインを認めないが、「中国の軍隊はこれまで一度もこの線を越えたことがない」、西部地区の国境は終始画定されたことはないが、「歴史的な伝統によって、慣習となっている一本の線がある」と、中印国境問題に対する中国側の原則的立場を表明するとともに、話し合いによる解決を求めた。

しかし、インドの国内世論は「友好に努めた国に対する決定的な背信」と受けとめ、中国にたいしてきわめて強硬となった。このため、周恩来首相が六〇年四月訪印し、首脳会談をもったが、不一致に終わった。この間、インドの中立政策の変化を窺わせる事態があった。五九年末、アイゼンハワー米大統領がはじめてインドを訪問し、翌年ネール首相が訪米した。これ以降アメリカのインドに対する経済援助が飛躍的に増大した。

三　周辺諸国との国境条約の締結

中国は六〇年代初めに、ひとつには、国境を接する周辺諸国との間で歴史的に残されてきた課題の解決のために、もうひとつは、明らかに中印国境問題の解決への環境を整備し、インドに政治的な圧力をかける意図をもって、さらには、大躍進政策の失敗による国内的弱体化に乗ずる外部勢力の干渉を未然に防ぐという意図をも含めて、おもに南西から南にかけて国境を接する諸国と相継いで「国境条約」あるいは「平和友好条約」を締結していった。

最初はビルマとの間であった。ビルマとは五〇年代から交渉がもたれていたが、一九六〇年十月、「国境条約」が調印されて両国間の国境が正式に確定した(最終的には六一年十月の「議定書」による)。ここで注目されるのは、ビルマの西北部インドに到る境界でマクマホン・ラインが認められ、また、伝統的な慣習線が尊重されたことである。六〇年一月には、平和五原則の趣旨を生かした「友好相互不可侵条約」も締結され、「双方は平和な話し合いによって双方のいっさいの紛争を解決し、武力に訴えないことを保証する」などが約束された。『人民日報』は「中国とビルマの間に出現できたことが、なぜ同じように中国とアジア諸国間、またアジア諸国同士の間に出現できないことがあろうか」と論じた。

ついで、六〇年三月、ネパールと「国境協定」が結ばれたが、この協定では「いずれの側も境界から自分の側二〇キロメートルの地域内には、行政要員と警察官を保持しておく以外に、二度と武装要員を巡邏に派遣しない」とされた（六一年十月「国境条約」）。また、四月に平和的な紛争の解決などを盛り込んだ「友好条約」が調印された。モンゴルとは「国境条約」が六二年十二月、パキスタンとは「国境協定」が六三年三月、それぞれ調印された。パキスタンとの協定で注目されるのは、パキスタン側に有利な境界線になっていることと、カシミール問題が未確定であったから、カシミール紛争が解決した後再交渉を行なう、とされたことである。しかも、パキスタンは東南アジア条約機構、それに中央アジア条約機構のいずれにも加盟していたが、中印関係の悪化に反比例して中パ関係は密接となった。また、六三年十一月アフガニスタンと「国境条約」が締結された。他方、平和友好条約関係も、モンゴルと六〇年六月に「友好相互援助条約」が締結され、アフガニスタンとは同年八月「友好相互不可侵条約」を、カンボジアとは同年十二月「友好相互不可侵条約」を、インドネシアとは六一年六月「友好条約」をそれぞれ結んでいる。

なお、以上とは性格を異にするが、北朝鮮とも「条約」が結ばれている。中国人民義勇軍は五八年に北朝鮮から全面撤退した。北朝鮮では六一年までに金日成体制が確立していた。一方、韓国では六〇年四月の学生革命によって李承晩政権が打倒されたが、そのいわば反動として、六一年五月朴正熙らの軍事クーデターによって強力な軍事政権が誕生した。これは南北間の軍事的緊張を高めた。金日成は六一年七月、モスクワを訪問してソ連と、ついで北京を訪問して中国とそれぞれ「友好協力相互援助条約」を締結した。その内容は、「ある一方が武力侵攻による戦争状態となったときには、他方はただちにあらゆる手段を尽くして、軍事的およびその他の援助を提供する」という軍事条約であった。

四　中印戦争

インドは六〇年代に入ってから、中印国境問題については国内世論にも押されて、軍事的な「前進政策」をとるようになり、国境地帯に巡察隊を送り込み、哨所を設けるという戦術にでた。東部地区では一部、マクマホン・ラインを越えて軍事拠点が設置され、西部地区でも、周恩来の指摘した「伝統的慣習線」を越えて哨所が多数設置された（N・マックスウェル前掲書）。こうした、インド側の軍事的攻勢にたいして、六二年十月二十日、人民解放軍は全面攻勢を開始し、とくに東部地区ではマクマホン・ラインを越え、インドの東北辺境特別区つまり南麓までインド軍を追撃して進出した。このため、東部のアッサム地方などをはじめインドは恐慌状態に陥った。しかし、十一月二十二日中国は全線にわたって一方的に戦闘を停止し、五九年九月の実際の支配線から二〇キロ双方が軍隊を後退させることを提案して、十二月一日から国境全線でこの提案に従った軍の後退を行なった。インド国防省によれば、この間の戦闘によってインド側は戦死一三八三人、行方不明一六九六人、捕虜三九六八人を出し、その約九〇％が東北辺境特別区においてであった。

以上のような、中印間の大規模な軍事衝突は、ちょうど時期的に「キューバ危機」と重なり合っていたから世界に大きな衝撃を与えた。中国はネール批判の長大な論文を発表し、ネールをもはや民族主義指導者とはみなさず、帝国主義の利益と密接につながるインドの大地主と大ブルジョアジーの政治的代表に成り下がったと断じた。このような論断は、初期中ソ論争を通じてイデオロギー的、階級的観点を強めていた中国からすれば当然でもあった。かくて、五〇年代の中印友好は水泡のごとく消え、長い対立関係の時代に入ったのである。

五　「北京＝ジャカルタ枢軸」の形成と崩壊

中国はインドを失った。しかし、中国にとってはアジア・アフリカ諸国とりわけ近接諸国に有力なパートナーが必要であった。それも、反帝国主義が明確な急進的民族主義指導者が望ましかった。こうして、インドネシアそしてスカルノが浮かび上がってくる。

一九六〇年前後から、スカルノ大統領は「指導された民主主義」を唱え、民族主義、宗教、共産主義を一丸とした挙国一致体制（ナサコム）のもとに反帝国主義色を強めていた。スカルノの政治権力は軍と共産党の二大勢力に支えられていた。インドネシア共産党は中ソ論争の過程で、中共側の論点を容認する態度をとるようになっていたから、両党間の親密度が増していた。

他方、英領北ボルネオ（北カリマンタン）を含めたマレーシア連邦が六三年九月に発足した。インドネシア政府はこの動きに対決姿勢をとっていた。中国はインドネシアのマレーシア対決政策を強力に支持した。中国がインドネシアを支持したのは、インドネシアのマレーシア対決政策はアメリカの戦線を分断する一要因をなすとみなしたからである。中国・インドネシア関係は緊密化していった。

六五年に入って早々の二つの事態の進展によって、インドネシアが提唱し、中国が全面的な支持を表明していた第二回アジア・アフリカ会議の開催問題が中国外交にとって「死活」にかかわる課題となった。第一は、インドネシアの国連脱退である。六五年元旦、インドネシア政府はマレーシアが国連安保理非常任理事国に選ばれたのに反発して、国連脱退を通告した。中国政府はただちに政府声明を発表して、「国連脱退は正義の正確な行動である」と支持した。周恩来首相は一月下旬訪中したスバンドリオ・インドネシア外相に、「別に革命的な国連をつくっても、……一向に構わないでしょう」と語った。そして、「共同声明」では第二回アジア・アフリカ会議は帝国主義反対・新旧植民地主義反対の旗をいっそう高く掲げなければならない、と強調した。中国・インドネシア間の政府、党両レベルで交流は頻繁となり、この頃から、「北京＝ジャカルタ枢軸」と世評で言われるようになった。

第二は、アメリカによるベトナム戦争の拡大化・激化である。二月七日、米軍は北ベトナムに対する「北爆」を開始した。三月には南ベトナムに米海兵隊を派遣した。北爆も地上軍派遣もエスカレートする傾向にあった。中国はベトナム戦争が当面の世界情勢の推移を左右する焦点であると判断した。こうした観点から、来るべき第二回アジア・アフリカ会議は、アメリカ帝国主義のベトナム侵略を糾弾し、闘争するベトナム人民との連帯を表明する場となるべきであると判断し、その開催に尽力した。ところが、六月にアルジェリアのアルジェで開催予定であった第二回アジア・アフリカ会議は、この会議の推進者の一人でもあったベン・ベラ大統領に反対する軍部のクーデターが直前に発生したため、頓挫・流会してしまった。

これに追い打ちをかけるように、インドネシアで事件が発生した。六五年の「九・三〇事件」である。この事件の真相、中国との関わりについては未だ明確でない。ともあれ、のちのインドネシア側の発表により「事件」を要約すれば、スカルノ大統領親衛隊長のウントン中佐がインドネシア共産党首脳と謀議し、その指示のもとに、九月三十日深夜から行動を開始し、「将軍評議会」構成メンバーを襲い、ヤニ陸軍司令官らを殺害した。反スカルノ・クーデターを未然に防ぐというのが名目であった。これにたいし、スハルト少将は戦略機動予備隊を動員してただちに反撃作戦を展開し、「九・三〇運動」を鎮圧した。これを契機に三百万党員を誇ったインドネシア共産党は崩壊し、各地で大規模な華僑迫害事件が継起した。スカルノ大統領は失脚した。六七年十月、中国、インドネシアは外交関係を断絶した。「北京＝ジャカルタ枢軸」も一場の夢と果てたのである。

4　ベトナム戦争への対応と「造反外交」

一　ベトナム戦争への評価と対応

アメリカは一九六五年二月に「北爆」を開始し、七月のジョンソン大統領の大量増派声明により、六五年末までに南ベトナムに十八万余の米地上軍が派遣され、これに抵抗する「南ベトナム解放民族戦線」および北ベトナム人民軍との間で熾烈な戦闘がたたかわれることになった。これは戦争の「質」を変えた。中国にまで戦争が波及する可能性も生じた。

中国はアメリカの軍事戦略の重点がヨーロッパからアジアへ移行したと判断し、当初はベトナム戦争は「特殊戦争」から「朝鮮戦争型」へ転化したとみなした。毛沢東自身に情勢判断の揺れがあったと推定されるが、これより前に、内陸部に軍需産業を移転ないし建設する指示(三線建設)を出して、最悪の事態に対応できるような体制づくりを実行に移しつつあった。

毛沢東のベトナム戦争に対する最終的な判断は、六五年九月、林彪国防相の名で発表された有名な「人民戦争の勝利万歳」と題する論文で推定できる。要約すれば、抗日戦争は「自力更生」を基本とした人民戦争で勝利したのであり、外国の援助に頼ったものではない。ベトナムも「人民戦争」方式で頑張れ、中国は朝鮮戦争当時のような戦闘部隊の派遣は行わない、と明確に示唆したのである。

中国は六五年秋以降、ベトナム支援について「ソ連修正主義とは共同行動はとれない」と主張し、各国共産党に同調を求めた。しかし、六四年秋、ソ連はブレジネフ政権になってから、それ以前のフルシチョフ時代と異なりハノイと関係を改善し、ベトナム戦争への共同支援行動を中国にも求めた。ベトナムはもとより、おもにアジア諸国の共産党は中ソ論争の過程でこれまで、中国側の主張に近い立場をとってきたが、ソ連と対ベトナム共同支援行動をとれないとする中国とは離反するところとなった。こののち、中国自体が「文化大革命」に突入し、外交活動もままならなくなった。

二　ベトナムへの政治・軍事支援問題

この時期の中越関係はいまだ明確になったとはいえない、二つの検討課題がある。ひとつは「和平交渉」についての中国の態度である。一九六八年の大規模な解放戦線側による「テト攻勢」ののち、ジョンソン米大統領は北爆停止を表明し、北ベトナムにたいして会談を呼び掛けた。北ベトナムはこれに応じ、五月からパリで和平会談が開始された。しかし、中国の報道機関はこの事実を無視し、十月になってはじめて報道した。これは「会談」にたいする中国の不快感を示していた。九月一日づけ毛沢東主席らの連名による北ベトナム建国二十三周年の祝電では、アメリカ帝国主義のベトナム民族を分割しようとする野心は変わらず、この目的を遂げるため「和平交渉の陰謀を盛んにめぐらしている」、ソ連現代修正主義指導集団もそれに呼応し、ぐるになって、「ベトナム人民の抗米救国闘争を途中で挫折させようと躍起になっている」と北ベトナム指導部に「忠告」した。六九年一月から拡大パリ会談が開始され、民族解放戦線は十項目の和平提案を提出していたが、周恩来首相は建国二十周年の国慶節に参加したグエン・フート解放戦線議長にたいし十項目への同意を表明しなかった。

もうひとつは軍事援助問題である。前掲のベトナム外務省の『中国白書』は、中国は秘密軍事協定によれば、六五年六月までにパイロットを派遣しなければならなかったのに、約束を履行しなかった。中国の「主要な援助は、軽装備兵器、弾薬、後方装備などであった。彼らはベトナム戦争の早期解決を望まなかった」と非難している。これに対する中国の反論は次の通りである。北ベトナム政府の支援部隊の派遣要請にたいして、六五年十月から六八年三月までに、防空、工事、鉄道などの支援部隊を前後合計三十余万人を派遣し、最大時には一年で十七万余に達した。北ベトナムの防空と輸送路の確保に努め、北ベトナムの人民軍を大量に南に派遣し、南方での作戦を援助した。このため何千人もが犠牲になった。支援部隊は七〇年七月全部撤収した、と。

六〇年代末までの中国と北ベトナムの関係は、中国からすれば、ベトナム戦争は国際情勢の焦点であり、人民戦争の典型であったから、まさに支援すべき対象であった。しかし、持久戦であると見通し後方支援を主とした軍事援助を行ない、「文革」というイデオロギー過多の事情からベトナム独自の米国との和平会談には批判的であった、といえる。

三　「造反外交」

さて、中国が近接諸国との関係を国家レベルにおいて一挙に悪化、破壊してしまったのは、文化大革命期に出現した「造反外交」であった。それは毛沢東思想の絶対化による各国内における武装闘争の支援であり、毛沢東思想の押し付けであった。毛沢東自身が一九六七年七月に行なった講話に最もよくその真髄が現われている。毛沢東は、「現在の情勢はたいへんすばらしい」と述べ、インドで武装闘争が始まり、インドネシア共産党は修正主義を清算した。ビルマのゲリラも非常に大きな発展を遂げ、反ネ・ウィンで一致し、武装活動の地区はすでにビルマ全土の六〇％の土地におよんでいる。ビルマは南ベトナムよりも地理的条件が優れている。タイの地理的条件も非常によい。「ビルマが立ち上がっており、タイが立ち上がっており、こうして、アメリカを完全に東南アジアに引きつけている」と概括し、さらに、「これらの国の人民は、中国の道は解放への唯一の道であることを認識するにいたるであろう。わが中国は単に世界革命の政治的中心であるばかりでなく、軍事上でも、技術上でも世界革命の中心となり、彼らに武器を、すなわち『中国製という』文字を刻み込まれた中国の武器を与えなければならないのである。すなわち、公然と支持しなければならず、世界革命の兵器工場とならなければならないのである」と語った。

六七年夏、『人民日報』は「インドの春雷」と題する社説を掲げ、西ベンガルにおける農民の武装闘争を高く評価し、それへの支持を表明した。その州の政権はインド内の反中国的傾向に批判的な左派共産党が握っていたにもかかわらずであった。武装闘争至上主義が支配し、これ以降相次いで、ビルマ、タイなどへの武装闘争が呼びかけられ、実際にそれぞれの共産党にたいして、放送による宣伝活動などの政治的支援や、さらには兵器供与などの軍事援助が行なわれたようである。

こうした「革命支援」はもとよりであるが、それ以上に国家レベルで軋轢を呼んだのは、近接諸国の親中国派の華僑・華人への毛沢東思想の強制、具体的には毛沢東バッジや『毛沢東語録』の押し付けであり、居住国政府への反抗を煽ったことである。このため例えば、六七年六月、ビルマ政府の「バッジ」の着用禁止令を契機に、これまで苦々しい感情を抱いてきた大衆によるかなりな規模の反中国暴動が起こり、中国大使館が襲撃され、技術者一名が殺されるという事件すら起こった。この報復として、中国政府はビルマから専門家、技術者を引き揚げ、外交関係を断絶した。カンボジアでも、シアヌーク元首は親中国系の武装反乱と中国の「造反外交」に対抗して、対中国友好協会を解散させ、親中国系の閣僚を罷免し、親中国系の新聞を発禁にした。これらに類似する事件は近接の多くの諸国で発生し、中国は孤立した。

5　「反覇権主義」下の近接諸国外交と中越戦争

一　対外戦略転換下の外交再開

文化大革命の激動期には、「通常の外交」を展開する余地はなかった。七〇年代に入って外交活動が再開されるが、この「七〇年代外交」には大きな特色があった。それはいうまでもなく、ソ連の脅威に対抗するための米中「和解」という対外戦略の大転換であった。それればかりでなく、新対外戦略の国際政治論ともいうべき「三つの世界論」の真意は、新たに登場してきた「社会帝国主義」はよりいっそう野心に満ち、侵略性に富む、という点にあり、ソ連を主敵と位置づけ、その覇権主義に反対する国際統一戦線を形成しようとするものであった。七〇年代の近接諸国との関係を特徴づけるのは、第一には、インドシナ諸国との関係の激変である。とりわけ、ベトナム戦争の主力であった北ベトナム（七五年に「南」を統一）とは、米中「和解」以降関係が悪化し、ついには最初の「社会主義」国間の戦争に至る。この触媒となったのは、中国が肩入れしたポル・ポト政権のカンボジアであった。第二に、ASEAN諸国と国家レベルでの関係が樹立したことである。いずれにせよ、中国は「反覇権主義」か否かを判断基準にしていたのである。

ともあれ、七〇年代中国外交は北朝鮮との関係修復、インドシナ諸国との関係強化から開始された。一九七〇年四月、周恩来首相は北朝鮮を訪問し、金日成首相と会談して、「復活した日本軍国主義」糾弾とシアヌークの五項目声明への支持を内容とした共同声明を発表した。周恩来が北朝鮮を最初の訪問国に選んだのは、文革中に金日成批判がなされ関係が冷却化していたからである。

周恩来が北朝鮮へ出発する直前、カンボジアのシアヌーク元首がモスクワから北京への訪問の途上で、本国でクーデターを起こされ、その地位を追われた。しかし、シアヌークは北京において国家元首の資格でロン・ノル新政権の解散命令、民族団結政府の設立、民族解放軍の創設、民族統一戦線の結成など「五項目声明」を発していた。

中国はこの機会を逃さなかった。四月末、中国の広州で、シアヌークの呼びかけによりインドシナ三国四方面の人民最高級会議が開催された。会議はアメリカ帝国主義を厳しく糾弾し、徹底抗戦を誓うと同時に、相互の連帯を強めるとともに「独立、平和、中立」を目標とし、三国間では平和五原則を実行する旨の「共同声明」を発した。会議場所が中国領内であること、周恩来が祝宴に参加していることからみて、中国が深く関わっていたことは明らかであった。毛沢東はこの会議を受けて、「インドシナ三国人民は持久的な人民戦争を堅持することによって、かならず徹底的な勝利をかちとることができる」という「五・二〇声明」を出した。中国はインドシナ解放闘争における指導権を回復しようとしたのであろう。

この有力な担い手と目されたのはシアヌークであった。五月に北京で、民族連合政府が組織されたが、これには従来シアヌークに反対する武装抵抗組織であった、いわゆる「ポル・ポト派」も参加した。ポル・ポトは六五年に初訪中していたとされ、「ポル・ポト派」との連絡は中国を抜きには考えられなかった。中国政府はただちに、カンボジア民族連合政府を承認した。もともと、カンボジアは中国が五五年に非社会主義国では最初に経済援助を与えた国であり、六〇年代に入ってからは、シアヌークがカンボジアの中立保障を求めたのに対してアメリカが冷淡であったところから、中国への接近を強めていたのでもあった。

ベトナム戦争は、七〇年四月の米軍と南ベトナム軍によるカンボジア侵攻作戦、さらに、七一年二月のラオス侵攻作戦によって文字どおりインドシナ戦争に拡大した。

しかし、まさにこのとき中国の対外戦略は大転換を遂げたのである。七一年七月、キッシンジャー米大統領特別補佐官が秘密訪中した結果、中国側がニクソン米大統領を招待する旨の公表がなされた。中国と北ベトナムとの関係はこの前後からいよいよ微妙なものになっていく。北ベトナムは当然、中国の対米「和解」に批判的であった。これに対して、中国は経済・軍事援助の増大をもって対応しようとした。ベトナム側によると、六八年を一〇〇とすると六九年は二〇％減、七〇年は五〇％減であったのに対して、七一、七二年には最高額の援助が与えられた、という(『中国白書』)。中国側の資料(『中華人民共和国経済大事記』中国社会科学出版社、一九八四年)によってもやや異なるが同様のことが跡づけられる。六九年、七〇年は六億元台であったのに比べ、七一年三十六億余万元、七二年二十八億元弱、七三年二十一億元、七四年二十五億元といずれも協定額であるが、大幅に増額されている。これは援助によってベトナムの支持を引き留めようとした政策であったといえよう。ともあれ、七二年十月、中国はパリ会談支持の政府声明を発表し、七三年一月、ベトナム和平協定が調印され、インドシナ戦争の停戦が実現した。

二　ＡＳＥＡＮ諸国との関係の樹立

七〇年代に入ってからの中国承認国の増加、中国の国連代表権の回復、ニクソン大統領の訪中、日中国交正常化などは、中国の国際的地位を高め、近接諸国の対中接触の機運を促し、また、中国もこれら諸国との関係のあり方について見直すところとなった。七一年八月のネ・ウィン・ビルマ革命評議会議長の訪中はその嚆矢であって、両国関係は長らく友好的であったが文革中に一時損なわれた。それが修復したことを示す象徴的な訪中であった。

ＡＳＥＡＮ諸国の動きも活発であった。中国がかつてマレーシアに否定的な態度をとっていたことはすでに触れた通りであるが、そのマレーシア民間貿易代表団を七一年五月初めて迎えたのを皮切りに、その他のＡＳＥＡＮ諸国の経済代表団も訪中するようになった。中国は六七年八月に誕生したＡＳＥＡＮを当初は「反中国・反革命・反人民の反共連合」ととらえ、非難していた。しかし、マレーシアの主導のもとに七一年五月、東南アジア中立地帯構想であるクアラルンプール宣言が発表されてから、対応に変化が生じるようになってきた。他方、七三年のＡＳＥＡＮ特別外相会議も、対中国関係を正常化することで合意した。

こうした背景のもとに、最初に、七四年五月ラザク・マレーシア首相が訪中し外交関係を樹立した。こののち、フィリピンのマルコス大統領が七五年六月、タイのクリット首相が七月に相次いで訪中し、それぞれ外交関係を樹立した。第一次天安門事件(四・五運動)直後の七六年五月に訪中したシンガポールのリー・クアンユー首相とは、政経分離での交流拡大に合意した。

中国の七〇年代半ばにおけるＡＳＥＡＮ諸国との相次ぐ関係の強化とＡＳＥＡＮ自体への積極的評価は、いうまでもなく中国外交の「ソ連主敵論」からすれば、ＡＳＥＡＮの中立地帯設置構想がソ連の覇権主義に対抗する意味をもつと判断されるからであった。しかし、国内の政治権力の中枢には「四人組」など文革急進派が存在していたから、各国の反政府組織への支持・支援を止めたわけではなかった。

三　中越戦争

七五年四月サイゴンが陥落してベトナムの統一が果たされ、翌年ベトナム社会主義共和国と改名された。ベトナムは戦禍からの復興と社会主義建設に多額の外国からの援助を予定した。しかし、中国は無償援助は断わり、借款も少額であった。対して、ソ連はかなりの額の経済援助を約束した。ベトナム北部の冷害もあり、食糧確保の必要から流通機構の国有化など七七年以降南部の社会主義化が急がれた。このため、南部に多い華僑を中心にして難民が流出するようになった。これは北部にも波及し、七八年春以降、大量の華僑が陸の中越国境を越えて中国に流入しはじめた。七八年五月、中国国務院僑務弁公室が初めて公式に華僑問題に言及し、ベトナムの華僑は、降級、解職、配給制限などの差別政策により「追放」されていると、ベトナムを非難した。ベトナム側は華僑が勝手に職場を放棄し、財産を売却して逃亡していると反論したが、この問題は民族的感情を揺さぶるだけに一触即発の危機をはらんでいた。七九年までに中国に帰国した華僑は二十万人でその大部分は北部在住者であった。

他方、カンボジアも七五年四月「解放」されたが、その権力はポル・ポト派が握るところとなり、極端な平等主義に基づく「農村社会主義」と、恐怖政治が断行された。中国は多額の軍事・経済援助をカンボジアに与えた。ポル・ポト派は七七年以降ベトナムと領土紛争を頻発するようになり、同年末には、ベトナムと断交してしまった。

こうした状況を勘案しながら、中国はベトナムへの経済制裁をつよめていった。七七年には借款を停止し、七八年には経済協力プロジェクトの全面打ち切り、技術者の総引き揚げを通告するところとなった。中国の経済制裁に対抗して、ベトナムは七八年六月にCOMECON（経済援助相互会議）に加入した。さらに、十一月「ソ越友好協力条約」を締結したが、これは明白な軍事条約であり、ソ連はベトナムに対する軍事・経済援助を強化しはじめた。

七八年十二月、カンボジア救国民族統一戦線が結成され、これとともにベトナム軍が大挙してカンボジアへ侵攻し、翌年一月にはポル・ポト政権を瓦解させ、カンボジア人民共和国を樹立しヘン・サムリン政権を誕生させた。新政権はただちにベトナムと「平和友好協力条約」を結んだ。中国からみれば、これら一連の動きは「大覇権主義」の庇護のもとに、ベトナムが「インドシナ連邦」の設立という「地域的覇権主義」を実行に移したものと判断された。中国は七八年末、米中間で翌年元旦から国交を樹立する約束をとりつけ、鄧小平自らが七九年一月から二月にかけてアメリカを訪問し、帰途日本に立ち寄った。これは明らかに「ソ越条約」を意識しての対ソ牽制であり、対ベトナム戦もあり得べしとする了解工作の旅であった。

七九年二月十七日、中越の全国境から中国人民解放軍は侵攻作戦を開始した。その兵力は約二十万であり、目的は「自衛反撃」の限定作戦であるとしていた。ベトナム側は当然これを「侵略戦争」とみなした。鄧小平は戦争が開始されてからまもなく、今回の戦闘は、限定的な戦闘であり、長期化しない、拡大しない、と語った。侵入作戦は国境線から二〇―三〇キロの範囲であった。作戦はハノイに通じる要衝ランソンを占領して終了し、三月五日、中国軍は全面撤兵した。この戦争による死傷者はベトナム側は中国六万余人、中国側はベトナム五万人と発表している。

6　関係の修復と密接な関係構築へ

一　中国外交の転換と近接諸国

中国は一九七八年末から、鄧小平指導のもとに基本政策を改革開放に大きく転換した。これにともない対外政策も全方位、是々非々と評されるイデオロギー色を排除した「独立自主外交」に転換した。それは国内の経済改革、つまり人民公社の集団生産に替わる農村での家族請負制、ついで都市改革、社会主義初級段階であるとの自己規定による個人経営、私営経済の容認、そして全面的な市場経済の導入。外資導入の点から面、さらに全面化という、経済発展を第一に据えた国内政策に応じて、対外政策は安全で適切な国際環境を保持すべきであるという命題を抱えることになった。それは言い換えれば、毛沢東時代の「負」の遺産を清算し、それをプラスに転化・発展させることを意味した。

とりわけ問題の多かった近接諸国とは「負」を解決し、信頼を取り戻し、関係を発展させることが必須であった。

しかし、傷跡はあまりに大きく、深いものであった。この解決には九〇年代はじめまでかかることになった。ベトナム、インドネシアなどが典型である。中国が改革開放政策に転じたことによって、近接諸国・地域を重視するようになったのはそれら諸国・地域の目覚ましい経済発展にもあった。中国がＮＩＥＳの発展に関心を示すのは八〇年前後からだが、八〇年代半ばからはＡＳＥＡＮを有力メンバーとするアジア・太平洋圏が世界経済の主導力になるとみなすようになり、中国もこれらを参考とし、その流れに加われなければ落後してしまうという危機感があった。

八〇年代から九〇年代、つまり二十世紀最後の二十年間に、とりわけ八〇年代末から九〇年代はじめにかけて、第二次天安門事件、東欧圏の崩壊、冷戦構造の解消、ソ連邦の解体という激動が中国を襲い、中国の国際環境はきわめて悪化した。このとき、とくに天安門事件で西側先進国と相反する対応をとって、中国を救ったのはこれら近接諸国であった。八〇年代は「負」の遺産の清算、ないし清算の方向に踏み出した。冷戦構造の崩壊により、中国の外交戦略上での近接諸国の位置づけは変化したが、九〇年代とくにその後半は南沙群島問題というアキレス腱を抱えながらも、ＡＳＥＡＮをはじめ近接諸国との関係がかつてない規模と密度をもって発展したと言えるであろう。

二　「造反外交」の清算

ＡＳＥＡＮ諸国にとって、中国との関係で解決されなければならない最大の問題は、各国内における親中国反政府勢力である共産党とその支配下にある武装勢力への中国の支援問題であった。リー・クアンユー・シンガポール首相が八〇年に訪中したさい、中国にたいして東南アジア諸国共産党への支援停止を要求したのをはじめ、ＡＳＥＡＮ諸国の指導者は同様の要求を抱いていた。この要請にたいして、八一年八月、趙紫陽首相はフィリピン、マレーシア、シンガポールを訪問した機会に、「各国の共産党はそれぞれの国の社会的な産物であって、中国と彼らとの関係は政治的・道義的な関係にすぎない。各国の政府とその国の共産党との関係は、その国自体に関わる事柄であって、われわれは他国のことには干渉しない。各国共産党の政策と活動は彼ら自身の事情によるものであって、中国は関与しない。歴史的に残されてきた問題については、われわれはすでに最大限の努力を払って解決してきており、ASEAN諸国との国家関係の発展の障害にならないようにしている」と表明し、「政治的・道義的な関係」に過ぎないとして、中国がこれら諸国の革命勢力と直接的な関係をもたないと約束した。実際、八〇年前後に中国国内から発信されていたとされる「タイ人民の声」、「マラヤ革命の声」は相次いで放送を停止した。

この関連で注目されるのは、インドネシアとの関係改善の動きであった。八四年にモフタル・インドネシア外相が訪中したのに続き、八五年にはバンドン会議三十周年記念式典への参加のために、呉学謙外相が「九・三〇事件」以後初めてインドネシアを訪れた。そして、両国関係を平和的な話し合いによって解決していくことが表明されると同時に、両国間の直接貿易が開始された。さらに、八九年二月、昭和天皇の大葬に参列した機会に、スハルト・インドネシア大統領と銭其琛中国外相の会談がもたれ、両国が関係正常化の措置をとっていくことで合意した。第二次天安門事件に影響されることなく予定通り、九〇年八月、華僑の国籍問題の解決を含めインドネシアとの国交を回復し、同年末にはスハルト大統領を暖かく迎え入れ、「九・三〇事件」をきっかけに六七年以来、関係の断絶していたインドネシアとの関係を正常化した。

なお、毛沢東時代に関係が悪化していたモンゴルとも、楊尚昆国家主席が国家主席としては初めて九一年八月、モンゴルを訪問し、海に出口のないモンゴルに対して、中国領土を通過して海洋に出入りし、国境を通過して物資を運送する便宜提供を約束した。こののち、九四年には、六〇年の「友好相互援助条約」をイデオロギー色のない「友好関係協力条約」に改めて締結した。

三　インドシナ問題の解決

カンボジア問題が八〇年代には東南アジアの最大の政治問題であった。それはベトナム軍を撤退させ、その上で各派連合の民族和解政府を構築することであった。中国とASEANはカンボジア問題の解決の基礎はベトナム軍のカンボジアからの撤兵という点において一致していた。これは中国の大いに支持するところであり、ベトナムに国際的な圧力をかけ、中国の立場を強化する上からも重要であった。ASEAN諸国のインドシナ問題の解決政策にはベトナムに対する姿勢で強弱の差があったが、中国は、対ベトナム姿勢が最も強いタイにたいしてより密接な支持・関係を保つように努め、かつ、大枠としてASEANの解決策と共同歩調を取るようにして、ASEAN諸国との政治的な関係を良好にした。

中国はヘン・サムリン政権をベトナムの傀儡として否認してきたが、一九八六年三月の民主カンプチア三派連合政府の「八項目の提案」を支持するかたちで、ヘン・サムリン政府を「容認」したし、これまでカンボジアからのベトナム軍の撤退を前提条件として交渉に望むとしていたのが、「開始すれば」と変化した。八八年七月、中国外務省はカンボジア問題解決の四項目の「声明」を発表した。①ベトナム軍の完全撤退とそのタイムスケジュールの提出、②シアヌーク親王のイニシアチブのもとでの四派臨時連合政府の樹立、③各派軍隊の凍結、自由選挙、④適切な国際的監督のもとでのベトナム軍の撤退と自由選挙、である。

八九年、ベトナム軍はカンボジアから完全撤退した。その後九三年、カンボジアでは国連監視下で選挙が行われ、シアヌークの息子ラナリットを第一首相とする新政府が誕生した。ポル・ポト派はこの選挙に参加しなかった。この前から、中国は同派への関係・援助を断ち切っていたと見られる。九七年、実権を持つフンセン第二首相に対して、ラナリット派が反乱を起こしたが、それはポル・ポト派の旧兵士を動員したものとされた。反乱は直ちに鎮圧され、ラナリットは国外に逃れたが、中国は内政問題だとして関わらなかった。

ベトナムと中国の関係は中越戦争、そしてカンボジア問題というトゲを抱えていた。しかし、歩み寄りの変化が生じていた。ベトナムは中国と似たような「ドイモイ(刷新)」政策を八六年から展開し始めた。後ろ盾であったソ連の外交政策の変化と経済援助の削減も背景としてあったであろう。八五年十一月に北京で開かれたアジア・太平洋国際貿易博覧会にベトナムが参加した。さらに、八六年末、劉述卿外務次官がラオスを訪問し、八七年にはラオスと友好関係を回復し大使交換に合意した。また、八九年十月、カイソン・ラオス首相兼人民革命党書記長が訪中し、党レベルの関係も正常化した。これらにはベトナムの合意が当然予測されるものであった。八九年二月には、「中越戦争」以来閉鎖されていた中越国境の往来が解除され国境貿易が再開・活発化した。

その後、これといって目立つ政治指導者の参加がなかった、九〇年の北京アジア競技大会に、ベトナムはかつての朋友ボー・グエン・ザップ将軍(副首相)を出席させた。これも一つの契機として、九一年十一月、ド・ムオイ共産党書記長らが訪中し、中国は「中越戦争」以来断絶していたベトナムとも、関係の完全修復を行った。九〇年代半ばには地雷撤去作業を行い、断絶していた中越鉄道も十七年ぶりに開通した。また、懸案となっていた国境画定も、九九年末に陸上国境条約が、二〇〇〇年十二月に、チャン・ドク・ルオン大統領が訪中し、トンキン湾での「領海画定協定」に調印した。中越関係を緊張にさらしていた領土問題は、西沙、南沙群島を除き解決を見るに至った。

四　朝鮮半島との関係

八〇年代、朝鮮半島の「南」「北」両国との関係は微妙な発展をみせた。一九八〇年前後から中国は韓国の経済発展に非常な関心を寄せ、また、自国の経済発展の必要から韓国との非政治レベルの関係を深めようとするのに対して、北朝鮮は中・ソに等距離・牽制外交をとり、自国の存在意義をアピールした、といえるが、ソ連の崩壊、冷戦構造の崩壊によってそれは壊滅的な打撃を受けた。そればかりか「核」疑惑と深刻な食糧危機に見舞われることになった。

中国と韓国との「直接」接触は八三年五月におこった中国民航機のハイジャック事件を契機にしている。この事件の処理のために国家機関である中国民航総局の沈図局長が訪韓し、犯人引渡し以外はスムーズに解決した。このときの合意文書では「大韓民国」という正式名称が使用された。こののち、スポーツを通じて交流を行い、外交官の相互訪問も行われるようになった。そうした過程で注目されるのは、中韓の貿易関係が急速に拡大したことである。中韓の香港を通じる間接貿易は七〇年代末に一〇〇〇万米ドルを超えたと推測されるが、その後飛躍的に拡大し八五年には一四億米ドルに達して、完全に中国・北朝鮮間貿易量を凌駕し、約二倍になった。八八年には、山東省、遼寧省、吉林省の投資誘致団が相次いで訪韓し、釜山と上海などを結ぶ定期コンテナ船も就航した。八八年には貿易額は往復で四〇億米ドルを超え、中国・北朝鮮間が五億米ドル程度とみられるところから、八倍に達した。

当然、以上のような中国と韓国との関係の発展は、中国と北朝鮮の関係に影響を及ぼさないわけにはいかなかった。北朝鮮はベトナムのカンボジア侵攻には批判的な態度をとり、シアヌークのピョンヤン滞在を認めていたが、ソ連のアフガニスタン軍事介入には容認する態度をとっていた。こうしたこともあり、中朝関係はしっくりしていなかった。八一年の趙紫陽訪朝後、関係回復に向かい、中国は北朝鮮の朝鮮統一基本政策、すなわち南朝鮮からの米軍撤退、米・韓・北朝鮮による三者会談、「高麗民主連邦」による統一などへの支持を改めて表明した。

こののち八二年の金日成主席の訪中をはじめ両国最高首脳の相互訪問とりわけ中国からの訪問は頻繁であった。しかし、北朝鮮は八六年秋のソウルにおけるアジア競技大会への中国参加をにらんで、同年七月の友好協力相互援助条約締結二十五周年にさいし、元山港へのソ連空母ミンスクをはじめとするソ連太平洋艦隊の寄港、秋には黄海側の南浦港へのソ連艦船の寄港を認め、中国を牽制した。反面、第二次天安門事件の暴圧に対して明確な支持を示したのは北朝鮮のみであった。ソ連・東欧圏の崩壊は北朝鮮にも難題を突きつけた。経済支援が途絶したのである。

五　関係の好転——朝鮮半島

中国と韓国との貿易は八〇年代半ばから増大し、また韓国からの観光客も増加した。韓国は八〇年代おわり頃から積極的な「北方外交」を展開していた。九一年秋、南北朝鮮の国連同時加盟が実現したが、北朝鮮が同時加盟に踏み切ったのは、中国が韓国の単独加盟に拒否権を行使しないため、と伝えられた。その後九二年八月に中国は韓国と国交を樹立した。中国からすれば、台湾と国交を持つアジアの最後の有力国と関係を持つことになった。韓国と台湾は断交した。韓国からは九二年盧泰愚大統領、九三年金泳三大統領が相次いで訪中し、九五年には江沢民国家主席が訪韓した。両国首脳の相互訪問は継続し、九八年に金大中大統領が訪中した。こののち、両国の軍首脳の相互訪問も行われるようになり、軍事面を含め両国の関係は深まっている。

他方、北朝鮮と中国の関係は一転して冷たいものになったが、二十世紀の終わりから二十一世紀の初頭にかけて、好転の兆しを見せている。

九四年春の北朝鮮の「核疑惑」問題に際しては、中国は米国と北朝鮮に自制を求め、「半島の平和と安定を守り、非核化を実現すること」(江沢民)が中国ひいてはアジアの基本目標であるとの方針を示した。その年七月の金日成主席の逝去に際し、中国は弔問団を準備したが、北朝鮮の外国弔問団は受け入れないという方針のもとに、結局派遣しなかった。中朝の「特別な関係」がもはや存在しないことを示す象徴的な出来事であった。それればかりか、北朝鮮は九〇年代半ば、江沢民訪韓に反発してと推測されるが、中朝国境貿易を一時中断する挙に出た。

金日成亡き後、党と国家の最高指導者の地位が不明な九七年二月、朝鮮労働党の高級幹部黄長燁書記の亡命事件が北京で起きた。北朝鮮側は韓国による「拉致」であると当初主張していたが、中国政府の対処は冷静で、本人の亡命意思を確認後、北朝鮮を配慮してフィリピンに出国させた。その後、黄長燁は韓国に渡った。中国は国際法に従った措置であると言明した。

また、米韓の提唱により九七年末から、朝鮮休戦協定を平和協定に替え、恒久平和を協議する四者会談が開催されることになったが、中国は当初からこれへの参加に積極的であった。その立場は北朝鮮の「後見人」と見なされていたが、実際にはそうでもなく、むしろ北朝鮮の在韓米軍撤退などの頑なな主張に不信感を抱いていると報じられている。九八年八月の、北朝鮮の失敗に終わった「人工衛星」の発射は、日本を驚愕させたが、唐家璇外相は、重大な懸念を持つ、と言明した。中国にとって、朝鮮半島は「平和と安定」であって欲しいのであり、米国の影響力・主導権が強まることを阻止したいのである。

ところで、金正日は九七年秋、労働党総書記に、翌年春、国家主席を廃止して最高位となった国防委員長に就任した。この一連の重要人事について事前に中国に連絡があったかは疑わしい。それはともかく、九九年六月、第二位の地位にありかつ形式上国家を代表する金永南北朝鮮最高人民会議常務委員会委員長が訪中して、江沢民、朱鎔基首相らと会談し、関係修復を果たした。中国は食糧、コークスの無償援助を改めて約束した。

その翌二〇〇〇年五月末、金正日総書記が非公式に中国を訪問した。これは九一年の金日成訪中以来九年ぶりのことであった。その直後に歴史的な南北朝鮮の首脳会談が実現した。江沢民国家主席は、南北首脳会談を熱烈に歓迎し支持すると述べた。金正日総書記の発言で注目されたのは、北朝鮮は独自の社会主義建設路線を守るとしながらも、中国の改革開放政策に支持を表明したことである。これは北朝鮮首脳の発言としてははじめてのことであった。そして、二〇〇一年はじめ、再び金正日総書記が中国を「秘密」訪問し最初に、改革開放の象徴でもある上海の浦東地区を訪れ、外資合弁の先端企業などを視察し、帰路北京で、ふたたび、中国の改革開放を賞賛したことである。両国関係は回復し、緊密度を増したと見てよいであろう。

六　ＡＳＥＡＮとの関係密接化

八九年六月の天安門事件に近接諸国も衝撃を受けた。が、概していえば、当初はショックを受け、流血は遺憾と表明したものの、やや日が経つと事件は中国の「内政」に関わることであるという点でほぼ歩調が揃い、西側の「人権にたいする暴圧」であるから制裁措置が必要という対応とは相違を見せた。リー・クアンユー・シンガポール首相は事件直後には、非武装の市民に対する武力の行使は完全に行き過ぎだ、と語っていたが、七月に入ると、体制内の改革でいくべきではなかったか、権力者はもう少し妥協すべきだった、とトーン・ダウンさせ、さらにわれわれは中国の近代化を援助すべきだ、と語るようになった。これはＡＳＥＡＮではもっとも批判的であったが、共通する考え方を示したものでもあった。

九〇年にはインドネシアの国交修復について、シンガポールも中国と国交を樹立した。さらに、九〇年代半ばにはブルネイとも国交を結び中国はＡＳＥＡＮ諸国すべてと正式の関係を持つことになった。そして、九〇年代には活発な首脳外交を展開した。一九九一年七月にはＡＳＥＡＮ外相会議の域外対話国になり、九六年から全面的対話パートナーとして、ＡＳＥＡＮ拡大外相会議の主要メンバーに昇格した。これをはじめ、ＡＰＥＣ非公式首脳会議、ＡＳＥＭ首脳会議などＡＳＥＡＮを足がかりとして、国際会議に中国首脳が必ず出席するようになり、中国の主張を表明する場とするとともに、米大統領との会見など関係のこじれていた主要国との意思を疎通する機会にもなっている。

中国は、九四年五月に設立・開催された、地域の安全保障を協議し情報交換を行うＡＲＦ（ＡＳＥＡＮ地域フォーラム）のメンバーにも参加した。その他中国は、九〇年代半ばから、ＡＳＥＡＮ中国連合協力委員会、ＡＳＥＡＮ中国経済貿易連合委員会、ＡＳＥＡＮ中国科学技術連合委員会や、北京駐在ＡＳＥＡＮ諸国との連絡・協議機関であるＡＳＥＡＮ北京委員会まで設け、ＡＳＥＡＮ諸国との関係を密にする重層的な組織を構築して、ＡＳＥＡＮ重視の姿勢を鮮明にし、その具体化を図った、といえる。

ＡＳＥＡＮとの貿易量も増え、九三年に一〇〇億ドルを突破し、三年後の九六年には二〇〇億ドルを超して、中国の貿易総量の一割くらいを占めるようになった。九七年の香港返還後、アジアを覆った金融危機に際しても人民元を切り下げないで、ＡＳＥＡＮ諸国の経済回復に貢献した。ＡＳＥＡＮから中国への投資、また、未だ少額であるとはいえ、中国からＡＳＥＡＮへの投資も行われるようになり、経済関係は競合しつつも相互依存関係を強めている。

ＡＳＥＡＮとしては地域大国中国というカードを使って米国を牽制できるという利点がある一方、中国としてもＡＳＥＡＮとの連帯というカードを使うことが出来る。九七年十二月ＡＳＥＡＮ中国首脳会議は二十一世紀に向けての「共同声明」を出し、それぞれの間の善隣相互信頼パートナーシップを発展させること、これを中国とＡＳＥＡＮの二十一世紀における関係の重要な政策目標とする、と宣言し、相互の独立、主権・領土保全の尊重、内政不干渉をうたい、「双方は平和の方式でそれぞれの食い違いと紛争を解決し、武力に訴えたりあるいは武力をもって脅かしたりしない」と表明した。

さらに、九七年からＡＳＥＡＮ＋３（日本・韓国・中国）首脳会議がもたれていたが、二〇〇〇年末の会議で、三国首脳が協議し、協議を定例化することに合意した。また、本来は経済関係に限定されているはずであったが、朝鮮半島問題も話し合われたと報道された。これは東アジアの安定と「東アジア経済圏」に道を開くのではないかとの希望を持たせた。

七 「中国脅威論」・南沙群島問題

九〇年代、中国とASEAN諸国との関係は確かに発展したが、国によって程度の差はあれ、中国に対する警戒感が根強く存在する。それは「中国脅威論」とも言うべきものであって、九〇年代初頭から顕在化した。というのも、八〇年代末から中国は毎年国防費を一〇パーセント台で増額させたこと、スホイの旧ソ連からの購入・ライセンス生産など兵器・装備の近代化を進めつつあること、九〇年代半ばには、駆け込みで地下核実験を行ったこと、そして、九六年春には、台湾の総統選への威嚇として、ミサイル演習を行ったことなど、軍事面での中国の「充実」が脅威論の主たる根拠となっている。

さらに、南沙群島問題が中国の「拡張主義」、「脅威」となっている。南沙群島(スプラトリー群島)は二三〇余の島嶼からなり、海底に石油などの地下資源が豊富であると見られていた。中国が九二年二月「領海および接続水域法」を公布して、これら島嶼は中国の領海内にあると宣言したところから、この地域の紛争が目立つようになった。もともと、この地域に対して、その一部または多くの領有を主張していたのは、フィリピン、ブルネイ、マレーシア、ベトナム(西沙群島を含む)であって、それに台湾も一部に軍隊を保持していた。八八年には西沙をめぐって、中国とベトナムで武力紛争も生じていた。こののち、中国は、ダラク礁に領土標識を建てるなど、「主権」を行使したが、関係国の反発を招き、とくに、ミスチーフ環礁での中国の建造物構築についてはフィリピン側の厳しい抗議・反撃を受けた。中国漁船が沈没されるなどの事件も起こった。その他、領有を主張する諸国と絶えず紛争を起こすか、その種となった。中国はベトナム、フィリピンのASEANによる国際化の解決には反対し、領土問題では二国間協議の主張を取っており、この地域の共同開発を呼びかけている。

八　インド・パキスタンとの関係

かつて中印戦争を起こしたインドとも、七九年二月に、戦争以来はじめてパジパイ・インド外相が訪中し、これにたいして、黄華外相が八一年六月にインドを訪問して、国境問題について協議を開始することで合意し、同年十二月北京で第一回会談を開催した。八七年にインドが中印国境東部地区にアルナチャルプラデシュ州を創設したため、中国側はこれに反発・抗議し、一時緊張が高まった。が、六月にティワリ・インド外相が訪中し、事態は平穏化した。翌八八年十二月、ガンジー・インド首相が訪中し、国境問題の合同作業グループの設置に合意し、画定作業は断続しながらも続いているが、二十世紀中には解決・合意を見ていない。

九八年五月、まずインドが核実験を行い、これに対抗してパキスタンも核実験を行った。インドの核実験正当化の理由が中国の核脅威に抗するためであったことから、中国は政府声明で「インドが中国を中傷したのは核兵器開発の口実を作るものだ」と激しく非難した。六〇年代以来友好関係にあるパキスタンのそれに対しては「遺憾」の意を外交部スポークスマンが表明し、南アジアにおける核競争を懸念・牽制するとともに、中国は核拡散には反対であるとの立場を表明した。

二〇〇〇年五月、ナラヤナン・インド大統領が訪中し、江沢民総書記らと会談した。江沢民はインドとの人的、経済的な交流の増大を希望するとともに、高所から両国関係を見るべきだし、国境問題の解決には根気が必要だと述べ、ナラヤナン大統領も、共に努力したいと返答した。

中国と近接諸国との関係はこの二十年間に大きく変化している。二十一世紀を迎えるに当たって、朝鮮半島には中国は影響力を行使し得る立場を確保したし、ＡＳＥＡＮ諸国とは南沙群島というトゲを抱えながら相互依存関係を深めている。ミャンマーの軍事政権とは内政不干渉という原則のもとに独自の関係は継続しており、国境貿易は盛んである。南アジア、とくにインドとはしっくりしない面があるが、武力不行使には合意している。

Ⅶ　中台関係五十年略史

若林正丈

はじめに

前世紀以来、中国ナショナリストの悲願は、列強の「半植民地」に堕していた中華帝国の地に独立・富強・統一の近代国家を建設することであった。そして毛沢東が「中国人民はたちあがった」と宣言した中華人民共和国の建国から五十年あまり、その悲願は未だ達成されたとは言い難い。ナショナリストが求める「一つの中国」は国際政治の一応のたてまえとして定着してはいる。しかし、現実はまだそうなってはいない。

中国の経済的繁栄に貢献しつつも「半植民地」の歴史的屈辱の象徴でもあった香港とマカオとは、それぞれ二十世紀中に「特別行政区」として中華人民共和国の主権下に入った。しかし、最小幅約一五〇キロメートルの台湾海峡を隔てた台湾島(付属島嶼と澎湖諸島を含めて面積約三万六〇〇〇平方キロ)の台北に首都を置く「中華民国」(実効支配地域は他に福建省沿岸の金門島、馬祖島などの小島を含む)が、アメリカの防衛コミットメントを頼りにしつつ、中国の「一国家二制度」(香港、マカオに適用された方式)の統一提案を拒否して、事実上の独立を保持し続けている。

この中華人民共和国(以下、中国)と「中華民国」(以下、台湾。その統治当局を時に国府と称する)の関係(以下、中台関係)は、一般の国際関係とは言えないが、また単純な一国内の地域間関係とも言い難い。いわんや、ごく最近まで多くの論者が習慣的にそうみなしてきたように国・共両党の関係と同じではない。中台はともに俗に「中国人」と称される漢族が多数を占める社会であるという意味で「中国社会」であるが、それぞれの国際社会における地位、内部の政治・経済的発展のありかた、住民の生活様式や意識も大きく異なっている。両者の関係は、変転する内外情勢の中で、統合と分離の契機をともに含んだ微妙な均衡の上に展開してきた。この章では、中台関係にアメリカが果たしてきた役割にも留意しつつ、この五十年の中台関係の複雑な展開の概略をたどってみたい。だが、その前に、日本の植民地統治離脱から中国の分裂国家化までの過渡期にも一瞥をくれておく必要がある。

1 前 史――台湾の中華民国編入と二・二八事件

一 台湾の「光復」

一九四五年八月、台湾は半世紀にわたる日本の植民地支配から離脱して中華民国台湾省に編入されることになった。すなわち、連合国軍最高司令官マッカーサーは、対日一般命令第一号において、中国大陸と台湾の日本軍に対し中国戦区最高司令官蔣介石への降伏を命令、蔣は、ただちに重慶において陳儀を台湾省行政長官兼同省警備総司令に任命し、同年十月、台湾に赴いた陳儀は蔣の代理として、台湾総督兼第十方面軍司令官安藤利吉から降伏を受け、同時に台湾と澎湖諸島の中華民国への編入を宣言したのである。これを中国ナショナリズムの語彙では「台湾光復」という。

陳儀をはじめとする来台国民党軍政要員は、台湾総督府など日本の統治機構を引き継ぐとともに、金融、交通・運輸、電力、糖業、肥料、セメント、炭鉱など、日本国家および日本資本が台湾に残した近代企業をことごとく接収した。接収はその過程においても結果においても、土着の台湾人・台湾資本をほとんど排除して行われ、国営、省営、さらには党営などの公営資本として国民党官僚資本のなかに組み込まれた。これら公営資本は、歴史的に台湾土着社会に基盤のなかった国民党政権が後に台湾に逃げ込む際の足場となり、さらに後の強圧的統治の物質的基盤ともなっていった。

二・二八事件

しかし、腐敗した軍政要員による接収と無規律な軍人・兵士による支配は、社会に混乱をもたらし、内戦のための際限のない米穀徴発や、上海向けの砂糖・工場設備などの略奪的密輸などが大陸の破滅的インフレを台湾に呼び込み、市民生活を破滅の淵においやった。一九四七年二月二十八日、前日の午後台北で発生したヤミ煙草取り締まりをめぐるトラブルがきっかけで台湾人の憤懣が爆発、全島に反国民党暴動が波及した。台湾人は、各地で警察機関を接収し軍駐屯地を包囲し、貪官汚吏を糾弾し、陳儀に省政の民主的改革、台湾人の登用などの要求を突きつけた。だがかれらの天下は一週間しか続かず(「台湾七日民主」)、三月八、九日と大陸から蔣介石の派遣した援軍が到着するや、苛酷な弾圧が行われた。犠牲者の数は、人口統計上の推計により一万八〇〇〇から二万八〇〇〇と見られている。

これが二・二八事件である。二・二八事件は、その後の台湾社会に深い傷を残した。同じ漢族ながら戦前から台湾に居住する台湾人(「本省人」)と戦後新たに移住した「外省人」との間の「省籍矛盾」と呼ばれる複雑な溝がそれである。それは国府が後に実施した徹底的な「中国人化」政策にもかかわらず、国共がともに「分離主義」として非難する思想や行動(「台湾独立」)の源泉ともなって、台湾内政ばかりでなく、中国国家の統合問題にも影をおとすこととなった。

2　東西冷戦と中国内戦の結合——「アメリカの平和」と「一つの中国」体制

一　「台湾解放」と「大陸反攻」

大陸での内戦の敗色が濃くなっていた一九四九年一月、蔣介石は早くも腹心の陳誠を台湾省政府主席として送り込み、インフレ克服のための通貨改革、農民の動揺を鎮めるための農地改革、地方自治の部分的実施など、台湾たてこもりの準備にとりかからせた。そして、十月、中華人民共和国成立。十二月、蔣介石は「中華民国中央政府」を台北に移転した。

これより先、国府軍は、同年六月から商船拿捕や都市空爆など大陸沿岸部、特に上海を封鎖する挙に出ていた。五〇年一月には米軍提供のB24機で上海に大規模爆撃が行われた。当面海・空軍力の不足する中国軍はただちにこれを克服できなかった。

しかし、大局的には「台湾解放」は不可避のように見えた。四九年夏『中国白書』を発表した頃には、アメリカ政府・軍当局ももはや経済的・外交的手段では台湾は守れないとの見通しで一致していた。五〇年一月五日トルーマン大統領は台湾海峡不介入を声明、十二日アチソン国務長官はアメリカの西太平洋防衛ライン（アリューシャン列島、日本列島、沖縄、フィリピン）から台湾、韓国を除外するととれる発言を行なった。四九年初めいったん「下野」していた蔣介石は、五〇年三月総統職に復帰、再三「大陸反攻」を叫んで士気を支えようとした。だが、国府の命運は風前のともしびに見えたのである。

二　台湾海峡の「中立化」と「台湾解放」の挫折——東西冷戦と中国内戦の結合

国務省主導で「塵の静まるのを待つ」態度をとったものの、アメリカ政府部内も世論もこれでまとまっていたわけではなかった。一九四九年後半から「中国の喪失」の責任を追及する声は共和党を中心に高まり、軍内部でも、強まるソ連との緊張の中で、台湾の戦略的価値を重視する声が強まっていった。例えば、マッカーサーは五〇年六月十四日付けメモで、台湾は二十隻分に相当する「不沈の空母」であり、それが敵対勢力の手に落ちた時の脅威を強調していた。

六月二十五日、朝鮮戦争はこのようなタイミングで勃発した。二十七日トルーマンは台湾海峡不干渉方針の破棄を宣言、中国軍による台湾攻撃阻止のため第七艦隊の台湾海峡出動を命令した。トルーマンは同時に国民党に対しては「大陸反攻」行動の停止を要求しており、これが「台湾海峡中立化宣言」と呼ばれる所以である。その根拠として、台湾の将来の地位に関しては「太平洋における安全保障の回復、日本との講和条約、あるいは国連による検討を待つべきである」とのいわゆる「台湾の地位未決論」が表明されていた。ここに、アメリカの、中国内戦からの台湾の「隔離」の意図がのぞけて見える。

十月に至り、朝鮮の戦局は重大化した。八日米軍が三十八度線を越えると、二十五日中国軍は鴨緑江を越えて参戦した。中国軍は「台湾解放」に備えていた兵力をも朝鮮戦線に割かざるを得ず、第三野戦軍は、主力を米軍・国府軍の侵攻に備えて福建省沿岸の警戒にあて、「台湾解放」に備えて上海に集中・待機していた党・政幹部も、各地に散っていった。ここに中国軍による「台湾解放」は挫折したのである。

台湾海峡介入を決めたアメリカは、国連の場で国府の中国代表権を防衛するとともに、いったん中止していた国府援助を再開した。早くも一九五〇年七月マッカーサーが台北に飛び蔣介石と台湾共同防衛を協議、ただちに常駐軍事連絡班がＧＨＱから派遣された。翌五一年二月、正式に「相互防衛協定」を締結、本格的なテコ入れが再開され、国民党勢力は息をふきかえした。軍事援助は、五〇年から七四年に打ち切られるまで総額約二五億六六〇〇万ドル、ＭＳＡ（相互安全保障法）などに基づく一般経済援助は、六五年に打ち切られるまで総計約一五億ドルが供与されている。また、五一年四月には、チェース少将が団長に任命されて公式に軍事顧問団の派遣が再開された。トルーマン政権は、平時においても敵対勢力の下に置くべきでない地域として、台湾を戦略的に位置付けるに至ったのである。

一方、共産党の側は、四九年七月毛沢東が「向ソ一辺倒」を宣言、五〇年二月には中ソ友好同盟相互援助条約を締結していた。これに対してアメリカは、台湾への直接的テコ入れの他、国府との講和を日本に強要し（五二年四月「日華平和条約」）、さらには後に触れるように、自らも米華相互防衛条約を締結、アジアの冷戦体制の最前線に台湾を組み込んでいった。朝鮮戦争を契機に、東西冷戦が台湾海峡にも一気に波及して中国の内戦と結合し、またもや一組の分裂国家ができてしまった。

三　第一次台湾海峡危機

かくして、台湾海峡は、朝鮮半島の三十八度線についでアジアにおける東西ブロックの分界線となった。だが、アメリカにとっての台湾防衛線は、台湾海峡にすっきりと敷かれたわけではなかった。国府軍がなおも浙江省（大陳列島）、福建省（金門島、馬祖島）沿岸の小島嶼を占領し続けていたからである。

一九五三年二月、就任直後のアイゼンハワー大統領は、台湾海峡「中立化」の解除、つまり国府軍の大陸攻撃抑制の解除を宣言した。結果、蔣介石はこれら沿岸島嶼に正規軍を配備し、沿岸地域に対するさまざまな攪乱工作を活発化させた。蔣は、アメリカを中国大陸再介入と「大陸反攻」支援に踏み切らせる「第三次大戦」の勃発という僥倖を待望していた。しかし、五三年七月朝鮮戦争の休戦が実現すると、中国軍は反撃を開始した。こうして、一九五〇年代、沿岸島嶼をめぐり二度にわたり国共戦争が勃発、米中両国を開戦の瀬戸際まで追い込んだ。台湾海峡危機である。

第一次危機は、五四年から五五年にかけて大陳列島をめぐって展開した。五四年五月、中国軍は大陳列島の小島嶼に橋頭堡を築き、十一月制空・海権を確保、五五年一月一江山島を、二月大陳島を占領した。背景には、仏軍ディエンビエンフー要塞陥落後のインドシナ新情勢のなかで、アメリカが作ろうとしていたアジアの集団防衛体制に国府が組み込まれるかどうかの問題があった。その結果、実現したのは国府抜きのSEATO（東南アジア条約機構）だったが、中国軍の攻勢は、アメリカとの二国間条約締結に弾みをつけ、五四年十二月米華相互防衛条約が調印された。五五年一月、アメリカ議会は、アイゼンハワーの要請により、大統領に、台湾と澎湖島、および「それに対する攻撃のはっきりした準備行動と認められる事態」に際して軍事力を使用する権限を与える決議（「台湾決議」）を上・下院とも圧倒的多数で採択、翌月米華条約を批准した。

米中の対決ムードは高まっていた。しかし、双方に抑制は働いていた。中国軍は、第七艦隊の国府軍大陳列島撤退支援作戦中、一切攻撃を控えた。西側同盟国も、そして結局はアメリカ世論も、沿岸諸島での緊張から対中全面戦争にいたることをのぞまなかった。四月バンドンのアジア・アフリカ会議で周恩来中国首相が、台湾地域の緊張緩和についてアメリカと話し合いの用意がある旨を言明、七月ジュネーブ四カ国首脳会議を経て米中会談が実現に向かい（八月一日第一回会談）、危機は去っていったのである。

米中会談と並行して、中国首脳は台湾の「平和解放」を口にし始めた。主なスポークスマンは周恩来であった。曰く「台湾地域の責任ある当局と台湾の平和解放の具体的措置につき協議したい」（五五年七月三十日）、「台湾を平和的に解放する道を歩みたいと願う者は過去を問わない」(五六年一月三十日)、「蔣介石が北京に帰りたいなら中央政府の部長〔国務相に相当〕クラス以上のポストを用意する」(同年十一月二十六日)などなど。共産党の狙いは、米中会談で台湾海峡の武力不行使を求めるアメリカに対し台湾問題の「内政問題」たることを示威し、かつアメリカと国府との間にクサビを打ち込むことであった。

これらの発言とともに「第三次国共合作」の風聞が世界をかけめぐり、台湾では、五五年八月の孫立人将軍事件(米軍筋の評価の高かった孫総統府参軍長が解任、軟禁された)や、五七年五月の台北アメリカ大使館襲撃事件(国府軍中佐がアメリカ軍人に私的いざこざで殺された事件を利用して蔣経国指揮下の特務機関が演出したと推測されている)など、ワシントン—台北間のきしみを思わせる事件が起こった。だが、動揺はそこまでであった。

四　第二次台湾海峡危機

第二次台湾海峡危機は、五八年八月から十月にかけて金門島をめぐって起こった。五八年に入り、周恩来の「台湾解放」発言から「平和」の文字は消えていた。八月二十三日より共産党軍は金門島に激しい砲火を浴びせた。国府側発表によれば、十月六日一週間の停戦となるまで、計四二万七二〇〇発が撃ち込まれた。七月末からの空中戦で沿岸部の制空権を失っていた国府軍は補給に窮し、八月末には福建前線司令部(中国側)が金門島司令部(国府側)に降伏を勧告するまでにいたった。

そこで、アメリカが再び介入したが、今度も抑制されたものとなった。九月四日ダレス国務長官は「台湾決議」を引用しつつ金門島砲撃を非難したが、同時に台湾地域における相互の武力行使放棄に関し米中の話し合いを提案していた。これは中国が六月から要求していた米中会談(五六年九月中断)の再開に応じる発言でもあった。翌五日第七艦隊に出動命令が下ったが、それは金門島補給護衛が任務であった。六日周恩来は、会談再開に同意(十五日再開)、十月六日彭徳懐国防相は「共通の敵はアメリカ帝国主義」との趣旨の「台湾同胞に告げる書」を発表するとともに、米艦隊の補給護衛停止を条件に一週間の砲撃停止を宣言、アメリカは護衛停止に応じた。十三日砲撃停止二週間延長、二十五日さらに偶数日の砲撃停止が宣言され、国府軍もこれに応じた。かくして、奇数日には共産党軍が厦門島から、偶数日には国府軍が金門島から一日おきに砲撃しあうという儀式的戦争を残して、危機は去っていった。

五　中国内戦の封じ込めと「一つの中国」体制

依然、「台湾解放」も阻止され「大陸反攻」も実現されなかった。五八年十月二十三日、ダレスは蔣介石に迫って「大陸の回復は原則的に三民主義の適用により、武力行使によらない」との趣旨の共同声明を出させていた。にもかかわらず、六二年蔣介石は「大躍進」の失敗による大陸の混乱に乗じて反攻準備の動きをみせたのだが、ケネディ政権の厳しいチェックにあった。

このように、蔣介石の「大陸反攻」は毛沢東の「台湾解放」とともに封じ込められたのであった。しかし、国府は反共前哨基地の役割を受け入れつつ、その中国内戦における立場を米国に国際社会において支持させることができ、七〇年代初めまで国府が一方的にその堅持する「一つの中国」原則の国際社会における受益者であった。

米国にとっては、「大陸反攻」に固執する蔣介石は、必ずしも台湾という反共前哨基地を守る上で理想の現地リーダーではなかった。しかし、米国は蔣介石を他のリーダーと置き換えることもできず、「一つの中国」を堅持し中国正統政権たることを主張するその立場を変えることもできず、国連での国府の中国代表権を支持し続けたし、西側主要国家も国府を支持しこれと国交を維持し続けたのであった。

一方、「一つの中国」は国共がともに堅持する原則であった。冒頭に触れたようにそれは今日に至るも現実とはなっていないが、台湾防衛とこの原則との「隔離」というアメリカの意図をも実現させていない、つまり台湾海峡の秩序提供者である超大国アメリカの行動をもこの原則が拘束しているという意味で、台湾海峡には「アメリカの平和」とともに、「一つの中国」体制が存在しているとも言えるのである。

3 「上海コミュニケ」と「台湾関係法」――「一つの中国」体制の転換

一 米中接近と「中華民国」の国際的孤立

一九六〇年代末、中国とアメリカはそれぞれのソ連に対する思惑から接近を始め、七二年二月ニクソン大統領の歴史的な訪中が実現し、「上海コミュニケ」が発表された。米中接近により、中国と国府の国際的地位の逆転がもたらされたことは、この章では詳述するに及ぶまい。国府は七一年国連での中国代表権を失い、以後政府参加の主要国際機関から次々と追われた。日本や西欧の主要国家は次々と外交的承認を北京に移し、「中華民国」と外交関係を持つのは、サウジアラビア、韓国、南アフリカなどの反共国家(いずれも九〇年代に外交承認を北京に移した)の他は、中南米、アフリカ、南太平洋の小国のみとなった。公式の外交関係にみる限り、国府は著しい孤立に陥ったのである。

中国との接近とともに、アメリカの台湾防衛関与は性格を変えた。ニクソン訪中時の「上海コミュニケ」で、アメリカは「中国人自身による台湾問題の平和的解決」を期待して「この地域の緊張情勢の緩和にしたがって台湾におけるその武装力と軍事施設を減らしていく」ことを確認した。これより先六九年末、第七艦隊の台湾海峡パトロールが常時から随時態勢に切り換えられており、七一年アメリカ議会は、五五年の「台湾決議」を全会一致で廃棄していた。

在台米軍は、七三年のベトナム和平成立以後大幅な引き揚げが行われ、また七四会計年度からは無償軍事援助が停止された。ただし、こうした在台軍事力撤収は、技術協力の強化など、台湾の自主防衛力増強政策への協力態勢を整えつつ行われたのであった。これが、七九年四月の「台湾関係法」による台湾への「防衛性兵器」売却政策に引き継がれていく。

二　外交危機への台湾の対応

対米接近により、中国は「中国の唯一の合法政権」の国際認知を獲得したが、ニクソン訪中後ただちに外交関係樹立に至らず、外交関係を結んだ日・西欧諸国に対しても対台湾全面断交を強制できず、これら諸国と台湾との間の「民間関係」を認めざるを得なかった。ここに、「中華民国」の著しい孤立にもかかわらず、「台湾」が一種独特の国際的地位を保持し続け得る余地があった。国府は、断交した諸国と経済・文化・技術協力などの多面的な「実質関係」を強化し、そのため政府に限らず民間の個人や団体が積極的に国際事務に参与していくことを奨励する「総体外交」を推進していた。例えば、日台間には通商・領事事務を行なう「民間機関」として「交流協会」(日本側)と「亜東関係協会」(台湾側)が設けられて、事実上の通商代表部ないし大使館として機能していった。その他の国々とは、「中華民国対外貿易発展協会」が出先機関として各国に「遠東貿易服務中心」を作っていく形がおもにとられた。

国際機関については、政府参加の機構からは追われていったものの、民間国際機構への参加は拡大し、八七年三月末の時点で国際オリンピック委員会をはじめ七一二の非政府参加国際組織のメンバーシップを有していた。その他、七九年元旦対米断交と時を同じくして住民の海外観光旅行を解禁し、同年十一月東欧五カ国との直接貿易を解禁した。

三　蔣経国による内政改革

台湾の政治体制は、中国内戦と東西冷戦の結合した環境の下で、共産党との内戦の態勢を内部制度に深く固着させたものとなっていた。それは、台湾のみの統治に「全中国の中央政府」の過大な編成を維持し、「中華民国憲法」に基づく「民主憲政」の堅持を「共匪の暴政」に対する正統性の根拠としながら、戒厳令や「反乱鎮定時期臨時条項」なる憲法棚上げ法規で総統に独裁的権限を付与して「憲政」を無視するという矛盾を持ち、さらに二・二八事件という歴史的要因と戦後渡来の外省人上層部分による政治権力・資源の独占とによる台湾社会との緊張をも同時に抱え込んでいた。その矛盾と緊張とを強大な情報・治安機構と制度化された政治的クライアンティリズムでカバーしていたのである。

国府は、こうした矛盾と緊張を抱えているがゆえに、大陸を統治していないという事実の上にたった政策に一挙に転ずることもできず、断交と脱退を繰り返したのである。同時にそうであるがゆえにまた「中国代表権」を否定されたことは、政府の威信のみならず、その政治権力の正統性に対する大きな打撃であった。順調な経済発展ゆえに社会経済問題による政治的負荷は軽く、かつ当面国民党に挑戦しうる勢力が存在しないとしても、何らかの改革による政治基盤の拡大策は必須であった。

国府において、この難局に当たらなければならなかったのは、蔣介石の長男蔣経国であった。長年政治警察の統括者であった蔣経国は、六五年国防相に就任して政治の表舞台に登場、六九年に行政院副院長(副首相)に昇任して後継態勢に入り、七二年行政院長(首相)に就任して実権を握った。来台初期、農地改革や地方選挙を成功させ副総統の地位にまで昇りつめていたライバル陳誠は、六五年に病死していた。蔣経国の政策で注目すべきなのは、次の点である。

台湾の政治制度の不合理の最たるものは、内戦中大陸で選出されたまま非改選の「中央民意代表機構」(国民大会、立法院、監察院。国会に当たるとされている)であった。蔣経国の改革の第一は、この「万年国会」に部分改選制度を導入したことである。実効支配している台湾の議員定員を増やしかつその分については憲法の規定どおり定期改選することにした(「増加定員選挙」)。依然国民党籍の「万年議員」が多数を占めることには変わりないが、これにより国政レベルにもいちおう政治競争の領域が開かれ(地方選挙は五〇年から)、国会への本省人の進出の道が開かれることとなった。

戒厳令はあっても選挙の時にはやや取り締まりは緩む。そのわずかな自由の空間を突き七〇年代後半、民主化を要求する反国民党勢力=「党外(国民党の外の意)」勢力が誕生した。この党外勢力が後の民主進歩党(民進党)に成長していく。民進党は後に「(台湾の前途の)住民自決」からさらに「公民投票による台湾独立」を掲げる台湾ナショナリズムをイデオロギー的バックボーンとするにいたり、国府の「一つの中国」原則を内側から揺さぶることとなる。

第二に、本省人のエリートの抜擢が開始された。六〇年代末から始まっていた国民党地方主幹などへの登用に次いで、蔣経国は首相就任とともに副首相、内務相、交通相に新たに本省人を抜擢、七五年党主席就任後は、党中央常務委員会中の本省人の比率をしだいに増やしていった。「本土化(現地化)」といわれるこの政策は、国会への本省人の進出と活性化とともに着実に進められ、米中国交樹立後の新たな状況下で加速されていく。九〇年代の民主化と「大陸政策」と積極外交をリードする李登輝は、この時農業問題担当無任所大臣に登用されて政治舞台に登場した。

また蔣経国はこの他経済面で、「十大建設」を推進し、南北縦貫高速道路、桃園国際空港などのインフラ整備と造船、鉄鋼、石油化学などの重化学工業の育成に努めた。これらは六〇年代の軽工業中心の高度成長から当然に要請されていたものではあったが、国際政治上の危機と石油ショックの打撃のなかで、この外来国家が台湾の内部建設に大量の投資をし続けたことの政治的意義は小さくなかった。それは、台湾社会の上に傲然と立って「中華の正統」をもって任じていた国民党が、静かに内向きの姿勢を強めていることの証左であった。これはまた「一つの中国」体制からの乖離の静かな始まりでもあった。

四　米中国交樹立と台湾関係法

一九七八年十二月十六日(中国時間、米国時間では十五日)、米中両国政府は翌七九年元旦からの外交関係樹立を宣言した。アメリカは「中華人民共和国を中国の唯一の合法政府」と認めて外交関係を結び、中華民国と断交し、「台湾人民と」「非政府間の関係を維持する」とした(米中国交樹立に関する共同声明)。

アメリカの台湾防衛コミットメントを規定していた米華相互防衛条約は、七九年十二月に廃棄されることとなった。これより先に同年四月、米軍防衛司令部と顧問団が撤収されている。時の米カーター政権は、断交後も台湾に防衛性兵器を選択的に売却する意図を公表した。これに対して中国は明白に異議を唱えなかったが、対台湾武力不行使を約束することは拒否した。この点にアメリカ議会が反発し、七九年四月カーター政権の原案を大幅に修正した「台湾関係法」を成立させた。

台湾関係法は、第二条(b)で、①中国との外交関係樹立は台湾の将来が平和的手段で決定されるとの期待に基づくものであることを明確にする、②台湾の将来を非平和的手段により決定しようとするいかなる試みも西太平洋地域の平和と安全に対する脅威であり、アメリカの重大な関心事であると見なす、③台湾に防衛性兵器を供給する、および④アメリカは台湾の人々の安全や社会・経済体制を危険にさらすいかなる武力行使または他の形による強制にも抵抗する能力を維持する、ことなどをアメリカの政策として掲げた。さらに同法は、第三条(c)で、台湾人民の安全が脅威を受け、それによってアメリカの利益に危険が生ずるとき、大統領と議会は「適切な行動を決定する」とも規定した。アメリカは台湾防衛の義務は放棄したが、その権利は留保したのである。ここからアメリカのいわゆる「戦略的曖昧さ」の政策、つまり、台湾海峡有事の際のアメリカの出方を曖昧にしておくことによって中台双方の自制を求める政策が生じた。

「台湾問題の平和的解決」は、台湾海峡介入以来アメリカの一貫した政策であった。五五年から始まった米中会談の席上でもアメリカはこれを強く要求したし、その一方で蔣介石の側の「大陸反攻」準備も厳しくチェックした。七二年の「上海コミュニケ」でも、「中国人自身による台湾問題の平和的解決に対するアメリカ政府の関心を重ねて明らかにする」と述べ、「この地域の緊張情勢の緩和にしたがって、台湾における武装力と軍事施設を次第に減らしていく」として、台湾の自主防衛能力強化への協力態勢を整えつつ前述の無償軍事援助停止などの措置をとったのであった。アメリカの台湾防衛コミットメント、したがって台湾海峡の秩序維持政策は、台湾の「中華民国」に対する条約によるコミットメントから国内法に基づく台湾への「防衛性兵器」の供給により中台間の軍事力バランスの保持をはかり、かつ「戦略的曖昧さ」の抑止力に期待するというものに転換したのである。

中国は、台湾関係法に基づく台湾への兵器売却が実際に行われるとやや強い反発を見せ、八二年八月レーガン政権との間の「共同声明」で「台湾に売却する兵器は、性能、数量の面で、中米国交樹立後の最近数年の水準を超えさせないこと」との言質をとったものの、武器売却を停止させることはできなかった。それどころか、一九九二年九月ブッシュ政権は**F16**戦闘機一五〇機売却という八二年コミュニケに悖る疑いのある決定を行っており、後のクリントン政権がこれを実施している。

中国は、経済再建・発展の必要から周辺における平和を欲しており、西太平洋地域におけるアメリカのプレゼンスに軍事的に挑戦する力も持たず、不満ながらもアメリカのこのような対応への強い挑戦は控えざるを得なかった。かくして、台湾がアメリカとの外交関係を失った後も、台湾海峡には形を変えた「アメリカの平和」が引き続き維持されていくこととなったのである。

五　中国の「祖国の平和統一」政策

中華人民共和国の政権党たる中国共産党にとっては、「〔台湾に対する〕武力不行使」の表明を拒否することは、その「一つの中国」の立場から導かれる当然の帰結であったが、アメリカとの何らかの接近が必要なときには、台湾問題解決への平和的アプローチが示されることとなった。五五年から五七年、米中会談に並行して台湾の「平和解放」が提起されたこと、七五—七六年に、国共内戦の「戦犯」や国府諜報員を釈放したことなどがその例である。

米中国交樹立の際には、毛沢東路線の失敗による経済破綻を前にして、西側から資本・技術を導入し（「対外開放」）、社会主義中央計画経済体制をプラグマチックに修正する（「経済体制改革」）方向に向かって、国策の大転換が図られつつあった（中共十一期三中全会、七八年十二月十八日—二十二日）。そして、最終的にアメリカに北京に有利な「一つの中国」原則を一応受け入れさせたという成果、新国策（「改革と開放」）の遂行のためいっそうアメリカの好意と周辺の平和が必要であるという事情、さらに、鄧小平という強力なリーダーが復活していたという条件が、台湾政策の大きな転換を促すこととなった。

台湾の社会主義化を含意するそれまでの「台湾解放」のスローガンは降ろされ、「祖国の平和統一」が掲げられ、中台の交流促進のため「三通」（通商・通郵・通航）政策が関連政府部門で具体化され、台湾の資本主義的社会・経済体制を容認する「一国二制度」が新しい統合方式として提起された。「一国二制度」は、八四年の香港問題に関する中英共同声明により九七年に主権が返還された香港に先に適用されたが、台湾に関してはより「寛大」で、独自の軍隊の保持も認めるとされた（葉剣英「台湾の祖国復帰と平和統一実現に関する政策方針」一九八一年九月三十日）。

こうした新政策実施後においても、中国政府は「武力不行使」の表明を一貫して拒否した。台湾の側の民主化や台湾化の進展（後述）とともに、この点が中台の政治的歩み寄りの明白な障害となるのは、後のことである。八〇年代には、鄧小平のこの新政策は、その柔軟性により台湾海峡の緊張の雰囲気を大幅に緩和するとともに、中台関係を大きく変容させることとなった。

4　中台交流・民主化・台湾化——「一つの中国」体制の動揺

一　中台交流の進展

中国の対台湾新政策において、特に有効であったのは「三通」政策であった。国府・国民党は、中国側の新政策に直面して、後に「三不政策」と定式化される「妥協しない、交渉しない、接触しない」との固い対応をとった。しかし、この政策は「接触しない」の部分から急速に崩れていった。

国府は、国際的孤立の深化を回避するため七〇年代から民間の国際交流を奨励していたが、「対外開放」による中国側人士の国際会議などへの参加が増えると、かれらと台湾側人士との同席問題に直面した。結局国府が旗や名称の面で妥協し、一九八四年のロサンジェルス・オリンピックからは台湾側がChinese Taipeiの名称を採用して、中台の同時参加が実現した。この方式は他にも援用され、中台代表が同席する国際会議などが増えていった。また、内戦による離散家族は、香港、アメリカ、日本などの第三地を介して消息を通じ合い、面会するようになり、さらには台湾側住民で香港を通じて大陸に渡航する者も増え始めた。台湾内部では自由化の進展と並行して、大陸渡航解禁の要求が高まり、時のストロングマン蔣経国は、八七年十一月ついに大陸に三等親以内の近親者のいる者の大陸渡航を解禁した。この制限はその後着実に緩められていった。

経済面での変化はもっと早かった。中国が「改革と開放」に転じた時には中台の経済の発展にはすでに相当に大きなギャップが生じていた。そして、台湾側には、①労賃の高騰、②工場用地の取得難、そして③台湾ドル切り上げ後の大量の流動資金の存在、などの事情が生まれていた。近接地域での経済ギャップの存在は、急速に相互補完関係に転化可能である。国府当局は、台湾海峡上での漁船同士の密輸から始まり、第三地(特に香港)を通じた投資などの経済交流が急速に活発化していくのを如何ともしがたく、八五年には間接貿易容認の方針を決め、八七年七月には外貨持ち出し規制を緩和して大陸への小規模投資を黙認した。「三通」政策発動から十年を待たずして、台湾海峡は香港を介してヒト・モノ・カネそして情報が行き交う海となった。

八九年の第二次天安門事件で中台の経済交流は一時落ち込んだが、九二年鄧小平の「南巡講話」以後再び増加し、投資はしだいに大規模化し、貿易量も当初政府が警戒ラインとしていた一〇パーセントのラインを超えた。このため、李登輝は台湾企業の投資をASEAN諸国に向けることを狙った「南向政策」を、ついで政府により大規模投資を規制する「戒急用忍」政策をとらざるを得なかったのであった。対米国交樹立とともに展開された鄧小平の新政策は、台湾海峡を分断の海から通商の海へと急速に変貌させ、中台の経済を結合していったのである。

二　台湾関係法とこじ開けられる「自由の隙間」

中国の対台湾政策の変更を誘発し、台湾海峡を通商の海へと大きく変貌させることとなった米華条約から台湾関係法へのアメリカの対台湾コミットメントの形態変更は、台湾では国民党一党支配の権威主義的政治体制に深い衝撃を与えることとなった。換言すれば、台湾の政治エリートにとっての八〇年代・九〇年代とは、このアメリカのコミットメント形態変更への台湾の政治的適応をマネージする二十年であったということになろう。

「台湾関係法」には、台湾防衛以外のコミットメントの表明があった。人権、ひいては民主化である。同法第二条(c)は、防衛コミットメントの表明の他に、「台湾の全ての人々の人権の保護および増進は、米国の目的として再確認される」と規定していた。当時台湾では依然長期戒厳令が施行され政治警察が健在であったことを考え合わせれば、「台湾の全ての人々の人権の保護および増進」と「防衛性武器」の供与とはワンセットのコミットメントであったと言える。

台湾関係法は米国の国内法であるから、米国議会は、その意思で法の改廃ができるし、また法に示された政策を政府がいかに執行するかを監視することもできる。さらに米国の公民や法律に認められた個人や団体は、マス・メディアの利用や法に認められたロビー活動により、台湾関係法の改廃や執行の監視を議会に働きかけることができ、このことを通じて、外から国府に圧力をかけることが可能である。国府は米国の政府ばかりか、議会や世論の圧力にもいっそう敏感にならざるを得なかった。

前述のように、七〇年代の蔣経国の改革は、各種選挙を通じて「党外」勢力の成長をもたらすこととなった。一方米国には、六〇年代以降の本省人留学生の増加を背景に、「台湾独立連盟」など反国民党人士のネットワークが存在していた。台湾関係法の人権条項は、在米台湾人反国民党人士が台湾内と米国議会を媒介することによって、依然国府の政治警察の監視とハラスメントにさらされていた「党外」にとって一種の保護膜として働き、権威主義体制の厚い壁に「自由の隙間」をこじ開け、広げることになった。

七九年に入り、「党外」は『美麗島』と題する月刊の政論雑誌を創刊、その雑誌社の支社を各地に作るという形で実質的な野党組織の結成を開始した。国府はこれに対して同雑誌社が南部の高雄市で組織した世界人権デー(十二月十日)のデモと警官隊との衝突を口実に全面弾圧を敢行した(高雄事件あるいは美麗島事件)。しかし、米国議会筋や国際的人権団体などからのチェックは厳しく、国府はこの事件の審判を一般司法法廷のみならず軍事法廷(戒厳令施行中のため重大政治案件は民間人でも軍事法廷にかけた)も含めて完全公開とせざるを得ず、「党外」の声は弾圧の意図とは逆に初めて広く世論に届くことになってしまった。

高雄事件で「党外」は一時は打撃を受けたものの、その後の選挙で復活を果たし、しだいに得票をのばしていった。また、事件後は「党外」勢力が発刊する政論雑誌が、当局の発禁措置とのいたちごっこを繰り返しながら、「台湾前途の住民自決」など台湾ナショナリズムの観点を民間に広めていった。この間、米国議会では、台湾の政治警察による非行の発生するたびに台湾の人権問題に関する公聴会が下院外交委員会などで開催され、国府への監視が強められたのであった。こうした状況の下、八六年三月末蔣経国は、国民党第十二期三中全会で政治的自由化を進める方針を示唆、これを受けて、同年九月「党外」勢力は、野党民主進歩党(民進党)の結成を強行した。蔣経国は党内の反対を抑えてこれを容認、翌八七年七月には一九四九年以来の長期戒厳令をついに解除した。

三 「憲政改革」の展開

政治的自由化と大陸との交流解禁という最後の決断を行った直後の一九八八年一月蔣経国が死去した。蔣経国の総統職は、七〇年代初め蔣の本省人エリート登用政策で抜擢され副総統まで登りつめていた李登輝が継いだ。李登輝はまもなく国民党主席のポストも兼ねることに成功して「総統プラス政権党主席」という強力な権限を手にして体制移行期の複雑な政治過程に乗り出した。

李登輝は、改革を恐れる外省人エリートを中心とした党内保守派と「台湾前途の住民自決」を掲げ新憲法の採択を要求する民進党との中間にポジションをとり、九〇年夏には民進党穏健派を巻き込んで「国是会議」を開催、「憲政改革」（中華民国憲法の修正による民主化）のプロジェクトをスタートさせることに成功した。これを受けて、九一年五月、憲法修正の前提として「反乱鎮定時期臨時条項」を廃棄、以後九七年七月までの四次にわたる憲法修正を主導した。そして、この間、九一年末に国民大会の、九二年末に立法院の全面改選が、九四年にはそれまで官選であった台湾省長、台北市長、高雄市長の公選が実施され、九六年春には国家元首である総統の直接選挙が無事実施されて、台湾の政治体制の民主化は一応の完成を見たのである。

なお、その後九七年の憲法改正で、台湾省が事実上廃止されている。これは同年の香港の主権返還に対応する政治的措置でもあった。

四　「大陸政策」の形成

このように、台湾政治の民主化にあたって選択されたのは、現職リーダーが主導する「憲政改革」という穏健路線による改革であったが、そのようなものであっても、外省人エリートが権力中枢を握る内戦体制という戦後国家のこの性格は変容せざるを得ない。国家は脱内戦化・台湾化（土着化）されるのである。長期戒厳令の解除とともに政治的異見者を抑圧する政治警察は無力となり、「臨時条項」の廃止は、国家を「内戦モード」から解除することであった。脱内戦化は、中国側が始めた台湾海峡の緊張緩和を台湾の側から支え、中台交流を促進する側面を持った。しかし、同時にそれは台湾化と相まって、依然「中華民国」を名乗るこの国家を国共内戦を生んだ近代中国の革命と戦争の歴史（辛亥革命、国民大革命、輝かしき「八年の対日抗戦」）から遠ざけることともなった。

また、「万年国会」が全面改選され、台北市長から総統までの重要行政首長公選が実施されることは、選挙市場がオープンとなることであり、人口比から言っても、外省人エリートの政治独占には終止符が打たれることとなった。二〇〇〇年三月の総統選挙における民進党候補陳水扁(一九五一年生まれ、台南県出身)の当選、国民党長期政権の終焉は、台湾化の進展をいやがうえにも象徴するものであった。

だが、民主化とともに、内戦体制の「中華民国」が脱内戦化・台湾化されていくとすると、それはいったい何になるのか。ここに、国家と国民の変容するアイデンティティをめぐる政治が惹起されざるを得ない。新たなアイデンティティを求める政治は、新たな国際的ニッチを求める対外姿勢と不可分であった。それは、李登輝主導の対中国政策(「大陸政策」)と外交政策の転換に現われ、台湾政治の新たな衝動と台湾をめぐる「一つの中国」体制との齟齬を次第に露呈するに至った。

九〇年夏超党派の「国是会議」により「憲政改革」による民主化の方向が定まると、李登輝は、十月総統府レベルに超党派の諮問機関として国家統一委員会を設置した。同委員会は翌年二月「国家統一綱領」を発表、ただちに行政院院会(閣議)と国民党中央常務委員会がこれをオーソライズして、「大陸政策」ガイドラインとされた。「国家統一綱領」は、共産党を「簒奪者」と見なした「臨時条項」がまもなく廃止されることになっていたことに対応して、中国大陸と台湾とを一つの分裂した中国の中の「対等な政治実体」と位置づけ、相互が政治実体として国際社会でも尊重しあい、仲介機構を通じて交流を進め、「敵対状態を排除する」なら、オフィシャルな協力の段階に進む、としていた。また綱領には、「中国の統一」は、その時期と方式において、まず、台湾地区人民の権益を尊重するとともに、安全と福祉を擁護」するとの「台湾優先」条項も盛り込まれた。これは、民主化とともにタブーを打破して勢いを増す台湾ナショナリズムの声に配慮したものであったが、野党民進党は、「統一」の目標を掲げたことそのものに強く反発し、同年秋「公民投票でその意思が示されたら」という条件付きだが、「台湾独立」の目標を綱領に盛り込むことに踏みきったのであった。

国家統一委員会の設置と同時に、行政院レベルには大陸委員会が、翌月「統一綱領」に言う「仲介機関」として半官半民の財団法人海峡両岸交流基金会（海基会、理事長辜振甫）が設置された。また、九二年夏には立法院が「台湾・大陸地区人民関係条例」を可決成立させた。

五　李登輝の積極外交

「大陸政策」の整備とともに、外交政策でも李登輝色を出した新たなイニシアチブが発動された。この李登輝の外交は、かつてのように自らこそが「正統中国」であるとの建前にこだわらないことから、「柔軟外交」ないし「現実外交」と呼ばれたが、実際には、民主化しつつある台湾の国際社会における可視性を増すことを狙った積極外交であった。その内容を見ると、まず、外交関係のある国家との関係を維持し強化することや外交関係の数を増やすことが目指された。実際にも、七九年に最低の二十一に落ち込んだ「中華民国」承認国数は二十代後半から三十程度に維持された。ただし、この間、九〇年にサウジアラビア、九二年に韓国、九六年南アフリカが外交承認を北京に移した。ソ連解体で誕生した新国家や東欧諸国との外交関係樹立もうまくいかなかった。

第二に、外交関係の無い国家との実質的関係を強化し、できれば格上げすることが追求された。成果としては、経済関係を軸に欧州とＡＳＥＡＮ諸国との実質関係の進展が見られた。ドイツ、フランスの経済閣僚の台湾訪問が実現し、日台間に似た代表機関の相互設置が増加した。また、フランスからはミラージュ戦闘機買い付けに成功した。閣僚級以上の台湾要人のＡＳＥＡＮ諸国非公式訪問が繰り返し行われ、シンガポール、インドネシア、フィリピンとの間に投資保護協定が結ばれた。米国との関係を見ると、前述のように、ブッシュ政権の末期にF16戦闘機一五〇機の買い付けに成功し、さらに九四年のクリントン政権の台湾政策見直しで、制限付きながら米現職閣僚の台湾訪問と台湾要人の非公式訪問およびトランジットのためのビザ発給が可能とされた。これが後述する九五年李登輝訪米の伏線となった。

また、より柔軟な姿勢で国際機関に参与し、また新たに参加することも目指された。ことに米国の後押しで、アジア太平洋経済協力会議(APEC)に加入できたのが最大の成果であった(九一年に中国、香港と同時加入)。この他、九〇年には「台湾・澎湖・金門・馬祖関税領域」の名称でGATT(WTO)に加入申請、九二年にオブザーバー資格を獲得した(二〇〇一年に中国との同時加盟が見込まれている)。九三年、国連再加入を求める方針を決定、同年秋から朝野を挙げて働きかけをしているが、安保理常任理事国の中国のブロックに遭って議題に乗せることもできず、また、台湾が強く求めているASEAN地域フォーラム(ARF、ASEAN外相会議が設置した地域安保協議機関)への参加も中国の反対で実現できなかった。

六　第三次台湾海峡危機

李登輝による前述の「大陸政策」体制整備を見て、中国側は九一年末、海基会のカウンター・パートとして、海峡両岸関係協会(海協会)の設立に踏みきり、会長には元上海市長で江沢民共産党主席とも近い汪道涵が任命された。海基会と海協会は、九二年より秘書長レベルの折衝を重ね、九三年四月にはシンガポールで両会のトップ会談、いわゆる「辜汪(汪辜)会談」を実現させた。この会談で、両会は書留郵便事故の補償問題、私法関係公証文書の相互承認、両会の連絡方法など四項目についての合意文書に調印した。

「辜汪(汪辜)会談」のこうした成果は、「統一」に関する双方の立場の大きな差違の存在を認めあったまま、実務的折衝を積み重ねていくことで、中台が相互信頼醸成の方向に向かうのではとの期待を抱かせるものであった。実際に、九五年一月三十日江沢民主席の北京での台湾政策演説(いわゆる「江八点」)に対し、四月八日李登輝総統が国家統一委員会での演説(いわゆる「李六条」)で応答するという、海を隔てた首脳同士の政治対話が行われたのであった。

だが、李登輝の「大陸政策」には前述の積極外交が付随しており、中台の実務接触の進展は、両者の激しい外交戦が並行していた。中国が強く反応したのは、米国の対応に対してであった。海峡を隔てた中台首脳の政治対話が行われた直後の九五年五月、クリントン政権は、台湾の民主化に好感する議会の強い圧力に押されて、母校コーネル大学から講演の招請を受けていた李登輝の「私人としての」訪米を許可し、李登輝は、翌月米国の土を踏んだ。李登輝の行程は、中国との関係を顧慮する米国国務省の意を汲んで、首都ワシントンには寄らず、政界人士とは会わず、低姿勢に撤した。

しかし、中米関係や中台関係への影響に着目する世界のマスコミは、李登輝の一挙手一投足を注視し、六月九日に行われた記念講演は、民主化台湾の存在を世界の耳目に焼き付ける絶好の機会となった。「民の欲するところは常に我が心に在り」(**"Always in my Heart"**)と題するこの講演の中で、李登輝は、戦後台湾の経済発展と平和的民主化の達成を「台湾経験」として宣揚しつつ、このような達成を持ち、国際社会への貢献の意志と能力を有している「中華民国在台湾」(**the Republic of China on Taiwan**)を国際社会はもっと受け入れるべきだと訴えた。

民主化台湾の国際的ニッチを求める李登輝の外交活動は、これがピークであった。中国は激しく反応したからである。海協会は、同年夏北京で開催と合意されていた第二回「辜汪(汪辜)会談」を一方的にキャンセルし、『人民日報』紙上では李登輝を名指しで罵倒するキャンペーンが展開された。さらに同年八月と九六年三月台湾海峡で中国軍は大規模な軍事演習を行った。この演習には台湾の南北海域の公海上にミサイルを撃ち込む演習も含まれていた。

九六年春の演習の際は、それがちょうど台湾の総統選挙期間にあたっていたこともあって、関係各国を強く刺激し、なかでも米国は第七艦隊の二つの空母戦闘部隊の台湾海峡回航を声明して中国を牽制した。台湾海峡は五〇年代以来三度目の軍事的緊張に包まれたのであったが、米軍の圧倒的な軍事力の示威の中で、台湾の歴史的な第一回総統直接選挙は無事実施され、中国軍の軍事演習は台湾攻撃に転換されることなく収束し、台湾海峡は再び平静に復した。台湾の初代民選総統には、中国の宣伝機関が執拗に攻撃していた李登輝が、予想を上回る五四パーセントの得票率で当選した。

七 「二国論」とその後

第三次台湾海峡危機において、中国軍のミサイルは中国の求める「一つの中国」原則を、米第七艦隊空母はアメリカが堅持する「平和解決原則」をそれぞれ象徴していたと言えよう。そしてとりあえず後者の明らかな優越が確認されて、台湾海峡に再び平穏が戻った。しかし、その平穏は不安定で緊張を孕んだものであり続けた。

九七年秋の江沢民国家主席訪米、翌九八年夏のクリントン大統領の訪中により、米中両大国の関係修復はなった。そして、米国政府の慫慂により、中台も関係修復に動き、同年秋、辜振甫海基会理事長の中国大陸訪問の形をとって、いったん中止されていた海基会・海協会のトップ会談が再開された。辜振甫は上海で汪道涵に会って汪の台湾訪問を招請し、北京では江沢民と会見した。

しかし、クリントン訪中時のいわゆる「三つのノー」発言(「〔米国の台湾政策は〕台湾の独立、二つの中国、一中一台を支持しない。そして、われわれは台湾は国家としての資格を要するいかなる機関にも加盟国になるべきとは思わない」とする上海での民間人との懇談会での発言）に反発して、九九年七月李登輝は、九一年の中華民国憲法修正以来中台の関係は「特殊な国と国の関係である」との発言（いわゆる「二国論」）を行い、中国の公式メディアは再び武力行使の示唆を含む非難を行い、緊張が走った。中国側が同意していた汪道涵の台湾訪問も実行の目途が立たなくなった。

さらに、二〇〇〇年三月に行なわれた二度目の台湾総統直接選挙では、「台湾独立」を綱領に掲げる民進党の陳水扁候補が、接戦の末当選した。中国は、選挙戦の末期には陳候補への露骨な嫌悪を示し、朱鎔基首相らが発言して台湾の選挙民を威嚇したが、選挙後は、対話再開の前提として「一つの中国」原則の承認を陳水扁に迫った。陳水扁は、就任演説において「任期中は台湾独立を宣言しない、二国論は憲法に入れない」などの柔軟な姿勢を見せて、中国との緊張の緩和と対話の再開に努力している。しかし、中国はあくまで「一つの中国」の受け入れを海基会などとの協議再開の前提として、陳政権のいわゆる「善意」の表出に取り合わない姿勢を続けるとともに、今や野党に回った国民党との接触を強化するなど、陳政権の揺さぶりにつとめている。

むすび

一九四九年以後の中華人民共和国と台湾の「中華民国」の関係（中台関係）は、五十年の歳月の間、中国内戦と東西冷戦が結合した、相互往来の無い厳しい対峙の関係から、中国の「改革と開放」への転換を契機として、相互に人、モノ、金、情報が行き交う、活発な民間交流の存在する関係となった。

「一つの中国」原則についてみると、アメリカの支持を得て国際社会において「一つの中国」堅持により「中華民国」側が受益する体制から、七〇年代初頭を転換点として中華人民共和国が受益する体制に転換した。しかし、「中華民国」の事実上の独立は、形を変えたアメリカの台湾防衛コミットメントにより保持されつづけ、この間に展開した台湾政治の民主化と台湾化の進展により、台湾の政治が七〇年代末からの台湾海峡の「アメリカの平和」の形態変更に適応しつつ、国際社会に「一つの中国」体制を越える新たな認知を真剣に要求するまでに変容し、自立志向を強めていることをも示した。また、民主化台湾は、アメリカ議会内に比較的強い支持を獲得した。

第三次台湾海峡危機は、このような傾向に対する中国の激しい反発を示すものであったが、それと同時に、危機は、中国が軍事力の示威を台湾海峡でなし得るところまで自己のパワーが向上したと認識していること、その力により台湾海峡の「アメリカの平和」を「中国の平和」に転換せんと極めて強く意欲していることを示した。

それ故に、台湾問題は、一九五〇年代以来再びアジア太平洋地域の安保問題の焦点の一つとなって、二十一世紀に課題を投げかけることとなったのである。

Ⅷ　中港関係五十年史

谷垣真理子

はじめに

一九九七年七月一日をもってイギリスの香港統治は終了し、現在、香港は中華人民共和国の特別行政区として高度の自治を享受する。前章の台湾と同じく、香港もまた中華帝国の南の辺境で、十九世紀半ば以降、大陸中国とは異なった歩みを続けてきた。香港は広東省と陸続きであり、香港島、九龍半島、新界の三地区から構成される。面積一〇〇〇平方キロあまりの土地に、人口約六七八万（二〇〇〇年央）を有し、国際都市香港は、自由貿易港・国際金融センターとしての活動を続けている。

新中国の成立以降、「香港の回収」は現政権にとって一貫した政策課題であった。しかし、現実には一九七〇年代末に返還問題が浮上するまで、香港の現状維持を中国は容認した。香港の将来について中英の合意が形成されるのは、八四年の「香港問題に関する中英共同声明」を待たねばならなかった。本章では以上をふまえて、英領植民地の形成から特別行政区への移行までを概観する。

1　歴史的背景

中華帝国の南の辺境の一漁村であった香港は、英領植民地として世界史の舞台に登場した。その形成過程は、中国が世界資本主義システムに組み込まれる過程であった。英領植民地・香港は三条約を経て形成された。日本軍の香港占領（一九四一―四五年）の後、イギリスの香港再領有の根拠となったのが三条約であり、返還まで効力を有した点からも重要である。なお、中華人民共和国は三条約を無効であると見なしていた。

第一段階は南京条約（一八四二年）である。同条約はアヘン戦争（一八四〇―四二年）の終結条約であり、香港島がイギリスに割譲された。十八世紀半ば、西欧で始まった産業革命は西欧諸国に「市場」としてのアジアを強く意識させた。アヘン戦争は「砲艦」による朝貢貿易体制への挑戦であり、南京条約は「対等な通商関係」を清朝に求め、公行と呼ばれた特許商人制度を廃止し、広州・福州・厦門・寧波・上海の五港を開港させた。

第二段階は一八六〇年の北京条約である。同条約はアロー号事件が発端となった第二次アヘン戦争（一八五六―六〇年）の終結条約である。同条約では対岸の九龍半島の先端部（現在の九龍地区の一部）が割譲された。南京条約後、イギリスが期待したほどに綿製品の中国輸出は伸びず、イギリスはフランスを誘って共同出兵した。同条約で清朝はこのほかに外交使節の北京常駐や条約港の増加、内地旅行権・内河航行権（長江の開放）・キリスト教の内地布教・中国人の海外渡航を諸外国に認めた。

第三段階は一八九八年の新界租借条約である。イギリスは「新界」（新しい領土の意）、すなわち九龍半島の基底部と二三五の島並びに付近の海面を清朝から九九年間租借することに成功した。日清戦争（一八九四―九五年）以後、清朝の軍事的劣勢は決定的なものとなり、中国は諸外国の利権獲得競争の舞台となった。中華帝国が半植民地状態へと転落していく情勢の下で、新界租借はフランスの広州湾租借に対抗して行われた。

以上の三段階を経て、英領植民地・香港が誕生した。香港はイギリスの中国進出の橋頭堡であり、不平等条約体制の申し子であった。鄧小平が香港回収に見せた執念は、中国の近代史を視野に入れてはじめて理解できる。また、「三不管」（イギリス・中国・台湾のいずれの管轄権にも属さないの意）と呼ばれた九龍城の存在は、中国が香港に対する主権を主張する重要な根拠であった。九龍城は元来海賊取り締まりのため築かれ、アヘン戦争以降は対英前線基地として重要性を増した。新界租借条約は「九龍城内に現に駐在する清国官吏は、香港防備の軍事上の必要に抵触せざる限り、引き続きその支配権を行使できる」とした。現実には辛亥革命以降、官吏の派遣はなく、スラム化していったが、中国は「九龍城内の管轄権」を香港回収の正統性の根拠とした。

不平等条約体制の所産である香港の回収は、その後の中国を統治する政権の重要な課題となった。香港回収の試みはすでに中華民国期から見られる。中華民国は一九一九年のパリ講和会議や二一年のワシントン会議で、租借地の返還要求を行った。一方、香港海員スト（一九二二年）や広州と香港で発生した省港大スト（一九二五―二六年）は反英をつよくアピールした。これに対してイギリスは対英感情の悪化に配慮して三〇年に威海衛を返還したが、新界を含めた香港領有に固執した。

皮肉なことに、中華民国にとっての香港回収の好機は一九四一年の日本軍による香港占領であった。当時、香港は東南アジア華僑の蔣介石支援ルートの拠点であり、日本軍は真珠湾攻撃と同時に香港に進攻した。中華民国は太平洋戦争の勃発とともに連合国の一員として迎えられた。アメリカは中華民国支援の方針を強め、渋るイギリスを説得し、四二年十月より蔣介石とイギリスとの間で不平等条約撤廃交渉が始まった。同時期に日本も汪精衛政権と不平等条約撤廃交渉を進めていた。

しかし、イギリスは不平等条約の撤廃に同意しながら、新界の放棄を最後まで譲歩しなかった。交渉の妥結を急いだ蔣介石は新界問題を棚上げした。なお、香港島と九龍地区の両割譲地は、この時言及されなかった。他方、アメリカはヤルタ会談（四五年二月）で、蔣介石の了承を得ることなく、対日参戦の代償としてソ連に中国東北地方における特殊権益を容認してしまった。ソ連に特殊権益を認めた以上イギリスの香港再領有を拒絶することはむずかしく、大国間のパワーゲームのなかで中華民国の香港回収は挫折した。四五年八月に日本軍が無条件降伏した際にも、イギリスはいち早く太平洋艦隊を派遣し日本軍の武装解除を行い、香港の空には再びユニオン・ジャックが翻った。

2　社会主義の軒下で栄える資本主義

一　現状維持の選択

一九四九年十月一日、毛沢東が北京の天安門から中華人民共和国（以下、中国と略す）の成立を宣言した。反帝国主義と民族主義の旗を掲げる新中国は、旧社会の残滓である香港とは基本的に相容れる存在ではなかった。

しかし、建国当初の中国は香港に対して柔軟な対応をみせた。たとえば、「人民政治協商会議共同綱領」（一九四九年九月に採択）は、旧政府が締結した条約や協定について「新政府が個別的に承認、廃棄、修正、または再締結を行う」と記した。不平等条約撤廃が表明されているものの、香港解放についての明言はなかった。四九年十月、広州を解放した人民解放軍も中英境界付近まで迫りながらも、深圳河を越えることはなかった。

建国直後の中国にとって香港を現状維持するメリットは小さくなかった。イギリスは五〇年一月に、アメリカの反対を押し切って、西側諸国のなかではいち早く中国を承認していた。同月に中国は台湾(蔣介石は台湾に中華民国を移転)との代表権交代問題を国連に提起しており、西側の有力国であるイギリスとの良好な関係は望ましかった。なによりも、疲弊した国家の復興を目指す中国にとって、香港がもたらす外貨収入は貴重であった。さらに、朝鮮戦争に中国が義勇軍派遣という形で参戦すると、香港の重要性は増大する。悪化した米中関係は、中国に対する「封じ込め」政策へとつながった。香港は西側に対して開かれた窓口であり、その存在は積極的に利用すべきものであった。

中国の対香港政策の第一原則は現状維持であった。「アメリカ共産党の声明を評す」(『人民日報』一九六三年三月八日)には「われわれは条件が熟したときに話し合いにより平和的に解決すること、問題が解決されるまでは現状を維持することを一貫して主張している」とある。同論文はソ連のフルシチョフ首相の「香港やマカオからはゴアの植民地主義が放っていた悪臭に負けない悪臭が発散されている」(一九六二年十二月十二日)という批判に対する反論であるが、これは中国の香港の現状維持の方針をよく表している。許家屯・元新華社香港支社長も回想録のなかで「長期打算、充分利用」というスローガンを紹介している(青木まさ子他訳『香港回収工作』上・下、筑摩書房、一九九六年)。

第二の原則は「祖国統一」の枠組みで香港問題を処理することであった。中国はイギリスの香港統治の継続を事実上容認したが、香港に対する主権は主張し続けた。香港は中国の神聖な領土の一部であり、当然のことながら、イギリスの香港統治の根拠である三条約の有効性を否定した。一九七二年、黄華・中国国連代表は国連の非植民地化特別委員会宛の書簡で、香港とマカオ(ポルトガル領)を国連の植民地のリストから削除することを要求した。その意図は両地域の住民の自決権を否定し、その独立を封じることにあった。

なお、香港の独立を牽制した中国は、香港の民主化を警戒した。中英間では一九五〇年代に現状維持の条件として、香港が現状の政治体制を変更しないことが含意されたようである(Norman Miners, *The Government and Politics of Hong*

Kong, Oxford University Press, New York, 1991)。中国は香港で民主化を導入した結果、反中国的な政権が香港に誕生するのを歓迎しなかった。

二　香港をめぐる「二つの中国」

冷戦構造の波及は、イギリスの香港をめぐる対中関係を微妙なものとした。香港を維持するためには、中国との良好な関係が望ましかったが、イギリスは西側諸国の一員としてアメリカとの共同歩調を求められた。この結果、中国承認(五〇年)後もイギリスは台湾の淡水領事館を閉鎖せず、「台湾の地位は未確定である」との立場をとった。これにより中英の外交関係は七二年にいたるまで代理大使交換のレベルにとどまるという変則的状況にあった。また、イギリスにとって、香港に中国革命の影響が波及するのは望ましいことではなかった。香港における「愛国的活動」の規制はしばしば中国との間で摩擦を生じた。

さらに、冷戦構造の副産物として延命した中華民国政権(以下、台湾と呼称)は、中港関係の不安定要素となった。台湾は「大陸反攻」のスローガンを掲げ、自身が全中国を統治する正統政権であることを主張した。中国と台湾の間に挟まれた香港では北京と台湾の双方の国慶節(建国記念日)が祝賀され、十月一日には五星紅旗が、十月十日には青天白日旗が香港の街角に翻った。

台湾は香港に対する主権を主張し中港関係に割り込んだ。蔣介石は戦前の香港回収交渉の当事者であり、香港政庁が九龍城取り壊し計画を発表(四八年一月)すると、台湾は九龍城の管轄権を主張した。五〇年代半ば、北京の平和外交に台北は苛立ち、結果的にはカシミール・プリンセス号事件(五五年四月)や九龍暴動(五六年十月)など特務活動を激化させた。前者はバンドン会議出席の中国代表団を乗せた同号がボルネオ沖で爆破された事件であり、後者は双十節に九龍の難民アパートで起きた青天白日旗掲揚事件に端を発し、九龍地区一帯の中国系の学校・商店・工場が襲撃される暴動へと発展した。政庁の暴動報告書も、当時の中国からの移民には国民党支持者が多かったこと、彼らの多くが貧困の状況にあったこと、香港の三合会や十四Kなどの秘密結社が彼らを巧妙に煽動したことを指摘している。

しかし、全般的に見て中国の影響力増大は明らかであった。私的訪問ではあったが、グランサム香港総督の北京訪問(五五年十月)は中港の結びつきの深さを物語る。九龍暴動以降、中国政府の意向を受けて、香港政庁は台湾に特務活動の自粛を求め、台湾の影響力低下は覆いがたかった。六八年には、蔣介石が中国大陸での破壊工作の断念を新華社香港支社経由で北京に伝達し(羅亜『政治部回憶録』香港中文大学香港亜太研究所海外華人研究社、一九九六年)、台湾勢力の香港における活動は停滞する。

一方、中国の対外路線が五〇年代後半に強硬路線に転換すると、今度は親中国派勢力が香港政庁との衝突を繰り返した。たとえば、五八年、培僑中学や中華中学などの親中国系中学では、中国に対する愛国心の育成を目指した愛国主義教育を推進し、中国国旗の掲揚、中国国歌の斉唱を敢行し、教育の中立性を主張する香港政庁と衝突した。

親中国派の活動のピークは香港暴動(六七年五月―十二月)である。これは親中国派が中国の文化大革命に呼応したものであった。厳しい労働条件と低賃金に鬱積した社会不満は九龍の新蒲崗の造花工場の労働争議を契機に爆発した。これに対して、香港の親中国派勢力は闘争委員会を組織し、中国は闘争への支持を表明した。暴動は一時は香港解放の観を呈した。八月には北京のイギリス代理大使館が焼き討ちされ中英関係は険悪なものとなった。しかし、結果的には中国は現状維持の方針を堅持し、香港住民も「祖国による香港解放」よりも「イギリス統治下の安定」を選択し、政庁の暴動鎮圧を支持した。六七年十二月に暴動はほぼ終息し、共産党の地下組織は壊滅的な打撃を受けた。

冷戦構造の中、香港経由の中国向け輸出は国連の対中国禁輸措置のため激減し、香港は中国向けの中継貿易港としての機能を失った。しかし、台湾が中国に対して「三不通（通商、通信、通航の禁止）」政策を採用したのとは異なり、この間、中港経済関係が断絶したわけではない。五〇年代、香港は工業化に着手し、五九年には香港の全輸出のなかで地場輸出が再輸出を抜き、加工貿易港としての地位を確立し、六〇年代には外資の積極的な進出により国内総生産は平均一〇％の高成長率を達成した。このような香港の経済発展を底支えしたのが、中国から食料と日用雑貨品の安定供給であった。繊維工業への原材料供給を含めて、中国の香港への輸出は拡大傾向を続けた。河川のない香港は慢性的な水不足に悩まされ、六一年より飲料水を中国から輸入しはじめた。六五年には香港・中国を結ぶ水道パイプラインが完成した。六七年の香港暴動の際にも、飲料水と食料の供給は続いた。ただし、これは香港の対中国依存を否応なく高めた。

3　中国の現代化と香港返還問題

一　中国の現代化と政策始動のインパクト

一九七〇年代に入り、中国が米中関係を改善し国際孤立からの脱却を図ると、中港関係も新たな時代へ突入する。中英関係も五〇年以来の代理大使交換のレベルから大使交換のレベルへと昇格した。中国をめぐる冷戦構造が後退しはじめると、中国と西側諸国との交流は拡大し、香港は対中国中継貿易港としての伝統的機能を回復してくる。五二年以降低迷を続けていた中国製品の香港経由の再輸出は七三年から上昇傾向を見せる。中国と外交関係がなくても、香港を経由の間接貿易の形をとることにより交易が可能となった。また、七〇年代初頭から西側諸国からのプラント輸入が増大すると、外貨獲得の場としての香港の重要性は増大した。七〇年代、対香港輸出は中国の全輸出の五分の一を占めた。

一九七八年十二月、中国が「四つの現代化」を掲げて改革・開放政策を始動させると、中港経済関係は飛躍的に増大した。香港は対中国中継貿易港としての機能を迅速に回復し、八八年には香港の再輸出は地場輸出を抜き去った。一方、中国も香港の経済発展を高く評価した。七八年十二月の李強・対外貿易相の「香港は中国にとって貿易上必要であるばかりでなく、学習し知識を得る場所、情報を得る場所としても重要である」という発言にはこれがよく表れている。実際、七〇年代末までに、香港は台湾・韓国・シンガポールとともに「アジアの四小龍」と形容されるまでに成長していた。

皮肉なことに、七〇年代末は香港の返還問題が浮上した時期でもあった。発端は土地問題であった。香港の土地所有権はイギリス皇室にある。政庁は埋め立てによって土地を開発し、土地の使用権のみを期限付き私有権の付与の形で借地者に与えてきた。不動産向け融資の平均融資期間は一五年であり、新界の場合、八二年七月以降、現実問題として土地契約が租借期限にくいこむ状態であった。

このような状況下、香港財界人は北京詣でを始めた。水面下でも中英の接触が図られた。七九年三月にマクレホースが香港総督として初めて中国を公式訪問した。当時、鄧小平からマクレホースに香港の一括回収の意思表示があった。しかし、イギリスと香港政庁は鄧の「香港の投資家は安心してほしい」というメッセージの後半のみを伝えた。これを受けて、イギリス本国では水面下で香港返還の準備工作が始まった。イギリスは八一年に国籍法を改正し、海外植民地出生者を「イギリス属領市民」に分類した。イギリス本国への居住権が属領市民の英市民権の内容から削除されたことにより、属領市民の大多数を占めた香港住民(帰化を除けば英国籍は香港出生者にのみ付与)の本国流入を防ぐ措置が実質的に講じられた。

「機が熟す」なか、一九八二年九月にサッチャー首相が訪中し、香港の将来をめぐる中英交渉は始まった。交渉開始直後に、イギリスは香港形成の三条約の有効性を主張したが、中国はこの主張を退けて交渉は難航した。八二年十一月に廖承志・全国人民代表大会委員長は「主権回復」「設立特区〔九七年以降、香港が特別行政区となること〕」「港人治港〔香港人が香港を治めること〕」「制度不変」「繁栄保持」の「二十字方針」を打ち出し、譲歩の姿勢を見せた。十二月に採択された新憲法には特別行政区の規定〔三一条〕が設けられた。八三年七月、イギリスは三条約の有効性を取り下げたが、主権と統治権を分離したマカオ方式の実施を提起した。これに対して、中国は「主権回復後五十年間は資本主義制度を維持する」と発言し、八四年四月、訪中したハウ外相はマカオ方式の断念を発表した。かくて、同年九月二十六日、中英共同声明の合意文書への仮調印が行われ、両国の国内承認を経て、十二月十九日北京で正式調印がなされた。これにより、香港は「二十字方針」が原型となった「一国家二制度」方式によって返還することが決定された。

「一国二制度」方式は中国という一つの国家のなかで社会主義制度と資本主義制度という二つの体制を維持・機能させていくという斬新な試みである。中英共同声明は「一国二制度」方式による香港の祖国復帰を定めた。すなわち、九七年七月一日をもって中国は香港の主権を回復し、香港は特別行政区としてその後の五十年間、外交と防衛を除く高度の自治権を享有し、現行の資本主義制度を維持することが予定されたのである。

二　融合する経済、反発する政治

同じ中国人社会とは言うものの、香港住民は歓呼の声で香港の中国への回帰の決定を受け入れたわけではない。返還を当然の歴史的帰結としながらも、中国の人治〔個人の権威が法律に優先する〕の伝統に対する香港住民の不安は大きい。香港住民の多くは中国からの移民もしくはその子孫であり、新中国成立後の社会主義化や文化大革命で自身もしくは親戚が苦い経験を味わった者が多い。また、香港生まれの人口はすでに六六年の段階で総人口の半分を越えており、香港を「家」とする新しい世代の台頭が見られる。香港暴動後、エリート予備軍であった大学生は「香港」への帰属意識を中国語公用語化運動(一九六八―七一年)や第一次釣魚台(尖閣諸島)防衛運動(一九七〇―七二年)などの学生運動のなかで鮮明に示していた。何よりも、中英共同声明発表時、五四〇万人の人口しか有さない香港が十億の人口を有する中国よりも貿易規模が大きく、一人当たりの国民総生産は中国の二十倍であった。

この結果、返還までの過渡期において中港関係は政治と経済が対照的な動きを見せた。まず、経済関係は一九九七年の到来を待たずして、中港の経済統合が進んだ。八五年に香港に隣接する珠江デルタが開放されると、香港の製造業は続々と生産拠点を移した。中国の開放政策は香港の製造業が当時直面していた労働力不足と土地の狭小性のボトルネックを解決したことになる。八四年から九四年の間に、香港の製造業従事者数は半減し、逆に香港企業が広東省で雇用する従業員数は香港の就業人口の二倍となった。一方、中国も国際金融センターである香港を積極的に利用した。九三年には中国国有企業が香港市場への直接上場を実現した。このような状況下、香港は対中国進出基地として諸外国の関心を集めており、特に東南アジアの華人資本のなかには対中投資が「富の本国還流」として警戒されるため、香港を積極的に対中ビジネス基地として選択する傾向が見られた。

一方、中港の政治関係は円滑ではなかった。すでに八〇年代初頭より、香港政庁の主導で選挙制度が導入され民主化が進展した。八二年に中国が香港の将来像として「制度不変、港人治港」を提起すると、戦後生まれの知識人が中心となって政治団体を結成し、各種選挙に参加しはじめた。これに対して、中国は香港における民主化の進展を歓迎しなかった。急激な民主化は政治不安を招き、香港の経済繁栄を損なうというのが中国の論理であった。香港財界も同様に民主化への懸念を示した。この結果、八八年実施の可能性もあった立法評議会(香港の国会に相当)への直接選挙の導入は、九一年に延期された。

後退気味の香港の民主化運動を再燃させたのが、一九八九年の第二次天安門事件であった。「今日の北京は明日の香港」という危機感はつよく、北京で戒厳令が布告されると、香港では百万人が抗議デモに参加した。香港政治の中枢を担う行政評議会(香港の内閣に相当)と立法評議会も香港の民主化を加速することに合意した。このような民主化気運を受けて、九一年の立法評議会の直接選挙では民主派が直接選挙による選出議席十八議席中十六議席を獲得した。さらに、「最後の香港総督」となったクリストファー・パッテンは九一年立法評議会選挙を香港の民意として受け止め、九二年の就任直後に選挙制度改革を柱とする政治制度改革案を発表した。パッテンは香港特別行政区基本法(返還後の香港の小憲法、九〇年に採択)の枠内での最大限の民主化を目指し、立法評議会直接選挙への小選挙区制の導入と職能別選挙における有権者の拡大、市政評議会と区議会における任命制の廃止を含めた選挙制度の改革を打ち出した。このような動きに中国は反発し、「中英共同声明と基本法、関連する諸合意に違反する」と非難したが、九三年十二月にパッテンは立法評議会に改革案の一部を上程し、以降対中関係は悪化した。九四年にパッテン案が立法評議会を通過すると、中国は返還後に新選挙方式によって選出された三評議会を解散すると言明し、政治改革をめぐる両者の主張は並行線を続けた。

なお、返還までの過渡期において、アメリカは香港に対する関心を強めてきた。九二年に成立した香港関係法は返還後の香港における中英共同声明の履行状況と、香港住民の人権状況にアメリカが関心を持つことを明示した。

4　「英領植民地」から「特別行政区政府」へ

一　特別行政区政府の誕生

返還までの過渡期の中港の政治関係は円滑ではなかったが、一九九七年七月一日、中国は香港に対する主権を名実ともに回復した。「一国二制度」は元来は中国と台湾の統合方式として提起されたものであったが、現実の適用は香港が先になった。八四年の中英共同声明は特別行政区の青写真を提示し、基本法は施行細則を定めた。

政治制度は若干の変化があった。イギリスから派遣された総督に代わって、香港の行政首長は選挙委員会によって選出される行政長官となった。初代行政長官は董建華・元東方集団会長であり、親中国派財界人と評される。立法機関は立法会であり、全議員が選挙によって選出される。しかし、基本法第七十四条は議員が公共支出、政治体制、政府運営に関わる法案を提出することを禁じており、議員立法は返還前よりも難しくなっている。なお、最後の立法評議会は返還と同時に解散されたため、臨時立法会（九六年末に選出）が発足し、第一期立法会が九八年五月に選出されるまで立法機関の代行をした。内閣に相当する行政会は返還前と同様に任命である。一方、公務員機構と司法機構は連続性が強調されており、特に後者については基本法も「独立した司法権と終審権」と定めており、返還後に香港域内の最終審である終審裁判所が発足した。経済制度についても「制度不変」の原則が貫かれている。香港ドルは返還後も流通し、米ドルとの固定相場制（八三年に採用）は維持される。特別行政区政府は財政事務を自ら管理し、中央人民政府は香港特別行政区から徴税しない。

柔軟な統合方針であるがゆえに、返還前より「一国二制度」方式は本来的な矛盾を内包すると指摘された。香港特別行政区政府が中央政府と異なった意思決定を行った場合、「一国家」と「二制度」のいずれが優先されるかという問題である。改革・開放政策の進展にともなって、中国経済は資本主義経済的要素を吸収し、経済制度における中港の差異は縮小した。逆に言えば、政治制度における中港の差異が相対的に拡大し、「二制度」の相違は政治制度における両地の差異に収斂することが予想された。

しかし、返還直後に香港住民が直面したのは、イギリスというフィルターなしに香港社会を再評価することであった。返還直後の香港を直撃したのは、中央政府からの政治的介入ではなく、九七年七月からのアジア経済危機であった。GDP実質成長率は九七年には五・〇%であったが、九八年はマイナス五・一%に転落した。同時に、他のアジアNIESに技術水準で遅れをとったという香港経済の問題点が指摘された。また、九七年末の鳥インフルエンザと九八年七月の新空港開港時の混乱は、特別行政区政府の公務員機構の効率性に疑問を投げかけた。

一方、「一国」の枠組みは台湾関係と法輪功問題に対して強調された。前者については、公営放送である香港電台が一九九九年七月に「二国論」関連番組を制作すると、九九年十月張敏儀・放送処長は香港経済貿易代表部の東京代表に転出した。後者については、二〇〇一年一月の陳方安生・政務長官の突然の辞任宣言の直前、特別行政区政府は法輪功の公共施設における大会の開催を承認していた。また、香港の区内政治において「愛国」的要素が目立つようになった。返還に先立って九六年夏、第二次釣魚台防衛運動が香港を席巻した。NATOのユーゴスラビア駐在中国大使館誤爆に対しては、九九年五月立法会は非難決議を可決した。

二　現実主義的な安定

それでは、特別行政区となった香港は不安定化したのか？　返還後、香港関連のニュースは激減したものの、数少ないニュースは特別行政区の「自壊」の危険性さえ指摘する。

たとえば、返還前に重視された司法の独立が動揺しているとの指摘がある。一九九九年一月、香港の終審裁判所は香港住民の中国大陸出生子女の香港居住権について、従来の入境慣例よりも居住権取得条件を大幅に緩和する判決を下した。それは子女が非嫡出子の場合、両親のいずれかが香港居住権を獲得した時期が子女の出生後であった場合、子女が単程証(中国から香港・マカオ地区に合法出国する際の許可書)を持たずに入境した場合のいずれにおいても、当該子女に香港居住権を認めるというものであった。しかし、判決の影響は香港住民の予想を上回った。九九年四月に統計局が新たな香港居住権有資格者は一六七万人であるとの推計を発表すると、香港の世論は新規流入者がもたらす社会的コストの大きさにとまどい、世論は移民の受入れ反対に傾いた。五月、特別行政区政府は全国人民代表大会常務委員会に基本法の関連規定の解釈を依頼することを決定した。これに対して、民主派や法曹界は香港の自治に対する中央政府介入の先例となるとして反対の論陣を張ったが、九九年六月、同委員会は非嫡出子の居住権のみを認め、香港居住権有資格者は一六七万人から二十七万人に減少した。

ただし、当時、中央政府は必ずしも判決の見直しに積極的ではなかった。中央政府が同判決で注目したのは終審裁判所が全国人民代表大会常務委員会への解釈依頼の条件を明確にした点であった。終審裁判所が「複数条文の解釈が同時に発生し、もっとも解釈を必要とする条文が『自治の範囲外』であるならば、全人代への解釈要請は不要」とした点に対して、九九年二月、中央政府は「基本法を含めた中国の法律解釈権はすべて全人代にあり、香港法院の解釈権は全人代からの授権」であると批判論文を発表し、終審裁判所に一月の判決の釈明を要請した。むしろ、五月以降の展開は特別行政区政府は中央政府を利用する形で難問を処理したと評価すべきであろう。法律的には香港終審裁判所の解釈権が全人代からの授権であると明確化されたことにより、今後の判決が論理的透徹性が失われるとの懸念があるだろう。しかし、政治的には全人代が解釈権を行使する基準そのものが重要であり、超法規的措置が必ずしも当該国における司法の独立を侵害するものではない。

同様に、一九九八年の香港ドル攻撃の際の香港金融管理局の株式市場への介入、九九年の李嘉誠系のパシフィック・センチュリー・グループのサイバーポート建設の独占、同年のディズニーランド誘致などは、レッセフェール政策の変容の例として指摘される。返還後のアジア経済危機への対応の過程で、特別行政区政府は自らが積極的に市場に介入し、産業振興策を打ち出し、市場の調節機能を重視した従来の手法を放棄したと指摘される。しかし、制度はつねに情勢に応じて変化するものであり、返還前の政策を死守するのが現実的な対応か否かは疑問である。日本経済が景気低迷を続けるのとは対照的に、香港経済は九九年第2四半期にGDP実質成長率が5四半期ぶりにプラスに転じた。これは経済面における緊急措置が時宜を得たことの証明であろう。

このような状況下、国際金融センターとしての香港の将来は明るいのであろうか？　上海は金融センターとして急速に整備されつつあるが、中国経済全体の潜在的成長力を考えた際、香港が中国の地域的金融センターとしての地歩を失うとは考えられない。むしろ、中国のWTO加盟が香港経済にとって追い風になるか逆風になるかが、中短期的には重要であろう。香港財界は九九年の中国のWTO加盟合意を歓迎したが、中国内地でのビジネス環境の未整備が香港に仲介者という生存空間を与えていることを考えれば、WTO加盟の影響は楽観できないであろう。中国のWTO加盟により、香港の貿易関連部門が新たな競争にさらされることは必至である。二〇〇〇年一月の立法会には、政府にオルガナイザーとしての香港の機能強化を支援することを求める動議が提出され、同案は可決された。

香港は特別行政区として三年を経たところである。新たな環境のなかで安定を模索して、特別行政区政府は前例の蓄積を図っている。それはしばしば慣例からの逸脱と解釈されてきたが、早急な結論付けは避けるべきであろう。

IX　中国の対外関係と華僑華人

田中恭子

はじめに

中国の「改革開放」以来、海外華人と中国の交流が復活し、それに促されるかのように、世界的な華人ネットワークが活性化した。中国からの新たな移民の流れも加わって、中国系移民の活発な活動が注目されている。中国から海外への移民の歴史は長いが、「海水の至るところ華僑あり」といわれたような、中国移民の世界的な広がりは、十九世紀以降の労働移民の大量出国によって始まった。「華僑」の呼称も十九世紀末ごろに始まったといわれる。

「一時的に海外に居住する中国人」を意味する「華僑」は、中国の領域（台湾を含む）外に住むすべての中国系住民を指す言葉として用いられてきた。二十世紀前半までは、必ずしも海外永住を望まない移民が少なくなかったが、現在では中国系移民の大部分は、ホスト国で生まれ、その国民として誇りをもち、将来も中国へ帰国する意思はないので、「華僑」と呼ばれることを拒否している。このため、現在では中国国籍に留まっている移民のみを「華僑」と呼び、現地国籍の者は「華人」（人種的・文化的な意味での中国人）と呼んで区別するのが通例になっている。後者を

「華裔」と呼ぶこともあるが、これは主に中国で使われる呼称である。

「華人」の呼称は、一九五〇年代後半ごろから、マラヤ(現マレーシア半島部)華人がマラヤ国民としての自己認識を示すために使い始め、徐々に東南アジアをはじめ世界の中国系移民の間に広がった。中国では、公式には七〇年代半ばごろから、国籍によって「華僑」と「華人」を区別し始めたが、一般的には、中国系移民とその子孫をすべて「華僑」あるいは「僑」と呼ぶ習慣がいまも残っている。また台湾では二重国籍を認めているため、「華僑」はすべての中国系移民とその子孫の公式呼称である。

本章では、煩雑を避けるために、中華人民共和国成立(一九四九年)以前の時期については「華僑」、それ以後の時期については「華人」の呼称を使うこととする。ただし、五〇年代以降についても、歴史的な呼称、あるいは資料のなかで使われている呼称として「華僑」を使うこともあるが、国籍による区別はあえてしない。中国国籍の者も現地に定着し、帰国の意思をもたない点では現地国籍の者と同じだからである。なお、改革開放以降に出国した移民は、それ以前の移民とはやや性格を異にするので、とくに「新華僑」と呼んで区別することとする。

華人の正確な人口統計は存在しないので、以下の数字は、推計による概数にすぎないが、台湾の資料(『華僑経済年鑑一九九八』)によれば、一九九八年の華人の総数は約三三六〇万人、そのうち二七三〇万人(約八割)がアジアに居住し、これらアジア居住者の九九%が東南アジアに集中している。表1に示した東南アジアの華人人口は、約二七〇〇万人である。東南アジアの総人口に占める割合は五%程度であるが、シンガポール、マレーシア、ブルネイでは、それぞれ総人口の七七%、二五%、二七%にのぼっている。華人が東南アジアの人口構成上かなり有力なグループであることがわかる。

しかし、彼らの重要性は人口よりも経済的役割にある。東南アジア華人の大半は都市に居住し、商工業・サービス業に従事している。都市人口では華人が多数を占める場合が少なくないし、商工業・サービス部門では彼らが主力であるといっても過言ではない。一九六〇年代以降の東南アジア経済の高度成長は、これら都市部門が中心であり、華人の活発な経済活動のたまものともいえる。経済発展の波に乗って多くの華人企業が急成長をとげ巨大化した。華人は歴史的にも現在も東南アジア経済にきわめて重要な地位を占めてきたのである。歴代の中国政府が海外華人を重視したのも、その経済力のためである。

このような華人の存在は、いわゆる「華僑問題」として、東南アジア諸国と中国の関係に影を落としてきた。東南アジアに次いで華人が集中しているのは北米(アメリカ、カナダ)で、二六五万人(華人総数の八%)が居住している。しかし、居住国における重要性では、北米居住者は人口・経済力とも大きいとはいえず、華人の存在がアメリカ、カナダの対中関係に大きな影響を与えたこともない。本章の目的は、中国の対外関係の一要因として「華人問題」を検討することにあるので、視野を東南アジアにほぼ限定し、他の国・地域については、必要な場合にのみ言及することとする。

表1　東南アジア各国の華人人口と人口比率 1998 年

（千人）

国　　名	華人人口	人口比率(%)
インドネシア	7,310	3.6
マレーシア	5,515	24.9
タイ	6,358	10.8
ミャンマー	3,000(1)	6.5
シンガポール	2,436*	76.9*
フィリピン	1,030	1.4
ベトナム	1,000	1.3
カンボジア	300	2.8
ブルネイ	82(2)	27.3
ラオス	160	3.1
合　計	27,191	5.4

原注　(1)　1980 年代以降，雲南から移住した者が多い。
(2)　居留権をもたない華僑華人 37,000 人を含む。

出所：『華僑経済年鑑 1998』台北，僑務委員会，1999 年より作成。

* *Yearbook of Statistics Singapore, 1998* (Singapore Department of Statistics, 1999), p. 25, Table 3.4 の数字による。

1　歴史的背景

一　華僑の発生と増加

中国人の海外移住の歴史は、漢代にさかのぼるといわれ、明代にはすでに東南アジア各地に中国系移民コミュニティが存在していた。明から清への王朝交代期には、戦乱と異民族王朝をきらって、多数の中国人が東南アジアへ渡った。タイやベトナム等の王朝は、先進知識・技術をもつ中国移民を歓迎し優遇した。しかし、明清王朝は長期にわたって海禁政策をとり、私貿易や民間人の海外渡航を禁止し、在外中国人を反逆者、逃亡者と見なして、帰国者は厳罰に処した。それでも明清期を通じて移民はゆるやかな増加を続けている（呉鳳斌主編『東南亜華僑通史』福建人民出版社、一九九三年）。

アヘン戦争後の一八四二年以降、海禁政策の厳格な実施が困難になり、一八六〇年には、北京条約によって海外渡航が事実上自由化されて、大量移民の流出が始まった。現在の華人の九九％以上は、アヘン戦争以降の出国者とその子孫である。移民のほとんどは、中国南部の福建・広東（海南島を含む）両省から出た。これらの省は、人口過密で可耕地が少ないうえに、アヘン戦争以後、戦乱と開港によって社会・経済が混乱し、生活に困窮する者が急増した。この結果、農民反乱が頻発し、混乱がさらに深まるという悪循環に陥り、移民の流出が加速されたのである。

こうしたプッシュ要因と東南アジア側のプル要因――労働力需要――が合致した結果、大量移民が発生した。十九世紀後半、東南アジア経済は高度成長期に入っていた。産業革命の結果、欧米市場における東南アジア産品の需要が拡大し、また航海技術の進歩とスエズ運河の開通によってアジアと欧米の往来が容易になったので、欧米の企業家たちが大挙してこの地域に進出した。彼らは近代技術をもって輸出産品の生産に乗り出し、西欧諸国政府も植民地支配を進めて、彼らをバックアップした。商品生産の拡大は、生産・流通の両面で大量の雇用機会を生み、移民を吸引したのである。二十世紀に入っても移民は増えつづけ、太平洋戦争前夜までの百年間に二千万人が出国したといわれる。

大量移民の初期には、移民の大半は農園・鉱山などの契約労働者であったが、彼らの多くは契約期間を終えると商人・職人の見習いや行商人などに転職した。時がたつにつれて中小規模のビジネスで成功する者が増え、彼らが近親者や同郷の若者を呼び寄せたので、こうした移民の比重が上がり、契約労働者は相対的に減少した。中国移民は欧米の進出が新たに創り出した近代部門——輸出商品の生産・流通——と、その周辺に生じた新たな経済活動に必要な労働力と補助的な経営・管理能力を提供したのである。

移民のほとんどは、一時的に東南アジアに出稼ぎに出たもので、家族を故郷に残して単身で渡航した。彼らは家族の生活費として収入の相当部分を送金する一方、ある程度の蓄えを作って故郷に帰る予定であった。十九世紀末ごろから徐々に、現地で家庭を営む者が増え、現地定着が進んだ。しかし、事実上定着していても、いずれは故郷へ帰るという意図を捨てなかった。彼らはまさに「華僑」であったといえよう。事実、渡航者の半数、約一千万人が帰国したといわれている。

華僑は、方言を同じくするグループがそれぞれ相互扶助団体(幇《バン》)を組織し、これを中心に経済活動・社会活動を展開したので、職業や居住地区も出身地別に分かれる傾向があった。幇の下には県や村などの同郷会、同業組合、同姓団体、宗教団体、慈善団体などの組織があり、それぞれ職業・福祉・祖先祭祀などの面で助け合った。二十世紀初頭には、幇が連合して中華総商会を組織し、これが華僑社会全体を代表した。これら重層的な組織の網はほぼすべての華僑をおおっていた。華僑はよく組織された移民コミュニティであったといえよう。

二　華僑の中国ナショナリズム

幇を中核とする組織は、方言しか話さなかった初期移民の帰属感が、中国という国家よりも故郷に向いていたことを示している。しかし、華僑は移住先の政府等から一括して中国人と見なされ、中国からもしばしば中国人として働きかけられたため、早い時期から中国人意識が生まれ、中国ナショナリズムが浸透した。すでに二十世紀初頭には、清朝の呼びかけに応じて中国に投資する者が増えており、中華総商会も清朝の要請によって成立した。また、同時期に孫文の革命運動に対する支持も広がり、彼の中国革命同盟会は東南アジア各地に支部を設立している。

第一次世界大戦後、中国国内で昂揚したナショナリズムが華僑コミュニティに波及した。一九二〇年代から華僑学校が急増し、教師として中国から招かれた青年たちが、ナショナリズムの媒介者となった。三〇年代には、中国の国民政府が華僑の愛国教育、彼らへの愛国宣伝に力を入れたので、華僑学校はさらに増加し、国民党の影響が華僑団体に浸透した。国民政府の華僑重視は、国民党と華僑の間に孫文以来の深い縁があったためでもあるが、最大の理由は、中国にとって華僑の経済力が重要だったことである。

華僑から中国への送金、いわゆる「華僑送金」は、故郷に残した家族の生活費を主体とし、不動産等への投資も含めて、二〇年代には年一億ドル前後、三〇年代には数億ドルと推定され、中国の外貨収入の三〇—四〇%を占めていた。華僑送金の半分以上が東南アジアからのものと見られている。国民政府は、広東の地方政権であった二〇年代前半から華僑に関する事務を専門に扱う役所(僑務委員会)を設けていたが、二八年に全国政権となってからは正式にこれを部(日本の省にあたる)レベルの機関とし、議会などの民意代表機関にも華僑に議席を割り当てた。これらの措置の主たる目的は、華僑を中国国民として保護しその権利を尊重する姿勢を示して彼らの愛国心に訴え、その経済力を利用することにあった。

国民政府の政策は、三七年以降、日中戦争において顕著な成果を表した。華僑たちはこれを祖国存亡の危機ととらえ、救国募金運動を展開した。三九年末までの二年半の間に、東南アジア華僑が国民政府に献納した金額は、国債の購入も含めて一億四〇〇〇万ドル、華僑献金総額の四分の三にのぼった。このほかに故郷への送金が年間数億ドルあったと推定され、三八年には華僑の献金と送金が国民政府の外貨収入の半分を超えた。国民政府が奥地へ撤退した三八年以後は奥地開発投資にも協力し、現金のほかに軍用機・車両・衣服・薬品などの現物献納も行った。さらにマラヤ・シンガポール華僑は徹底的な日本製品ボイコットを組織し、この地域への日本の輸出を激減させたのである（曾瑞炎『華僑与抗日戦争』四川大学出版社、一九八八年）。

しかし、華僑の中国ナショナリズムの高揚は、現地での華僑の将来に影を落とすことになった。第一に、彼らの間に中国人としての誇りが高まり、現地人・現地文化を軽蔑する傾向が生じた。第二に、中国政府への多額の献金は、彼らが中国に忠誠心をもち、東南アジアから得た莫大な富を中国へ送っていることを広く知らせる結果となった。第三に、日本製品ボイコットの成功は、華僑が東南アジア経済にもつ大きな力と、それを中国のために使う意思と組織力を明らかにした。こうした状況は、すでに高まっていた現地人のナショナリズムを刺激し、華僑に対する彼らの反感と疑惑を増幅して、戦後の植民地独立過程において華僑の立場を難しくする要因の一つとなったのである。

一九四一年末、太平洋戦争が始まり、東南アジアは日本軍に占領された。日本軍は日中戦争で中国を支援した華僑を敵視する一方、現地人には独立を約束して、そのナショナリズムを煽った。華僑は苦境に耐えて、ひたすら嵐の過ぎるのを待った。唯一の例外はマラヤ共産党を中核とするマラヤ・シンガポール華僑の抗日ゲリラである。彼らは英軍の撤退後もジャングルに立てこもって武装抵抗を続けたのである。

歴史的に見れば、太平洋戦争は華僑華人の転機となった。戦争によって移民の流入は激減し、中国との往来も通信も難しい状況のもとで苦難に耐えたため、彼らの間に現地アイデンティティが強まった。戦後は東南アジア側の受入れ拒否によって、大量移民の流入はなくなった。さらに重要なのは、戦争によって撤退した欧米人に代わって現地人がエリートの地位についたことである。彼らは基本的に華僑華人に好意をもたず、差別的あるいは統合的な政策をとるのである。

2 中国の華僑政策

一 社会主義と国内華僑

一九四九年、中華人民共和国の成立と新政権の骨格を定めるために北京で開かれた人民政治協商会議には、華僑政党、致公党も招かれて参加している。ここで採択された臨時憲法、「共同綱領」は、新政権を幅広い統一戦線による人民民主独裁政権と規定し、その構成員のひとつに「国外華僑」をあげ、彼らの正当な権利と利益を保護すること、華僑送金の便をはかることを定めている。また、内閣にあたる政務院(のちの国務院)の下に僑務委員会を設置し、国民政府と同様に華僑を重視する姿勢を明らかにしている。

建国当初の緊急課題は、新政権の基盤をかため、経済を復興し、外国の承認を取り付けることであった。これらには幅広い国民の支持が不可欠であったため、統一戦線政策が重視され、華僑政策もその一環として位置づけられた。僑務委員会主任(閣僚級)には、共産党員でなく国民党革命委員会のリーダーで、香港出身の何香凝が任命された。何香凝は、孫文に次ぐ国民党指導者で華僑出身の廖仲愷の未亡人であり、明らかに国民党と華僑の伝統的な関係を意識した人選である。彼女の長男の廖承志（共産党員、日本で生まれ育った）が副主任となり、五九年に母の引退にともない主任に昇格した。

建国初期の僑務委員会の主たる任務は、一千万人といわれた国内華僑（帰国華僑および海外華僑の家族・親族）に対する優遇政策の実施であった。新政権の華僑政策の最大目的は華僑送金の確保であり、第二の目的は華人を通じて新政権のよいイメージを海外に広め、承認取付けに役立てることであった。当時の華僑送金は年間一億ドル前後と推定され、ソ連借款に匹敵する重要な外貨収入であった。華僑送金を確保するためには、その受取り人である国内華僑を優遇し、送金が彼らの生活向上に役立っていることを華人に示す必要があった。また、華人の間に新政権のよいイメージを広めるためにも、彼らの情報源である国内華僑を優遇し、後者の好意を得る必要があった。

しかし、不労所得で生活する国内華僑の優遇政策は、新政権の改革政策と矛盾するため、実施レベルでは無視されがちであった。土地改革においては海外華人・国内華僑の所有地に特別の配慮が加えられ、地主に分類された者は国内華僑の二％にすぎなかったが、彼らのなかには処刑されたり、投獄されたり、暴力的な扱いを受けたりした者も少なくなかった。広東・福建で土地改革が実施された五二年には、朝鮮戦争によって排外的・反資本主義的な雰囲気が高まっており、海外の資本主義につながる国内華僑はその被害者となった。華僑預金は凍結され、海外からの送金はしばしば強制寄付の形で没収された。

一九五三年、第一次五カ年計画が始まって外貨資金の需要が高まると、華僑の「特殊な性格」が強調され、優遇策が徹底された。五四年に制定された全国人民代表大会（全人代）組織法は、三十議席を華僑に割り当て、五五年の国務院指示は、華僑送金はその受取人の正当な所得であること、国家はこれを保護することを確認した。華僑預金の凍結は解除され、華僑送金に対する消費物資の特別配給が開始された。五七年には華僑投資公司が設立され、ここに投資された華僑資金の所有権は永久に投資者に属し、年八％の配当金が支払われ、配当金の半分までは国外に持ち出してよいという破格の条件が規定された。海外華人からの送金・投資を当時進行中の社会主義改造から除外して、送金・投資の継続・増加をねらったのである。

その一方で、国内華僑の思想改造が進められた。五六年、僑務委員会の監督下に全国帰国華僑連誼会（のちに連合会と改称、略称僑連）とその地方支部が組織され、これを通じて国内華僑の社会主義教育や大衆運動への参加が推進され、与えられた特権を自発的に放棄するよう圧力がかけられた。翌年の反右派闘争で圧力はさらに強まり、五八年の大躍進運動ですべての優遇策が事実上廃止され、国内華僑も人民公社への加入を強制された。この結果、華僑送金が激減したので、僑務委員会は指示を出して、帰国華僑の人民公社加入を強制しないこと、海外からの送金は正当な収入で個人に属することを強調した。五九年には華僑送金について、名宛人への直接配達、預金引出しの自由、秘密保持を保証する「三保政策」がとられた。しかし、優遇政策は長続きせず、六四年、社会主義教育運動とともに廃止された。

優遇政策と改革政策の矛盾は改革が進むにつれて深まり、国内・海外の華僑の特権は実施レベルで嫉妬と怒りを買って無視された。華僑送金は緩やかな減少を続け、六四年には五〇〇〇万ドル程度になっていた。中国が望んだ華人の中国支持も広がらなかった。東南アジアでは、親中国的な華人は忠誠心を疑われ困難な立場に立たされる危険があったので、中国支持の表明は控えられた。たとえ華人が中国を支持しても、それは東南アジア諸国の中国に対する脅威感を強め、中国承認をますます遅らせるだけであった。海外華人とのつながりは、中国の国内・対外政策の障害になっていたのである。

二　国籍問題——現地化促進政策

一九五三年、朝鮮で停戦が成立し、中国は国際環境の改善をめざして、東南アジア諸国との関係改善を模索しはじめた。多くの華人をかかえる東南アジア諸国は、中国が華人を自国民と見なし、その保護を口実に内政に介入することを恐れていたので、中国が華人の中国国籍を明確に否定しなければ、関係改善は望めなかった。

過去に中国は一九〇九年と二九年に国籍法を制定しており、いずれも「中国人を父とする者は中国国籍を有する」という血統主義原則をとっていた。これに従えば、華人はすべて中国国民である。一方、戦前の東南アジアでは「自国で生まれた者は自国民である」という生地主義原則に基づく国籍法が支配的であったため、現地生まれの華人は二重国籍をもつことになった。戦後独立した東南アジア諸国は、一般的に、すでに現地国籍をもっている者、一定期間現地に居住している者には現地国籍を与えた。しかし、中国の新政権は新たな国籍法を制定しなかったので、東南アジア諸国は、中国が従来の国籍法を継承し、華人の二重国籍を認めていると見て警戒したのである。

一九五四年、周恩来首相は、第一期全人代における「政府活動報告」のなかで、二国間交渉によって華人の国籍問題を解決する用意があることを明らかにした。これに応じたインドネシアとの間に交渉が行われ、翌五五年には二重国籍防止条約が調印された。その主な規定は次の四点である。①華人は自由意思によって中国・インドネシアのいずれかの国籍を選択する、②後者を選択した者は自動的に中国国籍を失う、③前者を選択した者は中国政府が保護するが、彼らもインドネシアの法を守り、慣習を尊重すべきであり、政治活動を行ってはならない、④インドネシアは中国国籍の華人の正当な権利・利益を保護する。

この新政策は、華人の支持を台湾と争っていた中国にとって、ぎりぎりの選択であった。東南アジア諸国との関係改善には、華人の二重国籍を否定する必要があったが、一方的な否定は「華僑切捨て」と解釈されて、二重国籍を認めている台湾を利するであろう。条約によって二重国籍を否定し、中国籍の華人の保護を義務付ければ、居住国は自国民である華人を差別したり、中国籍の者を迫害したりする政策はとれなくなる。もし差別・迫害が起これば、中国は条約違反として保護に乗り出すことができる。また、国籍問題の解決によって両国の関係が改善されれば、華人に対する反感の緩和も期待できる。

しかし、インドネシア以外に二国間解決に興味を示す国はなかった。このためか五〇年代後半には、中国は右の政策をさらに進めて、①居住国の国籍選択を奨励する、②居住国の国籍を取得した者は、その国に忠誠心をもち、その国民と協力して、その国の平和と繁栄につくすべきである、③中国国籍に留まる者は、居住国の法と慣習だけでなく、政府の政策にも従うべきである、④右の②③が守れない者は中国に帰国すべきである、とした。これは華人の保護を事実上放棄した、現地化促進政策と見ることができる。

実際には、これは現状の追認にすぎなかった。東南アジアで中国と国交のある国はインドネシア、ビルマ（現ミャンマー）、カンボジアのみであり、国交のない国の華人を保護する手段はなかったし、国交のある国に対してもできることはきわめて限られていた。現実に最も厳しい華人差別政策をとっていたインドネシアは、中国の友好国であったが、中国の抗議を無視した。二重国籍防止条約の調印も事態改善には役立たず、五九年には農村における華人の小売業と居住が禁止された。これに対する中国の抗議は、インドネシアの反中国・反華人感情を強める以外の効果をあげなかった。結局、中国は彼らを保護できず、帰国希望者を募って迎えの船を出しただけである。五九―六三年の期間にインドネシア国籍の者も含めて十二万人の華人が帰国し、中国は国籍の区別なく彼らを受け入れている。

一九五〇年代の中国の華僑政策は、一方では華人資金の利用のために国内華僑・海外華人に特権を与えて華人との絆を維持し、他方では現地化を奨励して東南アジア諸国との関係改善をはかるという、複雑かつ矛盾した性格をもつものであった。このためもあって政策目標はなんら達成できなかった。インドネシアとの二重国籍防止条約のみが成果といえばいえようが、これも潜在していた反華人感情を顕在化させて、かえって両国の関係を緊張させる結果を生んだ。しかもインドネシアは条約の批准を六〇年まで延期し、批准後も実際上の問題は少しも改善されなかった。それればかりか、条約をめぐるインドネシアとの確執は、中国の意図に対する東南アジア諸国の疑惑を深めたのである。

成果は乏しかったものの、中国の政策は台湾の華僑政策を牽制する効果をもったと思われる。国民政府は戦前に築いた華人との関係を維持し、彼らの支持が北京に向かわないよう努力を傾けた。台湾はタイ、フィリピン、南ベトナムと国交をもち、国交のないビルマ、マラヤ、シンガポール、インドネシアとも非公式関係をもつという有利な立場にあった。したがって、東南アジアのほぼ全域で華人と接触できたが、華人保護に北京以上の実績はあげていない。北京が華人の現地化を奨励しているとき、台湾が華人を自国民として保護に乗り出せば、東南アジア諸国は北京との関係改善に動く危険があったからである。

国民政府は公式には戦前の国籍法も華僑政策も変えなかったが、その実施は支配領域内に限られ、華人の保護責任は事実上放棄している。華人との歴史的な関係があり、イデオロギー的な違和感がない点では、北京に比べて彼らの支持を得やすい立場にあった反面、彼らの地縁・血縁につながる土地と人が大陸にあるという点では、決定的に不利な立場にあった。このため華僑送金は望めず、華人資金の利用は投資に限られており、華人に対する影響力においても、北京を凌駕することはきわめて困難であったといえよう。

三　文化大革命と華人

中国の華僑政策が成果をあげなかった要因のひとつは、その対外政策とくに東南アジア諸国に対する政策が一貫性を欠いていたことにある。中国は国家間関係において平和共存を唱える一方で、「党と党の関係」においては、国交のない東南アジア諸国の政府を「帝国主義の手先」、「新植民地主義者」、「反動政府」などと非難して、これら諸国の「人民」に政府打倒を呼びかけ、実際に各国共産党の反政府闘争を支援していた。「人民」には現地国籍の華人も含まれるので、中国は現地国籍取得を奨励して、彼らを革命輸出に利用しようとしていると疑われたのである。

一九六四年までは、どちらかといえば平和共存を重視していたが、六五年から革命支援に重点が移り、六六―六九年のプロレタリア文化大革命の最盛期には革命支援一色になった。六六年から翌年にかけて、僑務委員会に造反が起こり、造反派は従来の華僑政策が華僑の愛国活動、階級闘争、毛沢東思想の学習を抑圧し、現地化を奨励し、非合法活動や革命行動を禁止した、などと非難・攻撃した。六七年、僑務委員会は機能を停止し、主任の廖承志をはじめ僑務関係の指導者たちは公式の場から姿を消した。これによって事実上従来の政策は放棄され、代わって華人を中国人と見なし、彼らの愛国活動、階級闘争、毛沢東思想の学習、居住国政府の打倒などを奨励する政策が採用された。

一九六七年、外交官が北京に召還され、新政策の訓練を受けたのち、それぞれの任地に帰任した。東南アジアでは中国と国交のあったインドネシア、ビルマ、カンボジアで、外交公館を基地に、華人に対する毛沢東の著作の配布、その学習会の開催、華僑学校生徒に対する紅衛兵活動の奨励・指導が行われた。その結果、一部の華人青少年が紅衛兵活動を行い、現地人と衝突して暴動に発展した。北ベトナムやシンガポールでも類似の事件が起こっている。インドネシアは中国の臨時代理大使姚登山に国外退去を命じ、中国との国交を凍結した。ビルマも国交を中断し、カンボジアは中国の内政干渉を非難した。

当時中国では政府も共産党も崩壊状態にあったので、こうした政策が公式政策であったとはいいきれないが、支配的なグループがこうした政策を遂行し、公式メディアを通じて宣伝したことは事実である。一連の衝突事件に際して、中国の公式メディアは華人の「革命行動」を強く支持し、現地政府の弾圧に激しく抗議した。インドネシアから追放された姚登山は英雄扱いされ、一時は外務省の実権を与えられた。ビルマの事件の際には、外務省がビルマ政府打倒を呼びかけ、ビルマ華人が毛沢東バッジをつけ、毛沢東思想を学習して「祖国への忠誠を示す権利」を要求した。インドネシアの事件後、中国のメディアはインドネシア政府を「ファシスト政府」と攻撃し、インドネシア人民にその打倒を呼びかけたので、六九年、インドネシアは二重国籍防止条約を破棄した。

中国は華人の「愛国活動」を奨励する一方で、華人の大半は「反動的」であるとして、その国内への影響を排除する政策をとった。第一に、華人の帰国受入れは中止された。彼らのブルジョア的な思想・生活態度が国内を汚染している、彼らのなかに国民党のスパイが紛れこんでいる、と考えられたからである。第二に、国内華僑の「特殊な性格」は否定され、特権はすべて廃止された。送金は没収され、預金は凍結され、投資の配当も停止された。紅衛兵によって家宅捜索され、家財を没収され、身柄を拘束された者も少なくない。第三に、国内華僑と海外との連絡は事実上禁止された。党幹部はすべての「海外関係」の断絶を命じられた。「海外関係」をもつ一般人は、共産党・共産主義青年団・軍への参加を禁止され、入学や就職でも差別された。中国訪問中の華人は、しばしばスパイと疑われて尋問・拘留され、中国在住の家族・親族・友人との接触を妨害された。

「海外関係」の断絶政策は、当時の中国が華僑送金をさほど重要とは考えなかったことを示している。華僑送金は建国時に比べて半減しており、将来も華人の世代交代とともに減少が続くものと予想された。国内華僑の優遇や帰国者の受入れは、送金の減少防止には役立つ反面、社会主義政策の実施を阻害する。新規帰国者は社会主義化がかなり進んだ時期に帰国し、しかも海外との関係が強いので、適応が難しく不満をもちやすい。彼らの不満は他の国内華僑にも影響を与え、「汚染」を拡大する。そのうえ彼らを含む国内華僑の「海外関係」が中国にとってセキュリティ・リスクであるとすれば、年間数千万ドルの外貨収入のコストとしては高すぎるとも考えられるからである。

こうした判断は、華人の価値観は社会主義中国と相容れないという認識に立っている。彼らは資本主義社会に住み、その多くが企業経営者、商人、ホワイトカラー労働者といった信頼できない「階級」に属していたからである。しかし、当時支配的であった漢民族ショービニズムに立てば、彼らも中国人であるから「愛国心」によって階級的価値観を克服する者もいるに違いないが、そうした「愛国者」は多くないと判断したものと思われる。しかし、華人に対する「愛国」の呼びかけは、東南アジア諸国を刺激し、華人に対する疑惑を強めるものであった。華人は疑惑を避けるために中国から離反せざるをえなくなり、現地化が加速されるという皮肉な結果を生んだのである。

四　現地化促進政策への復帰

一九六九年、文革の混乱に一応の終止符を打った中国は、周恩来の指導下に平和共存政策を復活させた。同年、崩壊状態にあった僑務委員会は、外務省のなかの僑務弁公室（僑弁）として再建がはかられた。七〇年にはアメリカに関係改善を働きかけ、翌七一年にはキッシンジャー訪中、日中国交回復、国連における中国代表権獲得と、国際社会への参入が急ピッチで進み、七二年にはニクソン訪中によるアメリカとの歴史的和解が実現した。

東南アジア諸国との関係も改善に向かった。七一年、ビルマのネ・ウィン革命評議会議長が訪中し、両国の国交が再開された。このとき周恩来はネ・ウィンに対して、中国は文革前の華僑政策に復帰すること、二重国籍は認めないこと、中国籍の華僑は居住国の法と慣習に従うべきこと、僑務委員会は廃止したこと、を通告したといわれる。周が僑務委員会の廃止（格下げ）を強調したのは、東南アジア諸国が僑務委員会を中国の利益のために華人を動員する機関と見ていたからである。中国はまた、マレーシア、シンガポールに対する「新植民地主義国家」の非難（後述）をやめ、シンガポールの独立を認めた。従来「アメリカ帝国主義の手先」と攻撃していたＡＳＥＡＮ（東南アジア諸国連合）についても、その存在を認める姿勢を見せた。七一―七二年には、フィリピン、シンガポール、マレーシアとの間に建国後初の経済使節団の交換を実現させている。

一九七四―七五年、マレーシア、フィリピン、タイとの間に相次いで国交が開かれ、シンガポールとも友好関係に入った。七四年五月、マレーシアとの国交樹立を決めた両国の共同コミュニケにおいて、文革後の華人政策が初めて明文化された。これを要約すれば、①両国は二重国籍を認めず、いずれかの国籍を取得した者は自動的に他の国籍を放棄したものと見なす、②中国籍の華人はマレーシアの法を守り、慣習を尊重し、マレーシア国民と団結して生活するものとする。フィリピン、タイとの共同コミュニケにも同様の条項が盛り込まれた。一九七五年、中国を公式訪問したシンガポールの外相に対しても、同じ政策を保証している。

これら諸国との交渉の過程で、中国が華人を自国民と見なしていないことが明らかになった。おそらく中国は「華人問題」を居住国の国内問題と認め、干渉しないと約束したものと思われる。東南アジア諸国が中国との国交を拒んでいたのは、中国に外交公館の設置を許せば、中国はこれを華人の「愛国教育」や「革命訓練」に使うと考えたことが一因であった。したがって、中国が「華人問題」への不介入を約束しなければ、国交樹立は難しかったからである。中国が東南アジア諸国に開いた外交公館は、宣伝活動を控え、現地華人との接触にはとくに慎重である。

一九七八年一月、中国は建国以来最大の華僑政策キャンペーンを展開した。僑務弁公室は国務院直属となり、その主任に廖承志が返り咲いた（廖は八三年に病死、後任はその長男廖暉）。復帰と同時に、廖承志は中国各紙に論文を発表して、文革期の華僑政策を徹底的に批判し、新政策を提示した（『人民日報』一九七八年一月二十八日）。新政策はマレーシア等との共同コミュニケで示した政策に五〇年代の国内華僑政策を加えたものである。廖とともに文革前の僑務指導者たちも復活し、公式の場で盛んに発言して、新政策を宣伝した。華国鋒首相（当時）も同年二月の第五期全人代において新政策を強調した。全国各地で華僑政策にかんする会議が開かれ、公式メディアが大きく取り上げた。そのなかで帰国華僑連合会をはじめ、国内華僑の諸団体・学校・会社などの復活が明らかになった。

大キャンペーンは、中国がふたたび華人重視に転じたことを示しているが、これは次の二つの要因による。①すでに内定していた改革開放政策のために華人資金が必要になった、②前年からベトナム・ソ連との関係が緊迫し、中国は「覇権主義」(ソ連)に反対する国際統一戦線の形成を急いでいた。ソ連とベトナムは、華人は中国の手先であると宣伝し、東南アジア諸国の反中国・反華人感情を煽っていた。このため中国は、新政策を宣伝し、華人問題に介入しないことを強調して、東南アジア諸国との友好関係を強化する必要があった。そして、華人に対しては「覇権主義」と戦う中国への経済的支援を訴えたのである。七八年秋には、鄧小平副首相(当時)がタイ、マレーシア、シンガポールを歴訪して、反「覇権主義」にASEAN諸国の支持を取り付けようと努めている。

一九七八年を通じて、新政策の理論的正当化と新たな国内華僑政策の実施が精力的に推進された。理論面では、華人の九割は勤労人民で、そうでない者もほとんどは「愛国者」だから、統一戦線に加えるべきだとされ、国内華僑は他の中国人と同じ人民であり、その「特殊な性格」のために若干の特権が必要だと認められた。実際面では、文革中に解任された者の復職、没収財産の返還が行われ、国内華僑の諸団体・学校・会社などが全国的に復活され整備された。同年末、ベトナムがカンボジアに侵攻し、これに脅威を感じたASEAN諸国が反ベトナムに転じたので、中国の華僑政策には良好な環境となった。

一九八〇年、中国は第五期全人代第三回会議において国籍法を制定し、二重国籍を禁止した。すなわち、外国国籍をもつ華人は自動的に中国国籍を失い、外国国籍または無国籍の者は中国に定住する場合にのみ中国国籍を回復あるいは取得できるが、その場合には外国国籍を留保できないとしている。これと同時に、全人代の華僑議席は廃止された。国籍法制定によって、華人の国籍問題は解決に向かって大きく前進した。当時中国籍・無国籍の華人は、インドネシアに約百万人、マレーシアに十万人程度いたのみで、前者はインドネシア国籍に統合し、後者は自然消滅を待つようである（後述）。

文革後の新政策は、華人に対する保護責任の放棄を意味する。中国は五〇年代からこれを志向してきたが、台湾との競合のために回り道をせざるをえなかった。国民党と違って、共産党には華人との格別な歴史的関係はなく、むしろイデオロギー的な違和感が強かった。共産党政権は、民間人の出国と私貿易を原則禁止し、海外移住者を疑惑の目で見た点では、王朝時代の海禁政策の伝統を継承していた。七〇年代末以降、中国はこうした伝統から離れるが、この時期については、後に詳述する。七〇年代までの「華人問題」のかなりの部分は、東南アジア諸国の国内事情に起因しているので、次にこれを検討する。

3　東南アジアにおける華人

一　国民統合

「華人問題」が中国と東南アジア諸国の関係において重大な障害となった要因のひとつは、後者が数多くの深刻な問題をかかえた弱小国であったことである。第一に、タイを除くすべての国が戦後独立した新興国であり、国家としての存在基盤が強固でなかった。第二に、すべての国が多様な人種、文化、宗教、言語をかかえる複合国家であり、国内分裂の危機が潜在していた。第三に、すべての国が発展途上国で、国民の大多数が貧困に苦しんでおり、彼らの不満が反政府運動の温床になっていた。第四に、すべての国が経済・軍事小国であり、国際的な危機に対応する能力が十分でなかった。これらの要因が複雑にからみ合って、国内外から国家の安全を脅かされやすい状態にあった（岡部達味『東南アジアと日本の進路』日本経済新聞社、一九七六年）。

実際に東南アジアのすべての国が内乱、暴動、クーデターなどを経験し、その多くに中国あるいは華人がかかわっている。最も顕著な例は、四八―六〇年の期間、マラヤ・シンガポールを揺るがしたマラヤ共産党の武装反乱である。同党はほぼ華人で構成され、中国の支援を受けていた。同じ四〇年代後半にビルマ、フィリピンでも共産党の反乱が起こり、この背後にも中国があると疑われた。六三年、マレーシア連邦の成立に反対するインドネシアが、マレーシアをイギリスの「新植民地主義国家」と非難し、その破壊をめざす「対決」政策を実施し、六五年のシンガポールの分離独立も認めなかった。中国はインドネシアに同調し、マレーシア・シンガポールの「人民」に「新植民地主義政府」の打倒を呼びかけ、マラヤ共産党の残存勢力がこれに呼応した。

六五年、政権をとったインドネシア国軍は、共産党が中国の後押しでクーデターを起こしたのでこれを粉砕したと主張し、共産党員と華人を虐殺した（九・三〇事件）。既述のように、六七年にはインドネシア、ビルマ、カンボジアで華人と現地人の衝突事件が起こった。六九年、マレーシアで反華人暴動が起こり、インドネシアでは七〇年代以降反華人暴動が頻発している。タイでも七三年の「十月革命」後、農村で共産党ゲリラが活発化したが、これも中国が支援したといわれる。七〇年代以降、毛沢東主義を信奉するフィリピンの新人民軍が農村で勢力を拡大した。ベトナム戦争とラオス、カンボジアの内戦では、中国は共産勢力を支援し、七八年以降のベトナム―カンボジア紛争では、公然とカンボジアを支持し、七九年にはベトナムに「懲罰」戦争をしかけた（中越戦争）。このためベトナム華人は迫害され、難民となって国外に流出した。

こうした中国の介入・浸透は、東南アジア諸国の多様なエスニック・グループ、不満分子が外国勢力と結びつきやすく、しかもこれを抑える政府の能力が低いことを示している。この文脈のなかで、華人は国民統合と国内安定の障害、国家の安全に対する脅威と見なされた。第一に、彼らは国内経済に強大な力をもち、独自の組織によって団結している。第二に、彼らは独自の文化・言語に誇りをもち、その保持のために独自の教育機関を運営し、同化を拒む傾向がある。第三に、彼らの多くが中国となんらかの関係をもち、過去に中国への忠誠心を示してきた。第四に、その中国は東南アジアに隣接する軍事大国・社会主義大国であり、東南アジアの反政府勢力を支援し、革命を呼びかけている。

冷戦期の厳しい国際環境が、中国・華人・共産党の結合に対する東南アジア諸国の脅威感を増幅し、「華人問題」は実際よりも過大に認識された。実際には、これら三者がさほど密接に結合していたわけではない。東南アジア諸国の共産党が中国革命を手本とし、中ソ対立後は中国派の立場をとったことは事実である。しかし、党員の大多数が華人であったのはマラヤ共産党とタイ共産党だけで、華人を支持基盤としていたのはマラヤ共産党だけである。中国の支援も、リップサービスは別として、タイとマラヤの共産党が中国領内にラジオ放送局を置いていた以外には、これといった援助は知られていない。

六五年九月まで合法政党としてスカルノ政権を支えたインドネシア共産党は、国家間の友好関係に乗って、中国共産党と緊密な関係を結んでおり、何らかの援助を得ていた可能性がある。しかし、同党は六五年の九・三〇事件後の大弾圧によって壊滅した。六七年のインドネシア、ビルマ、カンボジアの「紅衛兵」事件には、現地共産党は関係していない。中国から東南アジア各国共産党への援助や指令が皆無であったとは考えにくいが、情勢を左右するほどの実質的な支援はなかったというのが現在の通説である。

しかし、東南アジア諸国は「華人問題」を深刻に受け止め、これを克服するために、①華人と中国との関係を断ち切り、②華人の同化を進め、③経済力を相対的に削減する政策をとった。①の内容は、中国移民の受入れ停止、華人の中国訪問の原則禁止である。国によっては貿易、送金、通信も禁止した。②の同化政策の中心は国籍と教育である。東南アジアのすべての国が、程度や方法の違いはあれ、華人に現地国籍を与え、自国民として統合していく政策をとっている。教育では各国とも華僑学校を段階的に廃止し、華人も国民教育制度のなかに取り込んでいく方針をとり、言語統合、国民意識の創出をはかった。華語(中国語)学校を容認している国もあるが、教科・学校経営は他の学校と同様に政府が厳しく規制している。

③の経済力の相対的削減は微妙な問題である。華人の経済力は、資本、経営管理能力、専門知識、取引や情報のネットワークなど、多岐にわたる要素の総合であり、これらを活用するか否かは、居住国の経済発展の成否に大きくかかわってくる。このため、多くの国が彼らの経済活動の極端な制限は避け、土着民に援助を与えて格差を縮小する政策、あるいは華人の同化を進めて彼らの経済力を国民経済に統合していく政策をとっている。

これらの政策は徐々に成果をあげ、また、華人の世代交代が進むにつれて、彼らのアイデンティティは変化してきている。

二　アイデンティティの変化

移民の国家アイデンティティは、移民後一―二世代で変わることが知られている。華人の場合、戦前は継続的な新移民の大量流入と華僑学校によって、中国アイデンティティが再生産されていたが、それでも古い移民はすでに戦前から中国との絆を失い、文化的にも現地化していた。しかし、一九五〇―六〇年代には、成人では中国生まれの移民一世と戦前の「愛国」教育を受けた二世が主体であり、幇の組織も強固で華僑学校もまだかなり残っていた。多くの華人が中国人意識をもっていたが、時の経過とともにその希薄化が進んだ。比較的多くのインドネシア華人が中国国籍を選択し、朝鮮戦争での中国軍の善戦、国際舞台に登場した周恩来の活躍、中国の核実験の成功などに多くの華人が強い誇りを示し、華僑学校の廃止に抵抗するなど、中国アイデンティティを示す事例は枚挙にいとまがない。

しかしこれらの事例は、華人が日常利益に反しないと判断したうえでの行動である。インドネシアを除いて、五〇年代に現地国籍取得のチャンスを与えられた華人は、迷わず現地国籍を取っているし、六七年の「紅衛兵」事件にはほとんどの華人が冷淡であった。中国に友好的でない国で中国国籍に留まる不利、「紅衛兵」事件にかかわる危険は明らかであり、華人はこれを避けたのである。マラヤの華語文学にはすでに五〇年代から祖国マラヤへの熱い想いを示す作品が増えており、華僑学校出身者も現地アイデンティティを強めていたことがわかる。中国の社会主義化が進むにつれて、帰国願望も故郷との関係も希薄化し、逆に現地では経済発展によって生活が安定したことも、アイデンティティの変化を促進したと思われる。

七四―七五年、マレーシア、タイ、フィリピン、シンガポールが中国と友好関係に入ったときには、マレーシアを除く三カ国ではすべての華人が現地国籍になっており、忠誠心にも懸念はなくなっていた。マレーシアは二十二万人の無国籍の華人をかかえており、華人一般の忠誠心にも懸念を残していた。シンガポールは、自国に「華僑」はいないとくりかえし言明し、華人の忠誠心を信頼して中国旅行を自由化した。インドネシアは九〇年まで国交再開を延期したが、その最大の理由は華人ではなく中国に対する不信感である。

むろん、これはすべての華人の国家アイデンティティが完全に中国から居住国に移ったことを意味しない。七〇年代にもマレーシアで戦後初の中国経済使節団を迎えた華人労働者が期せずして「毛主席万歳」を叫ぶとか、中国とインドネシアのバドミントン試合でシンガポール華人が熱狂的に中国チームを応援するなど、彼らの中国アイデンティティを示す事例はある。また、七八―七九年にベトナムから逃れた華人数十万人のうち二十万人前後が中国に入っている。しかしこれらの事例は例外的で、大部分の華人は八〇年までに現地アイデンティティを確立していたと見られている。中国の改革開放後、居住国と中国の生活水準の大きな格差が広く知られるようになり、華人の中国離れは決定的になる。

国家アイデンティティの変化要因のひとつは教育であり、それにともなう言語統合である。華人子女を他から隔離していた華語学校は、ほとんどの国で廃止され、現在ではマレーシアに限定された形で残っているのみである。華人も多様なエスニック・グループの混合した環境で国民教育を受け、居住国への忠誠心を注入されることとなった。教育と言語の統合は、華人のアイデンティティのみならず文化変容も促進した。

文化的同化が相対的に進んでいるのは、ベトナム、タイ、フィリピン、ビルマである。これらの国々ではすでに戦前から同化傾向が明らかであったが、戦後はさらに加速され、現在では華人と土着民の大きな違いはなくなっている。結婚を通じて融合も進んでおり、エスニック・アイデンティティすら薄れつつあるといっても過言ではない。これらの国々に共通する要因は、宗教的障壁がないことである。フィリピンではキリスト教、その他の国では仏教が支配的であるが、華人はこれらの宗教を抵抗なく受け入れている。

これに対してマレーシア、インドネシアでは、華人が支配的宗教であるイスラム教を受け入れず、これが文化的統合の障害になっている。インドネシア華人には古い移民が多く、彼らの大半は土着民と混血し、言語や生活様式も現地化しているが、宗教はキリスト教である。移民一―二世もキリスト教徒であり、土着民にもキリスト教徒が少なくないので、華人が同化を拒んでいるとはいいきれない。マレーシアは華人の人口比率が高く、しかも都市に集中しているため、宗教のみならず日常言語や生活様式においても、独自の文化を保持している。華人コミュニティはこれをマレーシア文化の一部と位置付け、その保持をマイノリティの権利として要求している。改革開放以降、中国との交流が進むにつれて、東南アジア華人の中国回帰が指摘されるようになったが、それは事実なのか。次節では改革開放後の中国と華人の交流を検討する。

4　改革開放と華人ネットワーク

一　中国からのアプローチ

一九七〇年代末、中国は対外開放政策を採用し、海外からの投資誘致に乗り出した。投資の受け皿として経済特区を創設したが、それらはいずれも香港・マカオに隣接する地域と華人の出身地区(僑郷)に設定されている。同時に、中央・地方の僑務組織が整備・拡大され、とくに僑郷地区では、省から村に至る各レベルの僑弁の新設や活性化がはかられた。これらの組織は、海外(香港・マカオ・台湾を含む)の華人組織や資産家に接触して寄付や投資を求め、また、管下の住民に海外の親戚・友人との連絡・交流を復活し、送金・投資を依頼するよう奨励した。

八〇年代を通じて、華人のもとには長く連絡の途絶えていた親戚や友人(と称する人々)、父祖の故郷の村・町・県の政府、学校、病院、同姓組織などから、送金・寄付・投資を求める手紙が殺到した。当初、華人の反応は概して好意的であった。彼らの多くは連絡の復活を歓迎し、送金や寄付の依頼に快く応じ、なかにはルーツ探求のために中国を訪問する者もあった。

しかし、東南アジア華人資本の中国投資は容易に進まなかった。中国の期待に応えて、まっさきに経済特区に進出したのは香港企業である。香港は土地と労働力の不足によって発展の限界に達していたため、多くの企業が豊富な土

表2　ASEAN諸国の対中国投資額(実施ベース)

(単位：百万ドル)

国　名	1985年	1988年	1994年	1995年	1996年	1997年
フィリピン	3	4	140	106	56	156
タイ	9	7	235	288	328	194
マレーシア	—	1	201	259	460	382
シンガポール	10	130	1,180	1,861	2,247	2,807
インドネシア	—	—	116	112	94	80
ベトナム			18	28	1	2
ミャンマー			29	—	1	3
ASEAN*	21	142	1,893	2,654	3,187	3,623

*ベトナム，ミャンマーはそれぞれ1995年，97年にASEANに加盟。ブルネイ，ラオスの数字は95年までは不明，96年以後も極小なので省略。
出所：『中国対外経済年鑑』，『中国統計年鑑』等から作成。

地と労働力を求めて中国へ進出したのである。八〇年代を通じて、海外から中国への直接投資の約七割は香港資本である。香港に隣接する深圳は、またたくまに中国随一の近代都市に変貌した。マカオに隣接する珠海地区や広東省の省都広州地区も、香港資本の流入によって都市化・工業化が急速に進んだ。八〇年代末には、香港企業が広東省で雇用する労働者は三百万人に達したのである。

これに比べて東南アジア華人資本の中国投資はきわめて少額である(表2参照)。香港からの中国投資のなかに東南アジア華人資本が含まれていたことは疑いないが、その額は不明である。いずれにしても、彼らは公然たる中国投資を控えたのである。彼らは中国が他に比べて有利な投資先だという確信をもっていなかった。有利かどうかの判断材料のひとつは、自国の中国政策のゆくえである。八〇年代には、東南アジア諸国の多くがなお中国に対して警戒的であり、華人と中国の関係についても必ずしも好意的ではなかったので、華人資本は自国政府の好まない投資を行って、不利な扱いを受け、長期的利益を損なうことを恐れたのである。

東南アジア諸国は、中国が革命重視から経済重視に転換したことを歓迎した。また、カンボジア紛争における協力を通じて国家間関係が発展するなかで、八一年、中国は東南アジア諸国の共産党との関係を否定し、ＡＳＥＡＮ諸国もこれを評価した。しかし、ＡＳＥＡＮ諸国の中国と華人に対する疑惑は、にわかには解消しなかった。ひとつには、従来中国が頻繁に政策を変更してきたため、現政策もやがて変更されると危惧された。もうひとつには、一部の国々はなお華人の忠誠心に疑惑を残していた。とくにインドネシアとマレーシアは中国の脅威を強調し、インドネシアは国交再開を延期しつづけ、マレーシアは自国華人と中国の関係の自由化をためらっていた。

一九八九年、第二次天安門事件によって中国は先進諸国の制裁を受け、改革開放は一時停滞した。同年末の冷戦終焉から九一年のソ連崩壊に至る過程は、中国の国際環境をさらに悪化させた。しかし、東南アジア諸国は相対的に中国に同情的であり、九〇年には、長年の懸案であったインドネシア、シンガポールとの国交が正常化された。このためか、中国指導部の一部で東南アジアを含む大中華経済・文化圏構想が浮上したが、これは東南アジア華人の困惑と抗議を引き起こした。こうした構想は、中国と華人に対する東南アジア諸国の疑惑を再生させる危険があり、国家間関係の緊張、華人の差別・迫害につながりかねなかったからである。中国も華人の立場を理解し、大中華圏構想は自然消滅の形となった。

二　華人ネットワークの活性化

一九九二年初頭、鄧小平が「南巡講話」で改革開放の促進を指示したのをきっかけに、中国は改革開放の継続とさらなる推進を確定した。これ以後、東南アジア諸国の中国とその改革開放に対する信頼感が高まり、華人の中国ビジネスが活発化した。これを象徴するのは、九三年のマハティール・マレーシア首相の北京訪問である。マハティールはこの訪中に百人を超える華人財界人を随行させ、マレーシア政府が華人の中国ビジネスの発展を望み、これを支援する姿勢を明確にした。すなわち、マレーシア政府は華人を自国民として信頼し、彼らがもつ人脈や知識をマレーシアの資産と見なして、中国との経済関係の拡大に活用するという政策を示したのである。華人に対する認識転換の要因は、既述の中国との関係改善や華人自身の変化、そして八〇年代以降の経済成長によって中国が貿易・投資の相手国として魅力を増していたことである。シンガポールはすでに八〇年代から中国ビジネスの拡大に積極的であり、インドネシアも国交回復後は華人の中国ビジネスを黙認するようになった。

こうした情勢のもとで、華人と中国の関係が活発化した。ビジネスだけでなく、華人関連の国際会議が頻繁に開かれるようになり、世界的な華人ネットワークの構築や活性化が意識的に進められた。華人の国際会議のなかには、世界客家《ハッカ》会議(客家幇の国際会議)のように冷戦期以来の歴史をもつものもあるが、これは例外で、急増したのは九〇年代である。目立ったものでは九一年の第一回世界華商会議(シンガポール)が早く、これは毎年場所を変えて続けられている。九三年以降は、幇などの同郷団体や同姓組織の国際会議が枚挙にいとまがないほど開催され、華人研究をテーマとする国際学術会議も世界各地で相次いで開かれている。

中国はこうした国際会議の開催を歓迎し、積極的に参加しただけでなく、豊かになるにつれて、企画から会場提供、経費負担まで、中国主導の会議も増えてきた。中国から見れば、多様な華人ネットワークの構築・強化およびこれへの参入は、さまざまな利益をもたらすものである。第一に、僑郷につながる華人ネットワークは、華人と中国の絆を強化する。第二に、華人の現状を把握し、彼らとの人脈を作るうえでも、ネットワークはきわめて便利かつ有効である。そして究極的には、華人資金の利用、海外における彼らの影響力の活用が容易になるからである。

しかし、華人ネットワークの構築を、華人に対する中国の求心力と華人の中国回帰を示すものと見なす見解は、やや単純に過ぎるように思われる。華人と僑郷の間、東南アジア域内の華人コミュニティ間の国際的な連絡・協力は古くから行われ、多くの華人がこのネットワークを使って経済活動を行ってきた。これが世界へ拡大したのは、経済のグローバル化に対応したもので、仮に中国の改革開放がなかったとしても、早晩起こったに違いない。華人は中国のネットワーク参入を歓迎し、積極的に中国との関係を強めたが、これを中国回帰と見るのは早計である。長期にわたる中国との関係断絶という異常事態の終焉を華人が喜んだのは当然であり、中国ビジネスの魅力も大きかったからである。東南アジア華人の間に中国留学や華語習得熱が高まっているのも、これらが封じられてきた異常事態への反動であり、将来の中国ビジネスに備える意味合いも強い。いずれにせよ、華人全体から見れば、中国留学や華語習得を志す者はごく少数である。

三　新華僑と中国

改革開放以降、多数の中国人が海外に移住した。これら新華僑には、合法移民のほかに不法移民も含まれる。もちろん新華僑の統計はなく、信頼するに足る推計数字もほとんどないので、以下に示す数字はきわめて大雑把なめやすにすぎない。

中国は改革開放と同時に出国規制を緩和し、出国者が増えていたが、一九八五年には出入国管理法を制定して出国をほぼ自由化した。同法が実施に移された八六年から出国数が飛躍的に増加した。四九―七八年の三十年間の合法出国数は二十一万人にすぎないが、七九―八五年には三十五万人、八六―九六年には実に五六六万人が出国している（中国入管資料）。このほかに相当数の不法出国者がいることは確実であるが、その数は不明である。この時期に出国し国外に定着した者は、僑弁の内部資料（九七年）によれば、外国の市民権、永住権、居住権をもつ者が約百万人、不法滞在者が四十―五十万人、合わせて一五〇万人程度である。

不法滞在者の数は明らかに過小に推定されている。中国国外の非公式推計数字では、ミャンマーに約二百万人、タイとロシアにそれぞれ三十万人、日本に十万人程度であり、これら四ヵ国だけで二七〇万人にのぼる。これにその他の国・地域にいる不法滞在者を合わせれば、僑弁の推定数字の七―八倍にのぼると見られる。東南アジアでは、右の二ヵ国のほかに、フィリピンに合法・不法合わせて十数万人、インドネシア、マレーシア、ブルネイにそれぞれ不法移民が五万人、七万人、四万人程度いると推定されており、シンガポールは合法移民を約五万人受け入れている。

合法移民と不法移民は、まったく異なるグループである。前者の主体は留学生が学業終了後先進諸国に定着した者とその呼び寄せ家族である。彼らのほとんどは中国各地の都市ホワイトカラー家庭の出身で、高等教育を受けて大企業や研究機関などで専門職についている。これに対して不法移民は、その大半が華南僑郷の農民家庭出身の低学歴者で、華人ネットワークに乗って移住し、未熟練労働者または零細商人として働き、合法化されるチャンスを待つ。合法化が絶望的であれば、さらに他の国に移動するか、ある程度貯金ができた時点で帰国する。

では中国は新華僑をどう見ているのであろうか。僑弁の資料は一致して、新華僑は中国にとって心強い存在と見ている。世代交代の進んだ華人と違い、彼らは移民一世であるため中国をよく知っているし、中国に肉親や親しい友人がおり、中国の動向に強い関心をもつ。また、彼らは建国以後に生まれ育った世代なので、現体制に対する違和感がなく、無条件に中国を愛し、中国の役に立ちたいと願う。そのうえ高学歴の新華僑には、先進国でエリート職についている者も多く、ある程度の影響力をもちはじめている。僑弁資料は、とくに在米新華僑がアメリカの反中国的な政策に対して抗議行動を行ったことを評価し、彼らがアメリカの対中政策に影響を与えることを期待している。

こうした見方には希望的観測が混じっているとしても、大筋では間違っていないであろう。低学歴者については、なお生活基盤を固めるために奮闘中であるとしており、短期的には利用価値の低い存在と見ているが、将来にわたって中国が貢献を期待できるのは、華人よりも新華僑であるとしている。僑弁資料は、新華僑の利用の検討に終始し、保護・援助の側面には関心を示していない。不法移民についても、その過小推計が東南アジアの一部の国々に対する配慮とも考えられる点を除けば、問題視している様子は見られない。大量の不法移民は対外関係の障害になりうるし、彼らの一部は密航の過程や移住先において過酷な扱いを受けているが、こうした問題には言及すらしていないのである。

おわりに

「華人問題」は、建国後三十年にわたって、中国と東南アジア諸国の関係における二大障害のひとつであり、もうひとつの共産党支援問題も華人との関連が障害を大きくした。この時期に華人・共産党と中国の間になんらかの関係があったことは事実である。しかし、冷戦による中国と東南アジア諸国の基本的な相互不信が、それぞれの国内事情とあいまって、二大障害を実際よりも大きく増幅した。国際的孤立に苦しんでいた中国は、国家間関係の改善を強く望みながら、一方では華人の支持や革命に孤立脱出の望みを託したため、一貫した対外政策・対華人政策を展開できなかった。東南アジア諸国は、社会主義大国中国の脅威に対処するため、国内の華人と中国の関係を絶つことに腐心した。

この三十年の期間に、東南アジアは華人・共産党の二つの問題を解決した。経済発展によって貧困層が縮小されて共産党は支持基盤を失い、また華人は世代交代して現地アイデンティティが確立した。華人は経済発展に大きく貢献すると同時に、その最大の受益者となり経済力を拡大した。こうした経済的展開も華人の現地アイデンティティを強める重要な要因であった。経済発展もアイデンティティの変化も、いっきょに達成できることではなく、相当長い時間が必要である。長期的な視点に立てば、一九五〇―七〇年代の三十年間は、二大障害解消のための必要時間であったと見ることもできる。

中国の改革開放は、東南アジア側で「華人問題」がほぼ解消された時期と一致したため、華人コミュニティとの交流の復活・拡大が急速に進んだのである。東南アジア諸国が華人を自国民として信頼し、自国の資産と見なすならば、中国を含む華人ネットワークの構築・拡大・強化は、自国に利益をもたらすものである。東南アジアにとって中国はあまりにも巨大であり、政治体制を異にする違和感もあり、不信感はなお残っている。九〇年代にも、中国の軍事力拡大につれて「中国脅威論」が出てきているが、そこにはもはや華人の影はない。

五〇―七〇年代の中国の対外関係における「華人問題」は、きわめて特異な時期の特異な問題である。すなわち、冷戦体制という特異な国際環境のもとで、社会主義大国中国と東南アジアの弱小資本主義諸国が対峙するという特異な国際政治の構造に、後者の社会・政治の不安定さ、華人の人口規模と経済力の大きさ、彼らの中国アイデンティティといった、この時期に特有の多くの要因が、複雑にからみあって重大化した問題である。したがって、将来、中国の対外関係において「華僑華人問題」が再浮上する可能性はきわめて少ない。予見しうる将来に、冷戦期と類似の国際環境が再現される可能性はまずないし、中国が閉鎖的・硬直的な社会主義政策へ回帰することも、戦前のような大量移民の再現もありえないからである。

華僑華人に対する中国の強い利用意欲は変わっていないが、経済的利用が問題になることは少なく、政治的な利用には限度がある。東南アジアの華人コミュニティは、自国への忠誠心と過去の教訓から、中国のために政治的影響力を行使することはないであろうし、中国が期待する先進国在住の新華僑エリートも、居住国で許容される範囲を越えて中国の期待に応えるとは思われないからである。例外的には、実際にアメリカで起こったように、個別的な華人が中国のためにスパイ活動をするといった事件が今後も起こる可能性はあるし、こうした事件が中国の対外関係に悪影響を与えることはいうまでもない。しかし、そのような個別的・散発的な事件が、新たな「華僑問題」に発展し、長期にわたって中国の対外関係を支配することはないと思われる。

人名索引

人名の配列は，カタカナ表記の人名を最初に掲げ，漢字表記の人名は姓の最初の字を日本語読みしたときの五十音順．姓が同音の場合は筆画数順．濁音は後置．太字で示した頁数は，その人名が章，節，項の見出しとなっていることを示す．

あ 行

か 行

さ 行

た 行

な 行

は 行

ま 行

や 行

ら 行

わ 行

事項索引

事項の配列は，アルファベットの事項を最初に掲げ，以下五十音順に従った．太字の頁はその事項が章，節，項の見出しになっている箇所を示す．

か 行

さ 行

な 行

は 行

ま 行

や 行

ら 行

わ 行

「中国をめぐる国際環境」関連年表

安藤正士・岡部達味

日付は現地時間，会議の開催地は特記しない限り北京である．

1943 年

11.22	米国のルーズベルト大統領，中国の蔣介石総統，英国のチャーチル首相がカイロで会談(～26)．27 日「カイロ宣言」に署名．同盟国の目的は満州・台湾のような，日本国が清国から奪取したすべての地域を中華民国に返還することにあるとのべる．12 月 1 日発表．

1945 年

2. 4	ソ連のスターリン首相，ルーズベルト大統領，チャーチル首相がソ連クリミヤ半島の保養地ヤルタで会談(～11)．ソ連の日本への参戦，外モンゴルの現状維持，樺太南部・千島のソ連への返還・移譲，旅順海軍基地のソ連への租借，東清鉄道と南満州鉄道の中ソ共同管理などを密約．
7.26	米国のトルーマン大統領，蔣介石主席，チャーチル首相が対日「ポツダム宣言」を発表．日本軍国主義の駆逐，カイロ宣言の履行，戦争犯罪人の処罰，民主化，連合国の日本占領を宣言．
8.14	中ソ友好同盟条約，交換公文および付属協定締結(モスクワ．中国側は中華民国国民政府)．ヤルタ密約の諸項目を中国が履行することを本協定に明記．
8.15	日本，連合国への無条件降伏と「ポツダム宣言」受諾．
9. 9	在華日本軍が南京で国民政府軍への降伏文書に調印．
10.25	台湾の日本軍が台北公会堂(現在の中山堂)で中国国民政府軍に正式降伏．

1946 年

1.20	中華民国政府がモンゴル人民共和国独立を承認．

1948 年

8.15	大韓民国成立(韓国，大統領＝李承晩)．
9. 9	朝鮮民主主義人民共和国成立(北朝鮮，首相＝金日成)．

1949 年

8. 5	米国，『中国白書』発表，国民党の大陸での敗北の責任を蔣介石と国府の腐敗と無能に帰する．
9.21	中国人民政治協商会議開催(～30)．共同綱領など採択．
10. 1	中華人民共和国成立．
10. 2	ソ連が中華人民共和国との外交関係樹立を表明，中華民国政府との関係断絶．

11.15	周恩来外相が国連に対し中華人民共和国のみが中国人民を代表する合法政府であると声明，国民政府の代表権取消しを要求.
12. 7	蔣介石，行政院の台北移転を命令.
12.16	毛沢東，モスクワ訪問(～50.2.17).

1950年

1.13	ベトナム民主共和国(北ベトナム)成立. 18日中国が承認.
2.14	中ソ友好同盟相互援助条約締結，中国長春鉄道・旅順口および大連に関する中ソ協定，中国への借款供与協定，中ソ友好同盟相互援助条約に関する補充協定，議定書署名(モスクワ).
6.25	朝鮮戦争勃発. ソ連欠席中の国連安全保障理事会，北朝鮮の攻撃を侵略と認め，敵対行為の即時中止を要求する米国提出決議案採択.
6.27	トルーマン米大統領，第七艦隊の台湾海峡出動を命令.
9.15	国連軍，仁川上陸，反撃開始.
10.25	中国人民義勇軍が朝鮮戦線で戦闘に参加(11月8日発表).

1951年

2. 1	国連総会が中国政府を「侵略者」とする非難決議案採択. 2日周恩来，不法と反論.
7.10	朝鮮休戦会談開催(～8.23，開城).
9. 4	対日講和会議開催(～8，サンフランシスコ)，52カ国参加. 中国，台湾はともに招待されず. 8日サンフランシスコ平和条約・日米安保条約締結.

1952年

4.28	日本と国民政府が日華平和条約締結(台北).
6. 1	第1次日中民間貿易協定署名(北京).
9.15	中ソ両国，中国長春鉄道の返還に関する公告，旅順海軍基地の共同使用・租借期限延長に関する両国外相の交換公文に署名.

1953年

3. 5	スターリン首相死去.
7.27	朝鮮休戦協定署名(板門店).

1954年

4.26	ジュネーブ会議開催(～7.21)，アジア問題討議.
4.29	中印両国政府，中国チベット地方とインド間の通商・交通協定に署名. 平和五原則提唱.
6.28	周恩来・ネール両首相，両国間の領土・主権の相互尊重，相互不可侵，相互内政不干渉，平等互恵，平和共存の平和五原則について共同声明発表(ニューデリー).
7.21	ジュネーブ会議終了，ベトナム・ラオス・カンボジアの三休戦協定と関係9カ国最終宣言からなるインドシナ休戦協定(ジュネーブ協定)署名(7.20付).
9. 3	人民解放軍，金門・馬祖への砲撃開始.

9. 6	東南アジア条約機構(SEATO)創設.
9.29	フルシチョフ第一書記ら, 国慶節参加のため訪中(～10.12), 中ソ会談開催. 10月12日中ソ共同宣言, 対日関係に関する共同宣言, 中ソ科学技術協力協定署名.
12. 2	米国と台湾の国民政府, 米華相互防衛条約署名(ワシントン).

1955年

4.18	アジア・アフリカ(A・A)会議開幕(～24, バンドン). 19日周恩来, 中国は他国の転覆活動をすることはないと補足発言. 24日平和十原則を採択.
4.22	中国, インドネシアの二重国籍防止に関する条約締結.
4.28	周恩来, アリ・サストロアミジョヨ両首相, 共同声明発表(バンドン). 中国・インドネシア両国の経済・文化上の協力, 平和五原則の支持強調.
5.25	ソ連軍の旅順海軍基地からの撤退完了.
8. 1	第1回米中会談開始(ジュネーブ).
10. 1	フルシチョフ首相訪中, 12日旅順口返還, 中ソ合弁会社に関する共同声明発表.

1956年

2.14	ソ共第20回大会開催(～25). フルシチョフ第一書記, 秘密会でスターリン批判演説.
6.28	ポーランドでポズナニ暴動(～30).
10.23	ブダペストで学生・労働者の反政府暴動(ハンガリー事件). イムレ・ナジが首相に就任. 11月4日ソ連軍, ブダペストに武力進駐, カダル政権樹立.
12.18	周恩来首相, ラングーンを訪問し, ビルマ在住の華僑・華人に演説. ビルマ国籍取得を要請し, 二重国籍防止を示唆.

1957年

1.18	中ソ両国, 社会主義諸国の団結強化に関する共同声明発表(モスクワ).
5.20	岸首相が東南アジア6カ国歴訪(～6.4). 6月3日台湾の蔣介石総統と会談し,「大陸反攻」に同感を示す.
10.15	中ソ国防新技術に関する協定署名. ソ連, 原爆の見本と原爆生産の技術資料提供を約束.
11. 2	中国政府代表団(団長＝毛沢東)訪ソ(～21). ソ連十月革命40周年記念式典に参加. 平和的移行の問題についてソ連と意見対立. 社会主義12カ国共産党・労働者党代表者会議, モスクワ宣言発表.

1958年

5. 2	長崎で中国国旗引き降ろし事件発生. 9日陳毅外相, 岸政府非難.
7. 7	『人民日報』社説, 中国を敵視しない,「2つの中国」をつくらない, 中日国交正常化を妨げない, との対日政治三原則を提示.
7.31	フルシチョフ首相, マリノフスキー国防相らソ連政府首脳訪中(～8.3). ソ連, 中ソ共同艦隊創設, 無線基地建設などを提案. 毛沢東, 主権に対する侵害と拒否.

8.23 | 人民解放軍，金門島砲撃．10月25日から一日おき砲撃へ．

1959年

2. 6 | 中共代表団(団長＝周恩来)，フルシチョフ・ミコヤンらソ共首脳と会見．7日中ソ経済技術協力協定・借款協定署名(モスクワ)．

6.20 | ソ連，中ソ国防新技術協定破棄通告，原爆生産技術提供拒否．

8.25 | 中印国境で最初の武力衝突発生．

1960年

1.19 | 日米新安全保障条約署名(ワシントン)．

1.28 | 中国・ビルマ友好不可侵条約，国境協定署名(北京)．

4.16 | 『紅旗』第8期，ソ連の平和共存路線を激しく攻撃，中ソ論争公然化．

4.19 | 周恩来訪印(～25)，ネール首相と会談し共同声明発表，国境問題は未解決．

5.19 | 日米新安保条約・新行政協定を衆院本会議で自民党単独承認．

6.24 | 社会主義各国共産党・労働者党会議開催(～26，ブカレスト)．26日中共代表団が同会議におけるフルシチョフの言動を非難する声明を提出．

7.16 | ソ連，中国に派遣中のソ連人専門家1000人余を1カ月以内に引き揚げると通告．

8.27 | 周恩来総理が対日貿易の三原則を提唱．

11.10 | 世界81カ国共産党・労働者党会議開催(～12.1)．12月6日モスクワ声明．

1961年

7.10 | 金日成首相訪中(～15)．11日中朝友好協力相互援助条約署名(北京)．

1962年

4.16 | 新疆イリ地区で中ソ国境紛争．6万余人がソ連領に逃亡．

9.19 | 松村謙三・周恩来会談に関する共同発表で，貿易の促進と積み重ねによる両国の関係正常化の目標を表明．

11. 9 | 日中総合貿易(LT貿易)に関する覚書署名．プラント輸出拡大をめざす．

11.21 | 中国政府が中印国境戦争で一方的停戦を声明．22日中国軍停戦実施．

1963年

3. 8 | 『人民日報』社説，香港・マカオ問題は条件が熟したときに平和的に解決し，それまでは現状維持の方針であることを表明．

7.17 | 米・英・ソ3国，大気圏内外・水中の核実験停止条約草案作成で進展との共同声明発表．25日3国，部分的核実験停止条約仮署名(モスクワ)．31日中国政府が，部分核停条約は米ソのペテンであり中国はこの条約に拘束されないと非難．

9. 6 | 中共，「ソ連修正主義」批判の「九評」発表(～64.7.14)．

1964年

1.21 | 中国・マリ共同声明で対外援助八原則発表．

1.27 | 中仏外交関係樹立．2月10日台湾政府，対仏断交．

4.18 | 廖承志中日友好協会会長，松村謙三とLT貿易連絡事務所相互設置，日中記者交換につき合意．

5. 7 吉田元首相，中国に輸銀を使用しない旨の「吉田書簡」を台湾側に送る．
10. 16 中国初の原爆実験成功．

1965年

2. 7 米軍，北ベトナム爆撃開始．13日中国政府声明で北爆非難．
9. 3 林彪国防相が『人民日報』に「人民戦争の勝利万歳」を発表．世界の革命事業はアジア，アフリカ，ラテンアメリカ人民の革命闘争によって左右されると主張．
10. 1 インドネシアで「九・三〇運動」失敗，反華僑運動起こる．
11. 10 姚文元，上海『文匯報』に「新編歴史劇『海瑞免官』を評す」発表，プロレタリア文化大革命に急進展．

1966年

3. 28 毛沢東，上海で日共代表団(宮本顕治団長)と会見．29日両党共同声明案破棄．
7. 17 ホー・チミン・ベトナム民主共和国主席が「全国同胞に告げる書」を発表し，対米徹底抗戦を表明．22日劉少奇国家主席，中国支持声明．
8. 1 中共8期11中全会開催(～12)．「プロレタリア文化大革命についての決定」採択．公報はソ連指導部を裏切り者とよびソ連との共同行動拒否．文革の全面的展開へ．
8. 8 日共『赤旗』，中共を激しく攻撃．
8. 12 北朝鮮『労働新聞』社説，自主独立路線強調．
10. 13 コスイギン・ソ連首相，中国を非難．『プラウダ』文革を批判．

1967年

5. 6 香港で反英闘争開始．15日中国政府が支持声明．
5. 13 姚登山・駐インドネシア臨時代理大使，国外退去を受け帰国．
6. 17 中国初の水爆実験成功．
6. 26 ビルマで反中国暴動．29日中国政府が抗議声明．
7. 24 中国公安当局，日本の第一通商など北京駐在日本商社員7名を逮捕．
8. 4 中国駐在の日共代表，『赤旗』特派員引き揚げ，北京空港で紅衛兵暴行．
8. 22 北京の英国代理大使館事務所に紅衛兵乱入，放火．
9. 5 中国がタンザニア・ザンビア両国政府とタンザン鉄道建設援助協定に調印(北京)．76年7月完成．
10. 31 中国政府，ビルマから中国人専門家，技術要員全員引き揚げ声明．
11. 10 中共中央，タイ共産党成立25周年に祝電，武装闘争支持表明．

1968年

3. 6 日中双方の覚書貿易事務所代表，会談コミュニケおよび日中覚書貿易取り決め署名(北京)，「LT貿易」は「MT貿易」と改称．
8. 20 ソ連・東欧5カ国軍，チェコスロバキア侵入．23日周恩来首相，ソ連は社会帝国主義，社会ファシズムに堕したと演説．

「中国をめぐる国際環境」関連年表

1969年

3. 2	ウスリー江上の珍宝島(ダマンスキー島)で武力衝突，双方に死者．15日両軍再衝突，双方に大きな損害．
6.10	新疆ウイグル自治区西北部で中ソ両軍衝突．8月にも衝突発生．
7. 8	黒龍江の八岔島(ゴルジンスキー島)で中ソ両軍衝突．
9. 2	ホー・チミン大統領死去．4日中共代表団(周恩来団長)ハノイ弔問．11日周恩来首相，北京空港でコスイギン・ソ連首相と会談．
10.20	中ソ国境問題次官級会談開始(北京)．

1970年

1.20	米中大使級会談再開(ワルシャワ)．
4. 5	周恩来首相，北朝鮮訪問(～7)．7日中朝共同声明発表，復活した日本軍国主義反対の共同闘争強化を表明．
4.19	周恩来首相，松村謙三訪中団と会見，「周四条件」提示．
10.13	中国・カナダ国交樹立．台湾は中国領土の不可分の一部という中国政府の表明に対し，カナダ政府はその立場に留意とのべる．
11. 6	中国・イタリア国交樹立．
11.10	パキスタン大統領ヤヒア・カーン，ニクソン親書を携行し訪中，13日毛沢東と会見．
11.20	第25回国連総会本会議，アルバニアなど18カ国提案の「中国招請，国府追放」決議案初めて可決．ただし重要事項指定案も可決したため，アルバニア案は実現せず．
12. 4	新華社，尖閣列島は中国領と主張．
12.18	毛沢東がエドガー・スノーと会見し，ニクソンを歓迎すると語る．

1971年

3.15	米国務省，米国人の中国旅行制限を全面廃止．
4. 7	第31回世界卓球選手権大会(名古屋)の中国卓球代表団，米チームの中国招待発表．
7. 9	キッシンジャー米大統領補佐官，秘密裏に訪中(～11)，周恩来首相と会談．
7.16	新華社，ニクソン大統領が72年5月以前に訪中と発表(米国と同時発表)．
9.13	林彪がクーデター未遂，ソ連逃亡に失敗，モンゴル領で墜死．
10.25	第26回国連総会本会議，逆重要事項指定決議案否決，中国招請・台湾追放のアルバニア案可決，中国の国連復帰決定．台湾，国連からの脱退発表．

1972年

2.21	ニクソン大統領訪中(～28)，毛沢東主席，周恩来首相と会談．27日米中共同声明発表(上海)，両国は平和五原則にもとづいた相互関係を促進し，米国は両岸の中国人が中国は1つであり台湾は中国の一部であると考えていることを認めると言明．
7.29	周恩来首相が竹入公明党委員長との会談で日中共同声明の中国側草案を提示．

9.25 田中首相訪中(～30)，周首相と会談，日中国交正常化達成で合意．27日毛沢東主席と会見．29日日中両国，9項目にわたる共同声明署名(北京)．大平正芳外相が日華平和条約は日中共同声明により効力を失ったと言明．同日台湾外交部が対日断交声明発表．

10.11 中国・西ドイツ国交樹立．

12.26 日本と台湾との民間交流に関し，財団法人交流協会と亜東関係協会との間の在外事務所相互設置に関する取決め締結．

1973年

1.11 駐中国日本大使館発足(北京)．

2. 9 許淡・北朝鮮外相訪中(～14)．14日中朝共同声明発表(北京)．中国は，朝鮮問題は外部の干渉を受けずに朝鮮人民自身によって解決されなければならないと主張．

5.14 ブルース米初代中国駐在連絡事務所長，北京着任，連絡事務所開設．28日黄鎮初代米国駐在連絡事務所主任，ワシントン着任．

9.24 ブレジネフ書記長，平和共存の原則を踏まえて中国との関係を発展させる用意があるとタシケントで演説．

1974年

1. 5 日中貿易協定署名．相互最恵国待遇など承認．日中記者交換で覚書交換．

1.19 中国人民解放軍，南ベトナム軍と南シナ海の西沙群島で交戦．

4. 9 鄧小平，国連資源特別総会で演説．社会主義陣営は消滅し，世界は米ソの第一世界，中国を含む開発途上国の第三世界，西欧，日本等の第二世界の三つに分かれているとのべる．

4.20 日中航空協定調印(北京)．同日，台湾外交部が日台路線停止声明発表．

5.28 ラザク・マレーシア首相訪中．31日中国・マレーシア両国，相互承認と外交関係樹立の共同声明に署名．

1975年

4. 5 蔣介石死去．

6. 7 マルコス・フィリピン大統領訪中(～11)．9日国交樹立に関する共同声明・貿易協定に調印．

7. 9 日台空路再開の民間協定署名(台北)．8月10日再開．

8.15 日中政府間漁業協定署名(東京)．

1976年

1. 8 周恩来首相死去．

4. 4 第1次天安門事件発生(～5)．周首相追悼の花輪の撤去をきっかけに群衆と治安当局が衝突．7日中共中央，毛沢東の提起により華国鋒を党第一副主席・国務院総理に任命，鄧小平の党内外の一切の職務の取り消しを決議．

9. 9 毛沢東主席死去．

10. 6 華国鋒・葉剣英ら，江青ら「四人組」を逮捕．7日中共中央政治局，華国鋒を中共中央委員会主席・中央軍事委員会主席に任命．

1977年

5. 6 | 鄧小平職務に復帰.
8.30 | チトー・ユーゴスラビア大統領訪中，中共との関係修復.

1978年

2.16 | 日中長期貿易取り決め(8年間に往復200億ドル)調印(北京).
5.23 | 上海宝山製鉄所建設に関する日中議定書署名.
6. 9 | 中国外務省，在ベトナム華僑大量帰国問題に関してベトナム側を非難，ベトナム側提案の会談を拒否すると共に対ベトナム援助を一部停止するとの声明を発表.
7. 7 | 中国外務省，アルバニア政府に対し経済・軍事援助打ち切りと中国人技術者と軍事専門家の引き揚げを通告．29日アルバニア政府，中国非難.
8.12 | 日中平和友好条約締結(北京).
10.22 | 鄧小平副首相訪日(～29)，23日日中平和友好条約批准書交換(東京)，25日尖閣諸島領有問題をタナ上げすると発言.
12.16 | 米中国交樹立に関する共同声明発表．米台外交関係断絶.
12.25 | ベトナム軍，カンボジア侵攻.

1979年

1. 1 | 米中外交関係樹立．台湾に「祖国平和統一」「三通」を呼びかけ.
1.12 | 民主カンボジア政府首脳訪中．14日中国，民主カンボジア支持表明.
2.17 | 中国軍7個師団8万人がベトナムへ侵攻を開始.
2.23 | 唐克・冶金工業相来日(～26)，上海・宝山製鉄所関係のプラントなどの輸入契約の実施保留を申し入れ.
3.16 | 北京放送および新華社通信，ベトナム侵攻中国軍の撤退完了を宣言.
4.10 | カーター米大統領，台湾への兵器提供を含む台湾関係法に署名.
6.12 | 宝山製鉄所契約保留問題が5年間の延べ払い方式を採用することで決着.
12. 5 | 大平首相訪中(～9)．日中文化交流協定に調印．7日対中経済協力の三原則を表明.
12.24 | ソ連，アフガニスタンに侵攻．30日中国政府，ソ連糾弾声明を発表.
12.31 | 米華相互防衛条約終了.

1980年

2. 1 | 米中通商協定発効，最恵国待遇を相互に供与する.
4.10 | 中ソ友好同盟相互援助条約が期限切れで失効.
5.27 | 華国鋒首相，中国首相として初めて訪日(～6.1).

1981年

3. 2 | 中国残留日本人孤児が肉親探しのため第1回訪日.
6. 9 | 中国外務省が米国の台湾向け武器輸出が続けば強硬手段も辞さずと警告.
9. 7 | 日本政府が借款供与額を3000億円とすることで中国側と原則合意.
10.23 | 趙紫陽首相，メキシコのカンクン・サミットで「国際経済新秩序」を提唱.

1982年

3.24	ブレジネフ・ソ連共産党書記長，タシケントで対中改善提案．中国，提案に「留意」．
5.31	趙紫陽首相訪日(～6.5)．6月2日NHKホールで講演．平和友好の基礎に立った経済関係の発展，平等互恵の経済協力，日中関係の長期安定の三原則を提唱．
6.26	日本の新聞各紙，文部省が歴史教科書の検定で日本の中国「侵略」を「進出」と書き替えさせたと報道．
7.26	中国政府，教科書検定問題で日本政府に正式抗議．
8.17	米中両国，台湾向け兵器売却問題をめぐって共同声明発表．
9. 1	中共第12回党大会開催(～11)．独立自主外交を提起．
9.22	サッチャー英首相訪中(～26)．鄧小平主任と香港問題について協議．
9.26	鈴木首相訪中(～10.1)．教科書問題落着．
10. 5	中ソ外務次官級会談開始．

1983年

4. 4	米政府，中国の女性テニス選手胡娜の亡命許可．7日中国が対抗措置として82，83年の文化交流停止．
5. 5	中国民航機，ハイジャックされ韓国に着陸．
5. 5	ミッテラン仏大統領訪中(～7)．両国政府原子力発電所建設協力に関する覚書に署名．
11.16	新疆ウイグル自治区コルゴスで中ソ国境貿易再開．
11.23	胡耀邦総書記訪日(～30)．24日中曽根首相，「日中関係三原則」に「相互信頼」を加えて「四原則」とすること，「日中友好21世紀委員会」設立を提案，胡総書記同意．26日胡総書記が日本人青年3000人の招待計画を発表．

1984年

1. 7	趙紫陽首相米国・カナダ訪問(～23)．米中科学技術協定に調印．
3.23	中曽根首相訪中(～26)．日中友好21世紀委員会発足．25日中曽根首相が記者会見で中国に対する新規円借款供与，無償資金協力の方針を表明．
4.26	レーガン米大統領訪中(～5.1)．30日米中原子力協定に調印．
9.24	日中青年友好交流で3000人の青年が訪中．
12.18	サッチャー英首相訪中．19日「香港問題に関する中英共同声明」を北京で本調印．香港島・九龍・新界を1997年7月1日に中国に返還することで合意．

1985年

8.15	中曽根首相が内閣総理大臣として初めて靖国神社公式参拝．
9.18	北京大学学生ら，中曽根首相の靖国神社公式参拝に抗議する反日デモ．
11.28	中国，アジア開発銀行に正式加盟．

1986年

1.11	海南島沖で初の米中海軍合同演習実施．

3.21 趙紫陽首相，軍縮問題についての中国の基本方針と大気圏内での核実験停止を公式に表明.
7.28 ゴルバチョフ書記長，ウラジオストクで演説. 駐モンゴル・ソ連軍の撤退，アフガン撤兵，中ソ国境問題の解決について対中関係改善を呼びかけ.
9.28 台湾で野党民進党結成.

1987年

1.16 中共中央政治局拡大会議開催(～22). 12月以来の学生デモの責任をとり胡耀邦総書記辞任. 後任は趙紫陽.
2.26 大阪高裁が京都の中国人学生寮光華寮の所有権をめぐる訴訟の控訴審判決で台湾の所有権を認める. 中国外交部，誤った判決であり絶対に同意できないとの談話発表.
4.13 中国・ポルトガル両国，「マカオ問題に関する共同声明」調印，1999年12月20日返還で合意.
7.15 台湾で1949年からの長期戒厳令解除.
9.21 ダライ・ラマ，米国下院人権小委員会で「チベットに関する5項目の和平提案」を発表. 28日国家民族事務委員会が中国各民族の団結を破壊すると非難.
11. 3 台湾住民の中国里帰り解禁.

1988年

1.13 台湾の蔣経国総統死去，後任に李登輝.
3.14 南沙群島の島嶼の帰属をめぐって中越間で武力衝突発生.
5. 6 日本が台湾住民である戦没者の遺族に弔慰金を支給する法律を制定.
8.25 竹下首相訪中(～30)，李鵬首相と会談，1990～95年に8100億円の新借款と日本輸出入銀行の400億円のアンタイド・ローン供与を表明. 27日日中投資保護協定締結.

1989年

2.25 ブッシュ米大統領訪中(～27). 26日天体物理学者・方励之，大統領主催晩餐会への出席を中国当局により阻まれる.
4.15 胡耀邦前総書記死去. 天安門広場で胡追悼と民主化要求のデモ始まる.
5.15 ゴルバチョフ書記長訪中(～18). 16日趙紫陽，ゴルバチョフに1987年の中共13期1中全会で鄧小平に最終決定権を与えたと語る. 18日中ソ共同声明発表.
5.20 北京市に戒厳令布告(90.1.11解除).
6. 4 第2次天安門事件発生. 戒厳軍が天安門広場突入，民主化運動参加者を強制排除，全市で死傷者多数.
6.20 米政府，全政府高官の対中接触を全面的に禁止し，国際金融機関などに新規の対中借款を延期するように要求.
6.21 三塚外相，90年度以降の第3次円借款協議を当分見合わせると表明(90年11月解除).

7.14 パリで第15回主要先進国首脳会議(アルシュ・サミット)開幕．15日「政治宣言」発表．中国の民主化運動弾圧を非難，対中武器援助の停止，世銀の新規融資延期．

10. 5 ダライ・ラマ14世が1989年度ノーベル平和賞受賞．7日中国外交部抗議．

11. 5 金日成国家主席，非公式に中国を訪問(～7)．中朝双方は党の指導を堅持し，社会主義の道に沿って前進する方針を表明．

1990年

4. 4 香港特別行政区基本法公布．

4.23 李鵬首相，中国首相として1964年以来のソ連訪問(～26)．両国国境の兵力削減，10カ年の長期経済科学技術協力に合意．25日共同声明発表見送り．

6.25 北京の米国大使館に避難中の反体制物理学者・方励之夫妻，英国に出国．

8. 8 中国とインドネシア，在インドネシア華人の二重国籍問題などで合意に達し，外交関係回復に関する了解覚書発表．

10. 3 中国・シンガポール，国交正常化．

10.23 アジア・太平洋経済協力閣僚会議(APEC)に中国・台湾・香港が加盟．

1991年

2.23 台湾，「国家統一綱領」を制定．

4.12 日本政府が政府開発援助実施のための4項目の指針を決定．

4.30 台湾の国民大会は憲法内戦条項を廃止．

5.15 江沢民総書記ソ連訪問(～19)．16日東部国境線画定協定に正式調印．

8.10 海部首相中国訪問(～13)．10日李鵬首相と会談，日中関係の修復を確認．第3次円借款の91年度分1300億円の一括供与を表明．中国側は天皇訪中を要請．

11. 5 ド・ムオイ共産党書記長らベトナム首脳が北京訪問(～10)．10日中越両国が関係正常化を確認する共同声明発表．

12.21 ロシアなど旧ソ連11共和国首脳会議開催(アルマアタ)．ソ連邦消滅を確認し独立国家共同体(CIS)設立などに合意．

1992年

2.25 中国領海法公布．同第2条に尖閣諸島，南沙群島を中国領と明記．27日日本政府抗議．

4. 6 江沢民総書記訪日(～10)．6日宮沢首相と会談．7日天皇と会見．

7.21 銭其琛外交部長がASEAN外相会議で，南沙群島問題では紛争を棚上げにし共同で開発することを提案．

8.24 中国と韓国が国交樹立，共同声明発表．

10. 5 米国で香港関係法成立．民主化の支持は合衆国の対香港政策に適用され，1997年7月以後の香港で香港住民の人権は保障されなければならないと規定．

10.23 天皇・皇后が中国を訪問(～28)．

12.17 エリツィン・ロシア大統領訪中(～19)．18日中華人民共和国とロシア連邦

	の相互関係の基礎に関する共同声明を発表.
12.19	台湾，立法院選挙．国会の全面改選終了.
12.22	ブッシュ米大統領，対中武器売却禁止令を解除.

1993年

2.16	銭復台湾外交部長が日台断交以来，初来日.
4.23	シンガポールで中国・台湾の窓口機関トップ会談.
5.28	クリントン米大統領，対中国最恵国待遇の条件付き延長を決定.
8.26	中国貨物船「銀河」がイラン向け化学兵器原料を積んでいるとして，米国が立ち入り検査．化学物質は見つからず.
9.23	国際オリンピック委員会総会(モナコ)で，2000年オリンピックの開催地がシドニーに決定．北京誘致は不成功.
10. 5	中国が地下核実験実施.
11.19	APEC首脳会議出席のため江沢民主席訪米，シアトルでクリントン大統領と米中首脳として第2次天安門事件以来初めて会談.
12.15	香港政庁，市政評議会・区議会選挙における任命制の廃止と立法評議会議員の有権者を拡大する選挙法改正草案を立法議会に上程.

1994年

1.12	中国・フランス両国政府が，台湾へのミラージュ戦闘機の売却問題で悪化した両国関係の改善で合意．フランスは台湾に武器を売却しないことを約束.
1.21	第8回米中合同経済委員会が7年ぶりに開催(北京).
3.26	韓国の金泳三大統領訪中(～30)．両国文化協力協定に調印.
4.18	李鵬首相が中央アジア4カ国とモンゴルを訪問(～29)．19日タシケントで中央アジア地域を重視し関係強化を求める4点の基本的政策を発表.
7. 9	北朝鮮の金日成主席死去.
9.12	江沢民国家主席が西欧との国家関係発展についての四原則を発表.
10.28	日台交流のあり方を検討する学術会議「アジア・オープン・フォーラム」が横浜で開催．台湾の現職3閣僚が参加.

1995年

5.15	中国が通算42回目の地下核実験実施.
6. 7	李登輝台湾総統訪米(～12)．中国外交部は17日李道豫駐米大使を召還.
8. 1	ASEAN地域フォーラム，核実験の即時停止や南シナ海での領土問題の平和解決を求める議長声明を発表.
8.15	日本政府が「戦後50年に当たっての首相談話」を閣議決定．日本の植民地支配や侵略の被害を受けた全ての人びとに対し，率直な反省と謝罪の気持ちを示す.
8.28	日本政府が中国の核実験に抗議して人道支援以外の無償資金協力を凍結.
9. 4	北京で第4回国連女性会議政府間会議開催(～15)．5日ヒラリー・クリントン大統領夫人が名指しを避けつつも中国の政策を批判.

11.13 江沢民国家主席が中国の国家元首として初の韓国訪問．14日金泳三大統領と会談．日本が正しい歴史観を持つべきと共同で警告．

1996年

2.24 台湾で初の総統直接選挙戦開始．3月8日中国が基隆と高雄の近海に地対地ミサイルを打ち込み選挙に圧力．12日米国が原子力空母ニミッツとインデペンデンスを台湾近海に派遣．23日現職の李登輝が圧勝．

4.17 橋本首相とクリントン米大統領が「日米安保共同宣言」に署名(東京)．

4.24 エリツィン・ロシア大統領訪中(～26)．25日両国の協調関係を発展させることを盛り込んだ「北京宣言」に調印．

6. 8 中国が核実験．14日衆議院が抗議，今後の実験停止を求める決議を採択．

6.17 知的所有権保護をめぐる米中交渉で中国側が海賊版CD製造工場の閉鎖などの措置に同意．

7.14 日本の右翼団体が尖閣諸島に灯台を設置．18日中国外務省抗議．

7.29 中国が再び核実験．これをもって暫定的に停止を宣言．

8.20 台湾の連戦副総統がウクライナを秘密訪問．21日中国がウクライナに抗議．

10. 7 香港・マカオと台湾の活動家らの船が尖閣諸島領内に入り4人が一時上陸．

12.27 李鵬首相がロシア訪問(～28)．エリツィン大統領と会見．21世紀の戦略的パートナーシップが両国の利益となることを確認した連合公報を発表．

1997年

2.19 鄧小平が北京で死去．25日追悼式で江沢民主席が弔辞．

3.28 日本政府，対中無償資金援助を再開すると発表．

7. 1 香港が英国から中国に返還，香港特別行政区発足．

10.26 江沢民主席訪米(～11.4)．「建設的で戦略的なパートナーシップ」関係の構築に合意．

11. 9 エリツィン大統領訪中(～12)．10日江沢民主席と会談，東部国境の画定作業終了を確認，天然ガス・石油・原子力などの協力，ハイテク技術協力，軍事技術分野の協力を盛り込んだ共同宣言に調印(北京)．

11.16 民主活動家魏京生氏が病気治療を理由に釈放され，米国に向け出国．

1998年

6. 1 日本・中国両共産党が関係正常化．

6.25 クリントン大統領が天安門事件後米国大統領として初めて訪中(～7.3)．27日江沢民主席と首脳会談，戦略核の照準外しなどで合意して共同声明発表．30日大統領は上海で台湾の独立を認めないなどとする「3つのノー政策」を表明．

10. 5 中国が国際人権B規約に調印．

11.12 金大中韓国大統領が訪中．13日「協力パートナーシップ」構築など12項目の共同声明を発表．

11.25 江沢民主席が国賓として訪日(～30)．26日「平和と発展のための友好協力

	パートナーシップの構築に関する宣言」を発表．28日早稲田大学で「日中戦争で中国は3500万人が死傷し6000億ドル以上の経済的損失を受けた」と講演．

1999年

4. 8	朱鎔基首相訪米(～15)．中国の世界貿易機関(WTO)加盟をめぐる米中間の交渉は包括合意に達せず，年内妥結で合意．
4.25	気功集団「法輪功」メンバー1万人が北京の中南海で教団への非難に対して抗議の座り込み．
4.27	中ロ国境画定連合委員会，国境画定作業の終了を宣言．
5. 7	NATOの対ユーゴスラビア空爆でベオグラードの中国大使館が被爆．2人死亡，2人行方不明，20人余りがけが．8日事件に抗議して，北京・上海の米国大使館・総領事館に学生デモ．14日クリントン大統領，江沢民国家主席に電話で謝罪．
6. 3	金永南・北朝鮮最高人民会議常任委員長が訪中(～7)．中国側は北朝鮮の西側諸国との関係正常化を支持し，食糧，コークスの新たな無償援助方針表明．
7. 5	台湾とパプアニューギニアが外交関係樹立を発表．台湾と外交関係をもつ国は29カ国となる．6日中国がパプアニューギニア政府を非難．
7. 9	台湾の李登輝総統がドイツの記者と会見し，中国大陸と台湾は「特殊な国と国との関係」との見解を表明．19日江沢民国家主席がクリントン大統領と電話会談で李発言を非難し，米中間の3つのコミュニケとクリントン大統領の「三不政策」厳守を求める．
7.22	中国政府が法輪功を非合法化．
7.30	日中両国政府が旧日本軍遺棄化学兵器の廃棄処理に関する覚書に調印．
9.21	台湾中部でマグニチュード7.6の大地震発生，死者650人，行方不明者1200人．日本政府は国際緊急援助隊の派遣準備に入る．10月5日中国外務省が国連の国際救援活動について「当面必要ない」と表明．
12.20	ポルトガル領マカオが中国に返還．

2000年

1. 5	チベット仏教カギュー派の活仏・カルマパ17世がインド北部に亡命するダライ・ラマ14世を訪問，中国に戻らず．
2.17	中国国務院新聞弁公室が『中国の人権発展50年』と題する白書を発表．政治的言論・結社の制限，民主活動家・民族運動指導者・宗教活動家への弾圧問題には答えず．
2.21	中国政府が『台湾白書』を発表，台湾が統一交渉を無期限に拒絶すれば武力行使を含む断固たる措置をとると警告．
3.18	台湾の総統選挙で台湾独立を主張する野党民進党の陳水扁候補が当選．
5.29	北朝鮮の金正日総書記が17年ぶりに非公式に北京訪問(～31)．江沢民総書記らと会談し中国の改革開放政策を支持，また朝鮮半島問題の自主解決を

	主張.
6.13	金大中韓国大統領が平壌訪問(～14). 金正日総書記と会談, 14日南北共同宣言に署名. 南北の自主的統一, 離散家族・親戚訪問団の交換などを提唱.
10.12	朱鎔基首相訪日(～17). TBSの市民対話番組に出演.
10.12	中国系フランス人の小説家・高行健がノーベル文学賞受賞.
10.12	米国と北朝鮮, 朝鮮戦争以来続いた敵対関係を終わらせる共同声明発表(ワシントン).

〈執筆者紹介〉

岡 部 達 味	おかべ たつみ	1932 年生	専修大学法学部教授
田 中 明 彦	たなか あきひこ	1954 年生	東京大学大学院情報学環教授
丸 山 伸 郎	まるやま のぶお	1943 年生	拓殖大学国際開発学部教授
高木誠一郎	たかぎ せいいちろう	1943 年生	防衛研究所第二研究部部長
石 井 　 明	いしい あきら	1945 年生	東京大学大学院総合文化研究科教授
太 田 勝 洪	おおた かつひろ	1935 年生	法政大学法学部教授
若 林 正 丈	わかばやし まさひろ	1949 年生	東京大学大学院総合文化研究科教授
谷垣真理子	たにがき まりこ	1960 年生	東京大学大学院総合文化研究科助教授
田 中 恭 子	たなか きょうこ	1939 年生	南山大学総合政策学部教授

中国をめぐる国際環境

2001 年 4 月 23 日　第 1 刷発行

編　者　岡部達味《おかべたつみ》

発行者　大塚信一

発行所　株式会社 岩波書店
〒101-8002 東京都千代田区一ツ橋 2-5-5
電　話　案内 03-5210-4000
http://www.iwanami.co.jp/

印刷・法令印刷　カバー印刷・NPC　製本・三水舎

ISBN 4-00-023806-X　　Printed in Japan